¡Despertad Hijos!

Volumen 3

¡DESPERTAD, HIJOS!

Volumen 3

Diálogos con Sri Mata Amritanandamayi

Mata Amritanandamayi Center, San Ramon
California, Estados Unidos

¡Despertad Hijos! — Volumen 3
Adaptación de Swami Amritaswarupananda

Publicado por:
Mata Amritanandamayi Center
P.O. Box 613
San Ramon, CA 94583
Estados Unidos

------------- *Awaken Children 3 (Spanish)* -------------

© 1999 Mata Amritanandamayi Mission Trust, Amritapuri, Kerala 690546, India

Todos los derechos reservados. No se permite la reproducción total o parcial de este libro, ni su incorporación a un sistema informático, ni su transmisión, reproducción, transcripción o traducción a ninguna lengua, en ningún formato y por ninguna editorial.

Primera edición por MA Center: septiembre de 2016

En España: www.amma-spain.org

En la India:
inform@amritapuri.org
www.amritapuri.org

Ofrecemos humildemente este libro
a los pies de loto de
Sri Mata Amritanandamayi,
la resplandeciente luminaria inmanente
en el corazón de todos los seres.

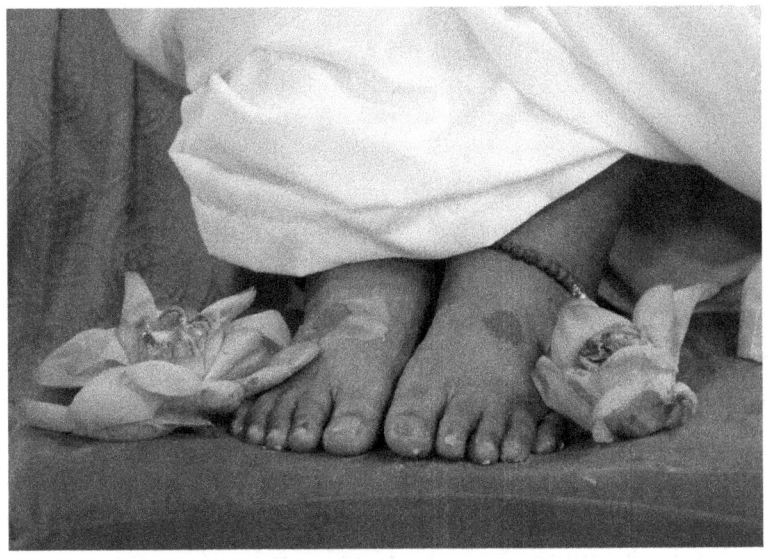

Vandeham saccidānandam bhāvātītam jagatgurum |
Nityam pūrnam nirākāram nirgunam svātmasamsthitam ||

Me postro ante la maestra universal, que es *Satchidananda* (un ser puro, el conocimiento, la felicidad absoluta), que está más allá de cualquier diferencia, que es eterna, plena, sin atributos, sin forma y por siempre establecida en el Ser.

Saptasāgaraparyantam tīrthasnānaphalam tu yat |
Gurupādapayovindoh sahasrāmśena tatphalam ||

Ningún mérito que podamos obtener realizando peregrinaciones o bañándonos en las aguas sagradas que se extienden hasta los siete mares, se puede equiparar ni siquiera a la milésima parte del mérito que proviene de compartir el agua con la que han sido lavados los pies del gurú.

Guru Gita, versículos 157 y 87

Agradecimientos

Mi profundo agradecimiento al catedrático M. Ramakrishnan Nair, el compilador de Mata Amritanandamayi Sambhashanangal, las conversaciones de la Madre Divina en Malayalam. El presente libro, ¡Despertad, hijos! es una fiel traducción de la misma, incorporándose algún material adicional que fue grabado por mi. También deseo expresar mi agradecimiento a mis hermanas espirituales Kusuma, Ambal y Durga, quienes mecanografiaron el texto. Y mi agradecimiento al brahmachari Nelu que llevó a cabo la edición y la composición tipográfica.

Contenido

Agradecimientos   6
Prefacio   9
Introducción   11

Lunes 27 de febrero de 1984   13
    ¿Cuál es el lugar en el que Amma no esté?   16
    Comprender el principio representado por Kali   17
    Amma y Dios son uno   19
    Bhava darshan   27
    Brahman, la naturaleza primordial absoluta y la creación   28
    La vida después de la muerte   31
    Purificación de las almas que abandonan el cuerpo   32
    La naturaleza de la mente   38

28 de febrero de 1984   41
    Climatizad la mente   49
    Para eliminar la angustia mental   50
    Los rasgos característicos de un renunciante y de un devoto   55
    No mera devoción, sino auténtico amor   57

29 de febrero de 1984   58
    Vairagya (desapego)   65
    Concentración y amor   68
    Postraos ante todo y ante todos   70
    La devoción, el principio y el fin   72
    La gloria de los templos   73
    Fe y sadhana   77

14 de marzo 1984   81
    Kanvashrama   81
    La felicidad de cantar bhajans   87

15 de marzo de 1984	89
16 de marzo de 1984	94
La concentracion	112
17 de marzo de 1984	118
18 de marzo de 1984	133
19 de marzo de 1984	137
El mundo nació del verbo	137
24 de marzo de 1984	142
El ashram, un lugar para los tyagis (renunciantes)	143
El Gurú	153
La mente debe volverse kashaya (ocre)	156
31 de marzo de 1984	160
A las once en punto	164
1 de abril de 1984	167
Los visitantes	168
2 de abril de 1984	175
3 de abril de 1984	183
4 de abril de 1984	194
Chakka Kali	202
5 de abril de 1984	207
6 de abril de 1984	222
El estado divino de bienaventuranza	226
7 de abril de 1984	233
La acción desinteresada	234
9 de abril de 1984	240
10 de abril de 1984	255
Glosario	*274*

Prefacio

Queridos hermanos, este tercer volumen de "¡Despertad, hijos!" quiere ser una traducción fiel de los consejos divinos de la Santa Madre (*divya upadesha*). La extraordinaria bendición que supone presentar las enseñanzas de la Madre al mundo, no está completada. Le corresponde ahora al lector la posibilidad de santificar su vida mediante la lectura atenta de este libro y la sincera puesta en práctica de sus enseñanzas.

Traducir las palabras de Amma no resulta fácil, es necesario tener en cuenta algunos aspectos para conseguir una correcta comprensión. En primer lugar, las conversaciones se desarrollan entre Amma y los padres de familia hindúes y los renunciantes, en el contexto cultural de la India. Además, los consejos dados por Amma se corresponden con el nivel de comprensión de la persona a quien van destinados. A menudo, la tradución palabra a palabra se queda corta para expresar el sentido total de lo que la Madre ha expresado a través de su lengua materna, el malayalam. Conviene tener en cuenta estos factores cuando reflexionemos sobre sus palabras para alcanzar una comprensión más profunda.

En segundo lugar, Amma se expresa a través de un lenguaje directo y mundano. Sus palabras son directas e intensas pues pretenden transmitir lo Esencial, especialmente cuando Amma se dirige a los *sadhaks* (discípulos espirituales). Cuando por ejemplo, trata de hacer comprender alguna cosa a un renunciante, Amma no se muerde la lengua. En ese contexto, podemos comprender su expresión, "los placeres del mundo son como excrementos de perro", que valoramos como consejo dirigido a aquel cuya única meta es la Realización de Dios.

Por otra parte, cuando se trata de una conversación privada con un cabeza de familia, los consejos de Amma adoptan otro tono: "Amma no dice que debáis abandonar todos los deseos.

Podéis disfrutar de ellos, pero no penséis que ese es el único fin de la vida" No olvidemos que para Amma, la palabra "mundo" significa literalmente "lo que es visible", en contraposición a la Realidad invisible o Dios. Saber esto es util para comprender el sentido del término "mundano" que suele emplear. Cuando Amma contrasta lo espiritual y lo mundano, se refiere a la actitud con la que se realizan las acciones. Las acciones espirituales son aquellas que nos conducen a Dios, gracias al altruismo y la pureza mostrados en su realización. Las acciones mundanas son aquellas que se realizan con una motivación egoísta y nos alejan de Dios.

Finalmente, Amma nos habla desde el estado supremo de *sahaja samadhi,* el estado natural de permanencia en la Realidad Absoluta de un Maestro Auto-Realizado. El traductor se enfrenta al desafío de presentar a un lector profano la visión trascendental de Amma. En este proceso, la mente contemplativa del lector es de vital importancia. Dejemos de lado todo lo que sea superficial, y que nuestra mente e intelecto alcancen la sutileza necesaria para asimilar la sabiduría eterna contenida en las palabras de Amma. Profundamente enraizados en la práctica de sus palabras, que todos lleguemos a la experiencia directa del Ser Supremo sin más dilación.

Introducción

Para expresar lo inexpresable, lo más sutil de todo lo experimentado, aquello que *"las palabras y la mente son incapaces de alcanzar"* (*Taittiriya Upanishad*), no hay otro medio que el silencio, el silencio del Ser. Un Maestro Perfecto (*Satguru*) puede enseñar a sus discípulos por medio del silencio, siempre que los discípulos tengan oído y corazón adecuados para escuchar y asimilar las enseñanzas del Gurú con un corazón abierto.

Nuestra amada y venerada Madre Amritanandamayi, establecida permanentemente en ese Supremo Estado de Silencio, el silencio de la paz y de la felicidad eterna, nos habla del porqué no somos lo bastante sutiles para comprender el sentido y la profundidad del mensaje espiritual que nos transmite a través de su silencio. En otras palabras, es la compasión, solo la compasión, la que incita a Amma a hablar a sus hijos acerca de ese estado indescriptible de Perfección.

La compasión de Amma hacia sus hijos, quienes se dedican a jugar con los juguetes de objetos sensoriales en los campos cenagosos del mundo, es inmensa, profunda e infinita como el océano. Para que podamos saborear, apreciar y experimentar el gozo de la inmortalidad, Amma nos alimenta incesantemente con sus palabras dulces como la miel. Sin embargo, nosotros, sus hijos, somos testarudos e impacientes, incapaces de dirigirnos hacia ella para beber un sorbo de ese néctar. Mientras que ella, la Madre, es extraordinariamente paciente y está dispuesta a esperar y seguir esperando hasta que crezca en nosotros la sed por alcanzar el Absoluto. Como madre amante y tierna aguarda a la puerta de nuestros corazones, llamándonos constantemente y esperando que le abramos un día para acogerla y permitirle establecer ahí eternamente su morada. Los brazos de Amma están completamente abiertos, solo tenéis que dejaros caer en ellos. En su amor que todo lo abraza y todo lo consume, nos tomará, nos llevará y bañará en un torrente incesante de felicidad y nos permitirá descansar en sus brazos, y no sólo por momento, sino para siempre.

Intentamos escuchar las palabras de Amma pero no oímos el Sonido de las profundidades. Hemos intentado escucharla a través de los dos tomos precedentes, pero realmente no hemos oído. Por tanto, se nos ofrece ahora otra oportunidad de oír el constante sonido de su llamada, tanto interior como exterior, a través de este tercer volumen de *¡Despertad, hijos!*

Swami Amritaswarupananda

El invierno en los trópicos del sur de la India se acercaba suavemente a su fin, mientras que el frescor de la madrugada desaparecía más rápido ante la llegada del sol tardío. En estos primeros meses de 1984, el ashram contaba con un pequeño templo, un espacio para el estudio que también se utilizaba para la meditación, unas chozas cubiertas de hojas de cocoteros y una vivienda en la que residía la familia de Amma. El mar Arábigo se oía cercano, por el oeste. Con sus olas rompiendo contra la orilla, invitaba constantemente a los pescadores a desafiar sus aguas. Los largos barcos de madera que se atrevían a surcar sus aguas, nos traían a la memoria imágenes de tiempos pasados. Al este se extendía el kayal, un sistema de lagunas en cuyas orillas se alineaban unas altas estructuras de madera con redes de pesca, que se hacían descender durante la noche. Esa aldea de pescadores era el hogar ancestral de Amma y se había convertido en el hogar de numerosos devotos y buscadores espirituales. No importaba que fueran residentes o no, pues consideraban que su "hogar" estaba allí donde se encontrara Amma.

Lunes 27 de febrero de 1984

Se había organizado en el ashram un curso de siete días sobre la *Srimat Bhagavat Gîta*. Participaban numerosos jóvenes y padres de familia devotos. Todos sentían un vivo interés por aprender. En esa época a todos les era posible estar de retiro junto Amma y realizar práctica espiritual en su Divina Presencia. En esas ocasiones especiales, encontraban paz y equilibrio mental para proseguir después, cuidadosamente, con sus actividades cotidianas en el mundo exterior. Todos los días meditaban en la playa con Amma, recitaban con ella el *Lalita Sahasranama* (los Mil Nombres de la Madre Divina) y asistían a los cursos sobre las Escrituras que impartían los residentes siguiendo las enseñanzas de Amma. Todas estas actividades eran para los devotos una fuente de inspiración, una experiencia que no olvidarían jamás en toda su vida. Algunos días, Amma servía con sus propias manos la comida a todos sus hijos. El *darshan* personal (encuentro con una persona santa) que recibía cada devoto y las respuestas que daba Amma a las diferentes preguntas, añadían aún más esplendor a estos días gloriosos y dejaban una huella indeleble en los devotos.

Hoy era el último día de aquel curso que había empezado el día 21. Nada más acabar la clase y la meditación de la mañana, Amma se estiró sobre la arena, detrás del templo. Su cabeza reposaba sobre las rodillas de una joven y sus pies sobre las rodillas de otra. Un grupo de mujeres se sentaron alrededor de la Madre. Tenían un vivo deseo de escuchar lo que tuviera que decir, pues siempre habían anhelado un raro momento como éste de estar con la Madre en una situación informal. No sólo ellas, sino todos los devotos esperan y desean momentos así. Amma estaba deslumbrante, reía y gastaba bromas. Las mujeres también tenían un aire muy alegre, reflejando probablemente una fracción del gozo radiante que desbordaba Amma.

Una mujer: Amma, por favor, ¿podrías darnos algunos consejos sobre el matrimonio y la vida matrimonial?

Amma (sonriendo): ¿Qué le ocurre a mi hija? ¿Estás ante un dilema? Nunca abandones a mon (mon significa hijo, aquí se está refiriendo al marido. A menudo Amma llama a sus hijos mon – hijo, o mol – hija).

(Todos se pusieron a reír) Hija mía, el matrimonio y la vida de pareja son, de hecho, otra forma de llegar a la realización de Dios, aunque muchos no sean conscientes de ello. Para alcanzar esa meta, tanto el marido como la mujer deben tener una cierta comprensión de cómo llevar una vida espiritual en pareja. Se requiere paciencia, amor y perdón para mantener una buena relación. En la mayoría de los casos, ni el marido ni la esposa poseen estas cualidades. Esas relaciones acaban siempre en una tragedia.

Discuten continuamente al dudar cada uno del amor del otro. Basta con un incidente sin importancia o, incluso, con una simple palabra para que pierdan su equilibrio mental. Se culpan el uno al otro y no intentan nunca encontrar una solución a su falta de entendimiento, ni a sus conflictos. Al final, sufren y hacen que también sufran sus hijos

Los padres deberían ser siempre un ejemplo para los hijos, a través de sus palabras y de sus actos. Los padres son sus primeros maestros. Recordad que cuando empezáis a discutir y a pelearos delante de vuestros hijos, estáis dando un mal ejemplo y perjudicando su futuro. Si no sois capaces de resolver vuestras propias dificultades, ese es vuestro problema, pero ¿por qué tenéis que complicarles la vida a vuestros hijos?

La vida no es una broma, hijos míos. Es un asunto muy serio del que debéis ocuparos con sumo cuidado y atención. Cuando se actúa sin ninguna reflexión, de nada sirve atormentarse después y ponerse a llorar; es mejor que procuréis no actuar estúpidamente.

Pregunta: Amma, ¿nos podrías proponer una solución?

Amma: Es fácil sugerir una solución, lo más difícil e importante es vivir de acuerdo con ella. Necesitáis hacer un esfuerzo sincero por vuestra parte. No es difícil si realmente queréis llevar una vida feliz. Las palabras irreflexivas, las acciones sin discernimiento, la cólera y la impaciencia, siempre generarán problemas. ¿Por qué os precipitáis conscientemente hacia las dificultades, sabiendo que al actuar así no hacéis más que generar dolor y sufrimiento?

En todo caso, para solucionar un problema, el marido y la mujer tienen que tener cierta paciencia. Cuando Amma habla de "paciencia", también incluye el amor y el perdón, pues la auténtica paciencia solo se da cuando hay amor y perdón.

Supongamos que tenéis la costumbre de encolerizaros fácilmente. Haced lo siguiente: cuando recobréis vuestra calma habitual, sentaos en la sala reservada a la meditación si tenéis una, o bien en un lugar solitario. A continuación, lamentaos y arrepentíos de vuestra cólera y rezad sinceramente a vuestra Divinidad Bienamada o a la Madre Naturaleza para que os ayude a superarla. Intentad concienciaros sobre el resultado nefasto de la cólera. Cuando os encolerizáis con alguien, perdéis el equilibrio mental y vuestra capacidad de discernimiento por completo. Decís lo primero que os pasa por la cabeza y actuáis en consecuencia. Incluso llegáis a insultar a vuestra esposa e hijos o a vuestros padres. Cuando perdéis vuestro discernimiento, podéis llegar incluso a matar a alguien. Al actuar y pensar llenos de ira, perdéis mucha energía positiva. Haceros conscientes de esta gran verdad, pues las emociones negativas no hacen más que preparar el camino de vuestra propia destrucción. Esforzaos sinceramente para conseguir superarlas.

¿Cuál es el lugar en el que Amma no esté?

En este momento, se acercó un devoto dispuesto a tomar nota de las palabras de Amma. Al verlo llegar, Amma sonrió de forma radiante.

Amma: Aquí se acerca el novelista. (Todos rieron. Entonces Amma se dirigió hacia el devoto). Hijo, hoy nos vas a dar un discurso.

El devoto: Amma, por favor, no me pidas que hable.

Amma: Hijo mío, si eres el hijo de Kali, Amma hará que hables hoy.

El devoto: Si hablo se intensificará mi vasana (tendencia latente) a mostrarme como si fuera un gran personaje.

Amma: No sucederá si hablas en presencia de Amma.

El devoto: La Madre dice eso ahora. Así es como se dedica a hacernos jugarretas a todos.

Amma: (con tono severo): No, no sucederá así. Si hablas, tu actitud no será egoísta, ya que ha sido Amma la que te lo ha pedido.

El devoto: De todas formas, no tengo deseos de hablar.

Amma: Pero, ¿acaso no hablas todos los días en el colegio?

El devoto: (Sin hablar en voz alta, sino pensando para sí mismo). Así es como me gano la vida, pero no puedo hablar en presencia de Amma.

Amma sonrió con malicia, de una manera misteriosa. Mirando fijamente al cielo, contestó:

Amma: Si es así, ¿cuál es el lugar en el que Amma no esté?

El devoto enmudeció. Era un erudito y profesor universitario que, ciertamente, se quedó atónito al oír aquellas palabras de Amma, en respuesta a lo que él estaba pensando. Ella había leído su pensamiento. Los otros devotos se regocijaron al comprender la profundidad de las palabras de Amma. Aunque el erudito deseaba decir: "Pero, Amma, yo no te veo cuando explico en la facultad", fue incapaz de expresarlo. En su lugar, cayó a los pies de Amma y aceptó hablar aquel día, y dijo: "La obediencia – la obediencia incondicional – es la única vía en presencia de Amma, pues ella es omnisciente y omnipresente".

Durante el resto del día, los devotos que habían asistido a esta conversación entre Amma y el erudito se dedicaron a explicar el incidente a todos los que encontraron, citándoles la frase de Amma: "¿Cuál es el lugar en el que Amma no esté?" De hecho, se podría asegurar que aquellas palabras fueron resonando en la atmósfera como un eco.

Comprender el principio representado por Kali

Todo el mundo descansaba después de la comida. Aunque el sol quemaba con sus ardientes rayos, parecía como si nadie apenas los sintiera. ¿Tal vez la presencia de Amma les aportaba frescura y calma? Es cierto que, cada vez que venían al ashram y se encontraban junto a Amma, los devotos se olvidaban del mundo exterior y perdían, incluso, la conciencia de su entorno más inmediato. No les molestaba en absoluto la falta de comodidad. La Santa Madre estaba sentada sobre la cama de su choza. Aprovechando esta buena ocasión, algunos devotos, mujeres y hombres, se congregaron a su alrededor.

Amma: Los hijos necesitan sólo a su madre.

Un devoto: Estamos todos hundidos en el cenagal de lo mundano. Estas ocasiones son las únicas que tenemos para purificar nuestro cuerpo y nuestro espíritu. Amma, a ti te corresponde limpiarnos.

Amma: Bien, a Amma le gusta esa actitud. Hijos míos, está bien que seáis tan sinceros y directos en vuestras preguntas. Sin embargo, para lavar la mente, el hijo debe estarse quieto y no ofrecer resistencia. ¿Qué se puede hacer si el hijo se resiste y sale corriendo cuando Amma intenta despegarle el barro, que se ha vuelto seco y duro por el largo período que lleva la suciedad acumulada? Obedeced a Amma y permitid que ella os lo quite.

Otro devoto: Amma, hemos oído decir que cuando has visitado la casa de algunos devotos, te llevaste las imágenes de Bhadra Kali (el aspecto feroz de la Madre Divina). También nos hemos enterado de que has aconsejado a los cabezas de familia que no deberían venerar las formas feroces (de dioses y diosas). Por ese motivo estábamos esperando que te llevaras la imagen de Kali de nuestra casa. Sin embargo no lo hiciste cuando viniste a casa. Amma, ¿por qué no te la llevaste?

Amma: Hijos míos, vosotros veneráis a Kali conociendo y comprendiendo el tattwa (principio esencial) que hay detrás. No hay ningún mal en eso. Vuestra actitud es que Kali es Brahmamayi (la naturaleza del Ser Puro Absoluto), Parashakti (el Poder Supremo), y que ella está en todas las cosas. Sin embargo, muchos veneran a Kali considerándola solo como una diosa feroz que mata a los enemigos. Aquellos que la veneran de esa manera tendrán esa misma naturaleza violenta. Habrá peleas y conflictos en sus hogares, y eso les causará daño. De hecho, se trata de una concepción falsa y errónea de adorarla. Pero no hay ningún problema si se la adora comprendiendo el principio esencial o tattwa.

El devoto que había hecho la pregunta se quedó realmente sorprendido pues nunca había revelado a Amma la actitud con la que él veneraba a Kali. Había inculcado la misma fe e ideas en las mentes de su esposa e hijos, y cuando oyó a Amma decir "Hijos míos" en lugar de "Hijo mío", comprendió que ella conocía igualmente la forma que tenía su familia de adorar a Kali. Estaba asombrado.

Amma y Dios son uno

Mientras el perplejo devoto permanecía sentado, aturdido y pensativo, un *brahmachari* dijo lleno de excitación:

"Amma es Kali, a veces resulta muy feroz, pero sólo cuando somos desobedientes y arrogantes. En otras ocasiones, es tan amorosa como la madre que nos ha dado a luz. Amma ha aconsejado a los *brahmacharis* ayunar cada sábado. En ese día los *brahmacharis* no tienen que hacer trabajo alguno, solo dedicarse a *japa* y *dhyana* (repetición de un *mantra* y meditación). Pero ella misma, Amma, preparará arroz y curry para todos y lo servirá al mediodía. Amma no estará muy contenta si alguien dice "no" a la comida. Amma nos muestra más amor en ese día". (Todos se echaron a reír y la Madre también).

Amma: Sea lo que fuere, la Madre es la que ha dado vida a sus hijos y no soporta que éstos permanezcan sentados sin comer. Amma se sentirá inquieta a las once e irá a preparar toda la comida. Existe otra intención y significado en el hecho de que Amma cocine y sirva la comida, en este día de ayuno. Amma quiere que los brahmacharis experimenten que si lo entregan todo a Dios y se sientan a meditar pensando solo en Él, Dios se lo concederá todo. Ahora es Amma quien lo hace. Más tarde, será el mismo Dios quien les conceda y les dé todo.

El devoto: (mirando hacia el cielo, como si buscase algo) ¿Quién es Dios? ¿Dónde está? No lo puedo ver. (Mirando de nuevo a Amma en tono humilde) Oh, Oh, ahora lo he encontrado. Está sentado ahí. (Se postra ante los pies de Amma y todos se echan a reír).

Un devoto cabeza de familia: Amma no puede soportar que los brahmacharis ayunen porque según dice "ha dado vida a sus hijos" En este fuera el caso, ella podría ser la madre biológica de cualquiera, ¿no es así? Y es que acaso ¿no muestra la misma compasión hacia otros también? ¡habiendo tantas personas que sufren!

Amma: (sonriendo): Oh, a eso Amma responde que los brahmacharis que viven aquí han abandonado todos los placeres materiales y han venido con la actitud: "Amma es mi único refugio". La Madre les corresponde de acuerdo a esa actitud. Además, los otros hijos que siguen una vida mundana no son así. Viven egoístamente, confían en su propia fuerza y sus capacidades, y no se refugian en Dios. Por ese motivo experimentan dolor y sufrimiento. Dios concede el fruto (resultado) en función de la actitud de cada uno. A parte de eso, Dios no tiene ninguna parcialidad en absoluto. Dejad que esos otros tomen refugio en Dios y renuncien a todo lo demás, y entonces Dios se ocupará directamente de sus asuntos. Dios permite que vivan a su manera todos los que tienen una actitud egoísta y piensan: "Nos bastamos solos para cuidar de nuestros propios asuntos". Eso no significa que Amma no los ame. El amor de Amma es igual para todos, pero cada uno lo experimenta según cómo lo recibe en su corazón.

Un devoto: Aquí, en esta aldea, muchos de sus habitantes no están a favor de la Madre o del ashram.

Amma: Ellos tienen fe en Dios y acuden a los templos. Tienen kamya bhakti (una forma inferior de devoción en la que el devoto reza y venera a Dios para que satisfaga sus deseos y anhelos). Ellos no conocen tattwatile bhakti (prácticas devocionales realizadas con un conocimiento y comprensión de los principios esenciales). No poseen una comprensión correcta que les permita conocer a Dios a la luz de los principios esenciales. ¿Cómo se les puede censurar?

En este momento Sugunanandan, el padre de Amma, entró en la cabaña donde ella estaba sentada con los devotos. Al verlo, Amma lo llamó en voz alta: "¡Eh, Shankara!, ¿qué sucede?" (Algunas veces, Amma llama a las personas simplemente por ese nombre. Shankara es también un sinónimo de Shiva). Después Amma se puso a reír como una niña inocente. Sugunanandan sonrió y golpeándose el vientre, dijo: "Hace años, Ammachi nos dijo: 'Mis devotos viven en lugares lejanos. Vendrán aquí y se unirán a nosotros.' Ahora todo va adquiriendo sentido. (Riéndose feliz de sí mismo): ¡La de cosas que hemos visto!"

En aquel momento sucedió algo muy interesante. Mientras se desarrollaba la conversación entre Amma y los padres de familia, una niña dijo: "Después de encontrar a Amma, no tenemos miedo a nada, pues sabemos que Amma está con nosotros". Tan pronto acabó de decir aquellas palabras, alguien apuntó hacia el techo de la cabaña. Todos levantaron la vista y vieron una serpiente enganchada en la viga principal de madera, que se balanceaba con la cabeza hacia abajo y el resto del cuerpo enrollado en la viga. Los niños que se encontraban en la cabaña, incluida la niña "que no tenía miedo a nada", salieron de la cabaña corriendo y lanzando gritos. Amma no se inmutó y siguió sentada en su asiento sonriendo y mirando a la serpiente. Al ver que Amma permanecía impasible, los niños recuperaron un poco de valor y volvieron a la cabaña. Pero como seguían asustados, se sentaron muy cerca de Amma.

Amma: La viga principal es la columna vertebral. La serpiente es el "poder de la kundalini". Ella (refiriéndose a la serpiente) vive aquí conmigo.

La serpiente se deslizó lentamente por el techo de hojas de cocotero y desapareció.

Un devoto: De entre todos los dioses y diosas, Kali es la única que no está casada. Virgen eterna, yogini (establecida en unión eterna con Shiva, la Pura Conciencia), ¡es eternamente célibe! Por eso aprecio tanto a Kali.

Amma (riendo): ¿Con quién iba a casarse Kali? ¿Quién puede desposarla? ¿Acaso no son necesarias dos personas para un matrimonio? ¿Dónde está esa segunda persona? ¿Cómo podría producirse el matrimonio de Kali? Ella no es ni hombre ni mujer, es ambos a la vez. Ella es la Pura Conciencia y la Naturaleza Primordial. (Con una voz cargada de Shakti) Ella llena tanto el interior como el exterior. Kali es la madre compasiva del devoto que languidece por verla. También es la feroz Bhadra Kali, que mata el ego del egoísta. Kali lo es todo. Kali está aquí y allí, en lo alto y en lo bajo, dentro y fuera, arriba y abajo. ¡Kali! ¡Kali! ¡Kali!

La Santa Madre se puso en pie. Su llamada era cada vez más y más fuerte, hasta volverse un clamor. Con toda la fuerza de su voz, gritó "¡Kali!" El sonido de aquel grito parecía no tener fin. Reverberó y produjo un gran eco alrededor. La atmósfera vibró de tal manera que toda la cabaña tembló como si se viniera abajo. Era como si cada átomo repitiera y respondiera en forma de eco a aquella llamada: "¡Kali! ¡Kali! ¡Kali!" Los devotos estaban inmóviles, sintiéndose sobrecogidos e impresionados. Reinaba un completo silencio, en el que se podía oír el sonido de una mosca. Poco a poco fue cesando la llamada. El cuerpo de Amma quedó inmóvil con su piel erizada. Sus ojos se quedaron en blanco y se detuvo su respiración. Con sus dos manos bien unidas, formaba un *mudra* divino (gesto simbólico). Había un divino resplandor en su rostro y una preciosa sonrisa iluminaba todo su semblante. Todas las miradas se quedaron fijas en su rostro radiante. Así transcurrieron cinco, diez, quince minutos. Los *brahmacharis* se pusieron a cantar un *bhajan* (canción devocional) en honor de Kali, *Om Bhadra Kaliye*.

Encantadora y Madre, bendíceme
¡Oh Diosa que mató al demonio Chamunda!
Protege con amor a tus devotos
Y haz que sean felices

Nos postramos a tus Pies de Loto,
Adornados de brazaletes de oro,
¡Oh Chandika!, ¡Oh Belleza maravillosa!,
¡Oh Gran Danzarina!,
Bendícenos con tu mirada de gracia

¡Oh valiente Bhairavi
Que has cortado la cabeza del demonio Darika!,
Cantamos tus alabanzas para llegar a tus Pies.
¡Oh Océano de Gracia!, ante ti nos postramos.

Pasaron los minutos y, así, transcurrió una media hora. El brahmachari Pai recitó algunos versículos en sánscrito del Saundarya lahari, describiendo y glorificando la forma divina de la Madre

Unido a Shakti, Shiva posee
El poder de crear el Universo.
Sin ella, es incapaz incluso de moverse.

¿Quién sino aquellos que han acumulado
Grandes méritos en el pasado

Son lo bastante afortunados
Para saludarte y cantar tus alabanzas?

Oh Madre Divina,
Tú que incluso eres adorada por
Hari, Hara y Virinchi.

Finalmente, al cabo de treinta y cinco minutos, Amma bajó su mano derecha, que había estado suspendida en el aire formando un *mudra* divino. Movía suavemente los labios como si murmurase algunas palabras. Intentó ponerse en pie, pero sus pasos eran inseguros. Afortunadamente Gayatri estaba cerca de Amma y la sostuvo suavemente por detrás, ayudándole a tumbarse en el catre. Transcurrió otra media hora hasta que Amma recuperó su conciencia usual. Tomó asiento pero seguía sin poder hablar. Así pasaron algunos minutos. Eran las tres cuando Amma pidió algo de beber. Gayatri le trajo *kanji* (arroz servido con su agua de cocción), que Amma aceptó. Bebió algunos sorbos y entregó a Gayatri el resto. La Santa Madre parecía haber recuperado su apariencia normal.

Un devoto le preguntó: "Amma, ¿puedes establecer o interrumpir el contacto con el mundo cuando lo desees?" La Madre le contestó: "No es cuestión de encender o apagar, pues el interruptor está siempre encendido".

El devoto: Amma, ¿cuál es el significado y la importancia de todos los diferentes devatas (semi dioses)?

Amma: Hijos míos, cuando lo vemos desde el punto de vista de saguna (el nivel de los nombres y las formas), los diferentes mundos de los devatas (seres sutiles), así como todas las cosas, están ahí, existiendo. Después de pensar en un modo de controlar la naturaleza que no fuera perjudicial para los seres humanos, los antiguos rishis (sabios videntes) adoptaron el sankalpa (la resolución) de crear los diferentes devatas. Hay principios esenciales en todos ellos. Tienen un propósito y un beneficio. No deberíamos burlarnos de ellos sin conocer su verdadero significado. Los rishis no eran unos ignorantes.

Pregunta: Por su sankalpa, los rishis crearon los devatas para evitar que se dañara a la Naturaleza. ¿Ayudó eso a prevenir los desastres que se produjeron después?

Amma: Parece como si mi hijo quisiera echar toda la culpa sobre las espaldas de los santos y los sabios. Si tú sufres, ¿de quién es la culpa? ¿Acaso fueron los rishis los que se equivocaron? No, no es así. Han sido las malas acciones de la gente, las que han creado la desarmonía en la naturaleza. Las personas se volvieron codiciosas y egoístas, deseando siempre más y no estando nunca satisfechas. "Más. más. más.", ése era su lema. En su avidez y egoísmo por conseguir y acumular más, empezaron a actuar de forma vil y deshonesta, contaminando totalmente la Naturaleza. Estos devatas no son sino la misma Naturaleza. Las personas la han explotado y no han hecho nada para protegerla y complacerla. Hundidas en el lodazal de su egoísmo, se han vuelto completamente ciegas. Y en esa oscuridad, se han olvidado de que todo lo han recibido de ella y que, sin su bendición, podrían perderlo todo. Lo que sucede ahora es que la Naturaleza nos ha retirado su favor. Los seres humanos tenemos el deber urgente de complacer a la Naturaleza mediante actos desinteresados impregnados de amor, confianza mutua y sinceridad. Cuando lo hayamos hecho, la Naturaleza nos bendecirá de nuevo colmándonos de recursos. Limitarse a culpar a los rishis, sin conocer ni comprender la lógica que sustenta sus acciones, carece de sentido. Esa actitud no es bueno que la tenga un ser humano inteligente.

La Santa Madre continuó tratando sobre esta cuestión.

Amma: Los cambios continuarán produciéndose a medida que aumente la población. Esos cambios pueden ser buenos o malos. Supongamos que hay diez niños en una casa. Nueve de ellos tendrán devoción en la Kali Yuga (la edad oscura del materialismo), mientras el otro se pervierte. Será éste el que "devore" a los otros nueve. ¡Se convertirá en un verdadero demonio! Aunque todos ellos procedan de los mismos padres, cuentan con dos naturalezas diferentes.

A medida que la *Kali Yuga* avance hacia su máximo apogeo, también irá en aumento la devoción. El noventa y nueve por ciento de las personas tendrán devoción.

Pregunta: Se dice que los cuatro yugas (edades o períodos de tiempo) continuarán sucediéndose de forma circular.

Amma: Hijos, desde un cierto punto de vista, los cuatro yugas Krita, Treta, Dwapara y Kali, existen en nosotros al mismo tiempo. Los yugas dependen de nuestra propia naturaleza.

En el *Krita Yuga* (conocido también como *Satya Yuga*), sólo existía la verdad, una verdad perfecta. Era la edad de oro. Las personas de esta era estaban desprovistas de egoísmo y vivían en la confianza y el acuerdo mutuo, manteniendo los más altos valores. Existía una armonía perfecta entre los seres humanos y la Naturaleza, hasta tal punto que los campos cultivados producían al máximo. Se sembraban las semillas y no era necesario volver al campo antes del momento de la cosecha. No utilizaban abonos y las malas hierbas no impedían el crecimiento de las plantas.

El *Treta Yuga* supuso la pérdida de una cuarta parte de la verdad; el *dharma* entró en declive. La armonía que había sido perfecta entre los seres humanos y la Naturaleza disminuyó e hizo falta cuidar los cultivos. El rendimiento de los campos no superó el setenta y cinco por ciento. En el *Dwapara Yuga* la pérdida de la verdad alcanzó el cincuenta por ciento. Fue necesario cultivar de forma activa los campos con estiércol y abonos, regarlos y arrancar las malas hierbas. A pesar de ello, la recolección no superaba el cincuenta por ciento. Al mismo tiempo que disminuían las cosechas durante estos dos *yugas*, también empezaron a declinar las cualidades humanas de generosidad, confianza, comprensión mutua y respeto a los valores más elevados.

Ahora en el *Kali Yuga*, no hay verdad, no hay *dharma* (rectitud). Domina el egoísmo total entre la gente. Ha desaparecido la relación armoniosa entre los seres humanos y la naturaleza, y por muy duro que se trabaje, la producción es siempre insuficiente para cubrir nuestras necesidades. Está escrito que en el *Kali Yuga*, el padre se "comerá" al hijo y el hijo se "comerá" al padre. Eso quiere decir que todos los lazos familiares se harán añicos. Relaciones como las de padre y madre acabarán perdiendo todo su sentido. ¡Qué época! ¡Menudas cosas llegan a decir, en nuestros días, los niños de cinco años! ¡Qué forma de hablar! En la antigüedad, ¡ni siquiera las personas de veinticinco años se atrevían a hablar de esa forma! Ciertamente, ese es juego favorito del *Kali Yuga*. A este paso, el niño se pondrá a hablar en el mismo instante en que salga del vientre de su madre. En el *Kali Yuga*, se reduce el crecimiento del cuerpo a medida que las mentes se hacen más retorcidas. ¡Qué altos solían ser los seres humanos antes! Ahora, cada vez se vuelven más pequeños.

Bhava darshan

Pregunta: Nunca hemos oído hablar de Mahatmas que den Bhava Darshan como haces tú, Amma, ¿no puedes hacer actividades espirituales sin Bhava Darshan?

Amma: Hijos míos, algunos preguntarán por qué las cosas aquí no son como allí, por qué no se ve allí lo que se ve aquí, y así podrían seguir preguntando. Tomemos como ejemplo la historia antigua. ¿Acaso era Krishna como Rama? ¿Era Buda como ellos? ¿Y Jesucristo, era como Nabí? Ellos enseñaron los mismos principios, pero cada uno lo hizo a su manera. ¿Debería Amma actuar aquí como ellos? El Bhava darshan puede ser considerado como la manera particular de actuar de Amma. ¿Cuántas personas han encontrado la paz y la tranquilidad? ¿No es eso lo más importante? A la mayoría de las personas que acuden aquí les gusta el Bhava Darshan

Brahman, la naturaleza primordial absoluta y la creación

Amma trataba sobre *Kali Yuga* cuando el devoto hizo la pregunta sobre el *Bhava Darshan*. Una vez respondida, se retomó la discusión anterior.

Un devoto: Amma ha descrito los efectos nefastos de la era de Kali. Yo diría que todos los problemas y trastornos provienen del hecho de que Dios ha creado el mundo de una manera descuidada. Si no fuera así, ¿cómo podría haber empeorado todo tanto?

Amma se rió con fuerza y siguió riendo mientras decía:

Amma: Incluso antes de la creación, ese Individuo (el Señor Shiva) había predicho lo que era inevitable. Y después de eso, dio las instrucciones necesarias sobre la forma en que deberíamos vivir aquí, en este mundo.

Pregunta: Madre, ¿qué quieres decir?

Amma: Antes de la creación, Shakti (la Naturaleza Primordial, la Energía Cósmica) oyó una voz celeste que decía: "No hay más que sufrimiento en la creación. No deberías intentarlo". Era la voz de Shiva (la Pura Conciencia) y Shakti respondió: "Es necesario hacerla". Así, incluso antes de la creación, Shiva le aconsejó a Shakti que se mantuviera el principio esencial, y solo entonces le autorizó a crear.

Después de la creación, Él, el aspecto de Pura Conciencia, partió y se ocultó en las profundidades. En realidad, Él no tiene nada que ver con todas estas cosas que suceden a nuestro alrededor. Más tarde, Shakti fue en su busca para quejarse: "No tengo paz. Mira, los hijos me insultan y me culpan de todo. Nadie me cuida".

Shiva contestó: "¿No te había prevenido que sería así y que no debías continuar con la idea (de la creación)? Ahora provocas todo este escándalo por haber continuado. ¿No eres tú la única responsable de todo lo que ha ocurrido? No existía ningún problema cuando estaba yo solo".

Mostrando buen humor, Amma continuó:

Amma: Algunas veces, cuando disminuye el anhelo espiritual de los hijos que viven en el ashram, Amma no puede soportarlo y siente un dolor inexpresable. En esos momentos, Amma les dirá a sus hijos: "¡Ojalá le hubiera hecho caso a ese Individuo (Shiva), pues ya me advirtió que no me separara de Él y que no me ocupara de todo esto! Ved el resultado, ahora me toca sufrir". (Todos se echaron a reír)

La Madre continuó después.

Amma: Ya, en aquel tiempo, Él, ese Hombre, me había prevenido de todo. ¿Cómo voy ahora a quejarme ante Él? Me diría: "¿Acaso no te lo advertí en un principio?" (Amma reía y se regocijaba de sí misma).

Aunque expresadas de forma jocosa, estas "locas declaraciones" son profundas y tienen una gran profundidad filosófica. Seguramente todo sea una broma para Amma, o un juego de ocultación.

Como una niña, Amma se sentó y se apoyó contra la espalda de una devota. Había que ver la alegría de esta mujer, era como si hubiera alcanzado el paraíso. Después de una corta pausa, Amma continuó.

Amma: Hijos, lo que Amma ha dicho puede pareceros algo intrascendente, pero en esas palabras también hay principios espirituales. Dios instruye, ordena, advierte y recuerda. Habla a través de las Escrituras y de los Mahatmas (grandes almas). A veces nos habla internamente y, en otras ocasiones, a través de una experiencia. En lugar de prestar atención a lo que Dios nos enseña, continuamos creando y manteniendo deseos, y no llegamos nunca a destruirlos. Esta forma de actuar respecto a los deseos nos arrastra, una y otra vez, al sufrimiento. Solo cuando aparece el dolor, corremos hacia Dios lamentándonos y llorando. Pero eso no le conmueve, pues Él no es el responsable.

Lo que nosotros llamamos *Brahman* está establecido en la Verdad por siempre. Esa Verdad no cambia jamás y tampoco se involucra en todas esas cosas externas. Esa es la Verdad. De hecho, cuando nos encontramos en el estado de sueño profundo, ¿podemos afirmar que existe algo? No, no hay algo que podamos llamar esposa o hijo, tú o yo, alegría o tristeza. Sólo cuando despertamos de ese estado profundo, aparecen sentimientos e ideas del tipo "esta es mi esposa, este es mi hijo, esa es la laguna, esta es mi casa", etc. Al igual que desaparece el dolor cuando nos tomamos un analgésico, en el sueño profundo no existe nada de este mundo. Se puede decir que ese estado es algo parecido al estado de *Brahman*; es decir, que nada de este mundo existe para nosotros. El sueño profundo puede ser considerado como una vaga percepción de la experiencia de *Brahman*. En ese último estado no hay esclavitud ni dolor, cuerpo o mente. Lo que existe es sólo Eso. *Brahman* permanece siempre como *Brahman*.

La diferencia entre el sueño profundo y el estado de *Brahman* es que en el primero hay tendencias latentes, que entrarán en actividad tan pronto como despertemos. En cambio, en el estado de *Brahman* todos los *vasanas* llegan a consumirse completamente. Sus raíces quedan destruidas.

Lo que nosotros llamamos "real", el mundo por ejemplo, no es algo no-existente. *Mithya* solo significa "siempre-cambiante", no "algo que no exista de ninguna manera". El mundo es inconstante e inestable. Está continuamente sometido a cambios. Es efímero. Un objeto efímero no puede darnos felicidad eterna, ¿acaso podría hacerlo? la apariencia externa cambia., pero lo origina su aparición es inmutable. Esto es el *Atman*, el substrato sobre el que se producen todos los cambios.

Suponed que sembramos algunas semillas. Éstas germinan, crecen y maduran. Después, los seres humanos se las comerán y, tras digerirlas, expulsarán los desechos en forma de excrementos, los cuales fertilizarán la hierba que sirve de alimento a las vacas y otros animales. De esa manera se continúa el proceso de transformación y el cambio prosigue sin fin. Aunque las formas sean diferentes, permanece el mismo principio de base. Solo a partir de la semilla, el árbol podrá nacer, y solo a partir del árbol, surgirán nuevas semillas. Esto en sí mismo es Eso y Eso en sí mismo es Esto. No hay dos, sino sólo Uno.

La vida después de la muerte

Pregunta: Amma, si sólo las almas de los muertos vuelven a nacer, ¿cómo ha podido aumentar la población? Y en ese caso, ¿cómo puede ser cierta la teoría de la vida después de la muerte?

Amma: Hijo mío, ¿no pueden haber habido más almas individuales en el pasado que en el presente? ¿Acaso hay escasez de almas en la creación de Dios?

La teoría de la vida después de la muerte no afirma que nazcan diez personas cuando otras diez mueran. Hay miles de millones de *jivas* (almas), incluyendo árboles, plantas, insectos, gusanos, aves, otros animales y seres. Cualquiera de ellos puede nacer bajo una forma humana. Cuando un ser humano muere, no tiene que nacer forzosamente como ser humano. Puede nacer bajo la forma de un gato, un perro u otro ser viviente. Según el *karma phala* de cada uno (fruto de la acción), millones y millones de *jivas* en la Naturaleza aceptarán cualquier *jamma* (nacimiento) en el ciclo perpetuo de nacimiento, muerte y renacimiento. Todas las criaturas de este mundo están en continua evolución. Cada criatura evoluciona y alcanza un cierto nivel antes de acabar una vida. En algunos casos, se puede producir una degradación. El carácter superior o inferior del siguiente nacimiento, vendrá determinado por la evolución o la degeneración de esa alma en particular. Todo depende de las acciones que se han realizado en los planos mental, físico e intelectual. Por tanto, puede darse un aumento o disminución de la población.

Purificación de las almas que abandonan el cuerpo

Pregunta: Madre, ¿cuál es el fin de los ritos de purificación de las almas que abandonan el cuerpo?

Amma: Las almas pueden evolucionar y entrar en esferas más elevadas, gracias al efecto de los ritos y las ceremonias post mortem. Algunas almas permanecerán inmóviles tras la muerte. Cuando alcanzan un cierto límite en el que no pueden ver ni oír nada, no entran en el estado de Paramatman (Ser Supremo) ni en el mundo de jivatman (ser individual). Permanecen en el límite entre lo que vibra y lo que no vibra. Cuando los ritos purificatorios se realizan pensando en los que han partido, estos renacen después de haberse beneficiado de la purificación. Es lo que pasó aquí en el caso de Subhagan (el hermano de Amma). Una vez muerto, permaneció tres años en la atmósfera del ashram y volvió a nacer en Shivan, el hijo de Kasturi (la hermana de Amma). Amma ya había indicado que sería así incluso antes de que sucediera. El alma que abandona el cuerpo permanece en la atmósfera bajo la forma de un globo. Esta forma entrará o será puesta en otro cuerpo en función de las acciones que haya realizado y de la importancia de sus deseos no satisfechos.

Pregunta: ¿Volvemos a nacer inmediatamente después de la muerte?

Amma: No, no es necesario que suceda inmediatamente. En la forma de globo, el alma se quedará como si no perteneciera ni a la tierra ni al cielo. Durante nuestra vida nos rodea un aura, que funciona exactamente como un magnetófono. Graba todas nuestras palabras y actos. Esa cosa etérea y sutil no puede permanecer en nuestro cuerpo después de la muerte. Viaja a través de la atmósfera como si fuera un globo redondo. Seleccionará un cuerpo apropiado a los deseos y a los apegos de su vida precedente y volverá a nacer. Algunos jivas no renacen en la tierra hasta transcurridos dos o tres años.

Estas cosas sólo deberían explicarse a aquellos que tienen fe, pues de otro modo irán diciendo que no son más que simples historias. No saben nada de todo esto.

Esta aura que rodea a cada ser humano se vuelve cada vez más oscura a medida que somos más egoístas, menos honrados y más indiferentes. Esto nos empujará de nuevo a esta tierra, haciéndonos sufrir todavía más. Sin embargo, si cultivamos y desarrollamos buenas acciones y pensamientos, la misma aura se tornará de un color dorado, lo que nos ayudará a evolucionar hacia los más elevados planos de la conciencia.

Pregunta: ¿Qué es lo que abandona el cuerpo y entra en otro cuerpo cuando renacemos?

Amma: Hijos míos, no hay más que un Atman (Ser Divino), no más. Este Atman lo impregna todo. No muere ni vuelve a nacer. En consecuencia, el Atman no puede dejar un cuerpo ni entrar en otro, Él llena todo lo que existe. ¿De dónde va a venir y adónde va a ir?

Es la mente la que va de un cuerpo a otro. Lo que nosotros llamamos *jiva* no es más que la mente. Este *jiva* tiene una forma, una apariencia ilusoria, como las olas del mar. Apegado a él está el cuerpo sutil, con todas las tendencias heredadas de nacimientos previos. Normalmente se puede ver el aura que rodea un árbol o cualquier ser vivo. Cuando alguien medita, se puede ver su aura alrededor del rostro como si fuera una fina capa de aire, sin que toque su piel. Esta aura abandonará el cuerpo y acompañará al *jiva* cuando muramos.

¿Acaso el aire no adopta la forma de una brisa suave y también la de un tornado? Sabemos que el tornado posee una fuerza especial y que las dos formas corresponden al aire, aunque podamos establecer una diferencia entre ellas. Si bien el *jiva* procede del *Atman*, no se funde en Él. La mente permanece separada a causa de sus impurezas. Se dice también que una mente pura, sin *vasanas* (tendencias), es el mismo *Atman*. Entonces ya no hay mente, solo el *Atman*, el Ser.

Pregunta: Amma, ¿este mundo es real o aparente?

Amma: Hijos míos, es aparente y, al mismo tiempo, no aparente. Si fuera real o fuera la Verdad, ¿acaso no sería eterno? ¿Continúan extiendo para nosotros el perro y el gato después de un sueño profundo? No. Se dice que sucede así porque la mente crea todas las cosas. El mundo de los objetos sólo se manifiesta cuando la mente está activa. Cuando no lo está, no hay mundo, ni objetos. Por eso decimos que el mundo es aparente, que no es real. Cuando, a través de sadhana, es eliminada la mente, también desaparece el mundo de la pluralidad. En ese estado no hay más que Brahman; incluso el mundo es Brahman. En el estado de Realización, todo está lleno de Conciencia suprema. Así, el que alcanza ese estado no ve más que la Realidad por todas partes.

Hasta que no se alcanza, el mundo de las apariencias está siempre presente. Cuando se experimenta la Eternidad, el mundo cambiante deja de engañarnos. Es un estado en el que os estableceis permanentemente en el *Atman* inmutable. Hijos, no creáis que el mundo desaparecerá cuando alcancéis la Realización. Si sucediera así, hubiera desaparecido con la primera persona que la alcanzó.

Pregunta: ¿Quiénes lo consideran real y no aparente?

Amma: Aquellos que son engañados por él lo consideran como "real". Los que no sean engañados no tendrán esa impresión, en absoluto. Permanecerán siempre en sí mismos y percibirán el Ser a través del Ser.

Pregunta: Amma, resulta fácil para ti decir todas estas cosas, pues estás más allá de todas esas dualidades. ¿Pero qué sucede con los seres humanos corrientes que se han visto atrapados por los placeres y los objetos del mundo?

Amma: Hijo mío, ¿quién ha dicho que los objetos del mundo te han atrapado? Sucede más bien al contrario. Eres tú el que te has dejado atrapar por ellos. Esos objetos en sí mismos no tienen el poder de atraerte o de atraparte. Los has sujetado firmemente y no quieres dejarlos partir. Después te dedicas a llorar estrepitosamente y a golpearte en el pecho, diciendo: "¡Qué puedo hacer, todos estos apegos, estas relaciones, mi esposa! ¡Me han robado el coche y mi casa se hunde!", y de esta manera sigues lamentándote. Ninguno de esos objetos te ha llamado agitando la mano. Eres tú quien ha desarrollado la atracción hacia ellos.

Hay un proverbio en malayalam que dice: "Quieres atrapar lo que está encima de ti, pero no quieres soltar lo que tienes debajo del brazo". Esta cosa guardada bajo tu brazo representa los objetos del mundo. Los estas abrazando firmemente. Si quieres obtener algo de un nivel más alto, por ejemplo la felicidad eterna, lo único que tienes que hacer es aflojar un poco el brazo y ellos (los objetos del mundo) caerán por su propio peso. Pero quieres las dos cosas; conservar los placeres del mundo y sentir también gozo espiritual. Pero eso es imposible. Deja que los placeres del mundo caigan desde tu pecho. Alza completamente tus manos y brazos para que caiga todo lo que llevas y podrás alcanzar lo que está más arriba.

Pregunta: Amma, mi pregunta es la siguiente: ¿A quién afecta maya puesto que todo es Brahman?

Amma: Hijo mío, maya no ha afectado jamás a nadie, eres tú el que le das cobijo. El mundo de la ilusión no tiene el poder de engañarte. Eres tú el que corres detrás de él a causa de tus tendencias acumuladas. Ves las cosas a través de las gafas de tus vasanas. Tú las sopesas y las calificas como buenas o malas, en función de lo que te gusta o disgusta.

Es cierto que todo es Brahman, pero ¿acaso lo has realizado? Es como si un ciego fuera diciendo que todo es luz. ¿Por qué hablas inútilmente de cosas que desconoces? Posees la experiencia constante del mundo y sus objetos, pero hablas de un estado que nunca has experimentado.

Para una persona que ha ido más allá de *maya*, todo es *Brahman* pues lo experimenta constantemente. Pero es diferente para una persona que vive en *maya*. Lo tiene todo a su alrededor y, ciertamente, debe hacer un esfuerzo para salir. Debe intentar convencerse a sí mismo de que el mundo y los objetos placenteros son cambiantes y pertenecen al mundo del sueño.

Imagina que tienes un sueño en el que has acumulado una gran fortuna y eres multimillonario. Alcanzas con el tiempo renombre y celebridad y eres elegido Primer Ministro o Presidente del país. Mientras sueñas, el sueño es real, pero cuando despiertas, deja de tener realidad. Exactamente, y de la misma forma, este mundo empírico es todo un sueño creado por los pensamientos y la mente, un largo sueño. El *Atman* o el Ser no tienen nada que ver con eso. Simplemente lo ilumina todo, como el sol ilumina al mundo entero. El sol no puede dejar de brillar. De igual modo, la naturaleza del Ser es luz, y no puede dejar de iluminar.

Cuando te das cuenta de que el sueño es irreal, despiertas. Te percatarás de que el mundo es irreal cuando despiertes a la Conciencia Divina.

Pregunta: No es indispensable seguir una sadhana para despertarse de un sueño. Nos despertamos automáticamente. Y de igual forma, tampoco sería necesario hacer sadhana para eliminar a maya, ¿no es cierto?

Amma: Hijo mío, ¿quien te ha dicho que uno se despierta de un sueño sin hacer nada? En el estado de sueño, soñamos que hacemos muchas cosas. Nuestro despertar es una continuación de las acciones realizadas durante el sueño. No se puede decir que acciones realizadas en el sueño no hayan sido la causa de nuestro despertar. De la misma forma, vivir en este mundo de la diversidad, en medio de objetos cambiantes, es un largo sueño. Aunque este mundo sea un sueño, estamos tan identificados con él que no lo sentimos así. Creemos que es verdadero. Por lo tanto, sadhana es necesaria para que despertemos a Dios desde este estado de sueño.

Aunque nuestra naturaleza sea el *Atman*, siempre libre y eterno, nos sentimos ahora encadenados y limitados. La *sadhana* nos ayuda a eliminar esta impresión de esclavitud y limitación.

Los niños cogen los excrementos con sus manos, intentan atrapar el fuego o caminar por el borde de un estanque o un río. ¿Actuarían así los adultos? No, desde luego. Hace falta, pues, discernimiento para progresar en función de las tendencias que cada uno ha heredado. Deberíamos avanzar siguiendo los consejos de personas sabias. No tiene sentido discutir y argumentar inútilmente. Dudar es una característica de la mente. Deberíais utilizar vuestro poder de discernimiento para acabar con la naturaleza dubitativa de la mente. Solo cuando las dudas lleguen a su fin, penetrará la Luz de Dios en vuestro corazón.

Las dudas no desaparecerán completamente hasta que no hayáis alcanzado la Auto-Realización. Hasta entonces, no tendréis el poder necesario para ir más allá de las dudas. Desaparecerán todas las dudas una vez sepáis lo que debe ser conocido.

La naturaleza de la mente

Pregunta: Amma, aunque estos sean los hechos, ¿no sienten casi toda la gente que la vida en este mundo es feliz?

Amma: Eso no es sorprendente. Ese sentimiento está presente en todas las criaturas. Incluso un cerdo que viva en medio del sucio lodo pensará que la vida resulta muy feliz, que su morada, el lodazal, es el mejor lugar del mundo y que su cuerpo es el más bello de todos.

Había una vez dos astrólogos que eran íntimos amigos. Un día, quisieron saber lo que serían en su próximo nacimiento y lo que les ocurriría. Hicieron algunos cálculos astrológicos y vieron que uno renacería bajo la forma de un elefante y el otro como un gusano de tierra. El que iba a convertirse en gusano de tierra, se sintió muy triste y deprimido. El otro intentó consolarlo al ver la cara de desesperación de su amigo. Pero no lo consiguió. Finalmente, el astrólogo-gusano pidió al astrólogo-elefante: "Mi querido amigo, sólo tu puedes salvarme de este destino desafortunado. En tu próxima encarnación, búscame y, cuando me hayas encontrado, sé lo bastante amable para aplastarme bajo tu pie. Si me matas, posiblemente podré obtener un cuerpo mejor después de haberme desembarazado del asqueroso cuerpo de gusano". El astrólogo-elefante dijo que sería muy feliz de prestar ese gran servicio a su amigo.

Pasaron los años y los dos astrólogos murieron. Como había sido vaticinado, uno renació en el cuerpo de un elefante y el otro en el de gusano. Sin embargo, los dos olvidaron sus nacimientos precedentes. Afortunadamente, un día, el astrólogo que había tomado nacimiento en el cuerpo de elefante se acordó de su vida pasada y de la promesa que había hecho a su amigo, y partió inmediatamente en su búsqueda. Buscó y buscó entre montones de tierra, en los campos arados, en los suelos labrados, bajo los árboles, y entre lodos y grietas secas de la tierra. Así pasó numerosos días. Al fin, levantó una gran piedra y, ¡menuda sorpresa!, allí estaba su querido amigo, el gusano de tierra. El astrólogo-elefante se sintió muy feliz al encontrar a su antiguo amigo, que ahora vivía con su esposa y sus hijos bajo la piedra. Cuando el elefante levantó su pata para cumplir con su promesa de aplastar al gusano de tierra, hubo un clamor. El gusano de tierra gritó al elefante. "¡Eh, demonios! ¿Qué quieres hacer?¿ Nos vas a matar a mí, a mi bella mujer y a mis hijos? ¿Vas a destruir mi hermosa morada? ¡Detente, no seas tan cruel!"

Hijos míos, eso es lo que experimenta toda criatura en esta tierra. Todo depende de nuestra comprensión. Lo que nos desagrada puede ser tan dulce como la miel para cualquier otro, y lo que nos gusta convertirse en un veneno. Ningún objeto de este mundo dará la felicidad a todos. En otras palabras, ningún objeto de este mundo posee la felicidad como esencia propia. A una persona le gustará mucho mirar la televisión y a otra le entrará dolor de cabeza con solo fijarse en la pantalla. Hay personas que les gusta fumar, y otras empiezan a toser nada más ver a un fumador. Como veis, los gustos cambian de una persona a otra.

Las personas se atan a los objetos placenteros. Al igual que el cerdo que vive en el lodazal piensa que ese es el lugar más bello, los seres humanos piensan que la vida en medio de los placeres del mundo es un paraíso. Todos los placeres del mundo, sean cuales sean, acaban en sufrimiento. No obtendremos la auténtica felicidad hasta que no sepamos discernir entre lo eterno y lo no-eterno.

Era la hora de empezar la clase. Amma se levantó, pues de no hacerlo nadie iría a clase. La Santa Madre entró en la cabaña y los devotos fueron a sentarse en la sala de meditación para escuchar la charla.

Cuando Amma cantaba *bhajans* o estaba sentada fuera conversando con los devotos, dos palomas se solían posar sobre el techo de la sala de meditación, sobre la cabaña de Amma o por los alrededores. Esta vez podían verse sobre el techo de la sala de meditación. Las palomas no abandonaban su lugar hasta que terminaban los *bhajans* o la disertación. Permanecían allí inmóviles como si escucharan a la Madre. Algunas veces se situaban muy cerca de Amma si estaba sola. Los devotos y residentes las solían ver posadas delante mismo de Amma si se sentaba aislada en soledad. Una vez, la Madre había dejado entrever que eran dos almas devotas.

La clase duró hasta las seis. A las seis y media empezaron los *bhajans* de la tarde. Amma, los *brahmacharis* y algunos devotos padres de familia que sabían cantar, se sentaron en el interior del Vedanta Vidyalaya (una pequeña habitación parecida a un aula, utilizada para enseñar el Vedanta a los *brahmacharis*), mientras que los otros tomaron asiento en la tienda especialmente montada para estas ocasiones. Amma cantó *Vedanta Venalilude...*

*Proclamando que tú ayudarás
Al viajero solitario hacia Brahman?*

*Aunque atraviese a nado
El difícil camino de espinas
Para tener paz, para alcanzarte,
Mi espíritu sigue lleno de dolor.*

*¡Oh tú!, la amiga del miserable,
Mi corazón arde siempre por algo
No sé lo que es.
¿No tiene la intención de eliminar
Todos mis sufrimientos?*

*¡Oh Madre!, ¡Oh Bhagavati Devi!,
¿No sabes que sin quedar inmerso
En tu Ser, encantador de la mente,
No hay paz?*

Los devotos se quedaron totalmente absortos en el canto y sus corazones desbordaban alegría. Algunos lloraban mientras que otros permanecían sentados con los ojos cerrados y las manos juntas, intentando impregnarse de la dicha y seguir absortos en el *Kirtan*. Amma cantaba siempre con los ojos cerrados para dar ejemplo a los *brahmacharis* y a los otros devotos.

Amma siempre nos recuerda: "Cuando cantéis el Nombre Divino, mantened los ojos cerrados. De otro modo, los ojos, persuadidos por la mente y tentados por los objetos, correrán tras ellos. Hijos, concentraos en la luz interior, pues no podréis verla si miráis la luz exterior".

28 de febrero de 1984

El curso de siete días había acabado la víspera. La semana había sido muy intensa y Amma apenas había reposado. Los tres *Devi Bhava*, que habían tenido lugar durante el curso de siete días, habían atraído a tantas personas que Amma había permanecido sentada, en estos *darshan*, desde las seis y media de la tarde hasta las cinco o las seis de la mañana siguiente. Además, también había continuado recibiendo a los devotos durante el día. Aunque Amma no se preocupe en modo alguno por su descanso, a veces su cuerpo sufre cuando le falta. Lo cierto es que su mente no se ve afectada, como lo prueba su estado de buen humor, incluso cuando su cuerpo está fatigado.

Ella nos suele decir: "Amma es feliz cuando sus hijos son felices. La salud y la riqueza de Amma son sus hijos". Si los devotos esperan para verla, no se quedará en su habitación con el pretexto de descansar o de proteger su intimidad, tendrá que haber una buena razón para hacerlo. Si alguien le pide que descanse cuando su cuerpo está agotado, responderá: "La razón de ser de este cuerpo y de la vida entera de Amma es servir a sus hijos. El único anhelo de Amma es siempre el de apoyar, reconfortar, acariciar, secar las lágrimas de los demás, y así será, incluso en el momento de exhalar su último suspiro".

La compasión emana de cada mirada de Amma. Cada uno de sus gestos es una inolvidable delicia visual. Cada una de sus palabras nos baña y nos estrecha con la dicha de la inmortalidad. Sus actos son un testimonio vivo de todos los preceptos religiosos del mundo.

Todavía no habían partido todos los que habían participado en el curso. Algunos tenían previsto quedarse para el *Devi Bhava* de ese día.

Amma se dirigió a la cabaña hacia las nueve, pero no parecía encontrarse muy bien. Se sentó como siempre en la cama, pero no hablaba demasiado. Algunas personas partieron después de saludarla. Otras se quedaron allí, sentadas en silencio, pues Amma no hablaba. Gayatri dijo: "Amma no se encuentra bien. No ha dormido y ha pasado la noche dando vueltas en el suelo. Le duele terriblemente la garganta y siente vértigos. Si rezáis con devoción, tal vez descanse". La Madre tenía todo el cuerpo lleno de granos. Una devota sugirió: "Salgamos todos. Dejémosla descansar hoy. Su cuerpo tiene que estar bien y sano para que pueda seguir prodigándonos sus bendiciones durante mucho tiempo".

No hace falta decir que todos aceptaron esta propuesta. Cuando ya se levantaban para abandonar la cabaña, de pronto la Madre exclamó:

Amma: No, no, no os vayáis, hijos. Amma sabe que os sentís muy tristes si no podéis verla cuando venís aquí. No os preocupéis por la enfermedad de Amma. Procede de diferentes personas. Amma sufre durante treinta o cuarenta minutos, o posiblemente un día, lo que ellos habrían tenido que sufrir durante treinta o cuarenta años. Amma se siente siempre feliz de poder hacerlo. ¿Quién haría eso por sus hijos, si no es Amma? No obstante, lo que es aceptado voluntariamente hay que experimentarlo para que se consuma del todo. Amma no se preocupa de sí misma. Cada gota de su sangre, cada partícula de su energía es para sus hijos. Pero quiere veros progresar, quiere veros creciendo espiritualmente. Hijos míos, sólo tendréis la mente débil si pensáis: "Amma está fatigada", "Amma está enferma" o ideas semejantes.

Sus palabras eran conmovedoras. Oyéndolas, algunos devotos se pusieron a llorar en silencio. Un hombre, no pudiendo contener su emoción, dijo:

Devoto: Amma, ¿por qué tienes que sufrir tanto por nosotros? ¿Por qué no nos das un poco de tu sufrimiento físico? Puesto que somos tus hijos, ¿no tendríamos que corresponderte, dado el gran sacrificio que haces por nosotros?

Con los ojos llenos de amor, Amma sonrió de todo corazón al observar la inocencia del devoto, y contestó:

Amma: No, hijo, tú no puedes corresponder, ni siquiera sufrir una fracción infinitesimal del sufrimiento que experimenta este cuerpo. Hijo mío, esa inocencia es buena.

En pocos minutos, el ambiente cambió por completo. La Santa Madre empezó a recibir a todos, uno por uno. Se mostraba tan cariñosa como siempre. Después, un *brahmachari* empezó a cantar *bhajans* y los devotos, olvidándolo todo, se regocijaban acompañando el canto. Al finalizar cada *bhajan*, había un silencio meditativo. De tanto en tanto, Amma también cantaba. En un momento dado, Amma cantó un *bhajan* en el que se describe la forma terrible de Kali, *Kurirul Pole*.

¿Quién es esa Única de forma tan aterradora,
Oscura como la más oscura noche,
Balanceándose como ramo de flores azules
Sobre las aguas de un lago de sangre?

¿Quién es esa Única que danza en el campo de batalla,
Salpicada de sangre por todas partes,

Que oculta su Maravillosa Forma
Incluso cuando se reviste del éter que todo lo impregna?

¿Quién es esa Única que tiene tres ojos,
Que resplandece como un fuego incandescente,
La Única de cabellera desgreñada
Como rachas de negras nubes de tormenta?

¿Por qué tiembla la tierra
Al sentir el peso de su caminar majestuoso?
¡Oh! Esta impetuosa doncella no es otra
Que la Bienamada de Shiva, la que lleva el tridente.

Si un devoto tiene colocada su cabeza en el regazo de la Madre cuando Amma se pone a cantar, éste recibe un *darshan* más largo y puede verdaderamente experimentar la dicha divina, pues Amma entra en *samadhi* (estado de Unidad con Dios) muchas veces durante los cantos, manteniéndose totalmente ajena a las circunstancias externas.

Amma abandonó la cabaña hacia el mediodía. A las tres regresó y se sentó entre los cocoteros. Naturalmente, los devotos se sintieron atraídos hacia aquel lugar. Amma se encontraba ahora perfectamente bien. Habían desaparecido los granos y parecía tener una buena salud. Durante unos instantes, permaneció inmóvil y silenciosa con los ojos fijos en algún lugar, sin que se pudiera decir si miraba el cielo o más allá, al infinito. Parecía estar sola, en su propio mundo. Luego, apartando su atención de ese espacio indefinible, llamó por su nombre a un joven que estaba sentado algo más lejos que los demás y le dijo: "Hijo, tu madre quiere verte. Regresa inmediatamente a tu casa". La Madre se giró entonces hacia otro devoto que estaba cerca y le preguntó: "Hijo, ¿te marchas ahora?" "Sí, Amma", respondió. "En ese caso, lleva a este hijo contigo y, de camino, acompáñale hasta su casa". Le dijo la Madre.

Mientras tanto, el joven a quien Amma había pedido que regresara a su casa se había aproximado hasta ella. Mirándolo y señalándole al otro devoto, Amma le dijo: "Este hijo tiene coche y te acompañará. No te preocupes, pues todo irá bien".

Los dos hombres se postraron a los pies de Amma. Ella le dio ceniza sagrada al joven que enviaba a casa, pero no al otro devoto. El joven parecía estar un poco ansioso al ver el extraño comportamiento de Amma al respecto. Amma le sonrió de nuevo y dijo: "Tienes un aspecto preocupado, hijo. ¿Por qué tener miedo? ¿No está aquí Amma para cuidarte?" Después, los dos devotos partieron.

Sin añadir una palabra, Amma entró en mediación durante diez o quince minutos. Más tarde, volvió a abrir los ojos, sonrió a los devotos y les dijo: "La madre de este hijo está enferma del corazón. Ha tenido un ataque repentino. Su padre ha ido a trabajar y él se encontraba aquí. No hay nadie en casa; pero ahora ya no hay problema, su madre está bien.". Amma se detuvo ahí, como si no quisiera desvelar el resto.

Una devota, sin poder controlar su excitación, le preguntó en voz alta. "Pero, Amma, ¿cómo puedes saber todo eso? La casa de este joven se encuentra a cincuenta kilómetros de aquí y nadie ha venido a informarte". Amma sonrió y dijo: "Amma ha tenido que ir allí porque ella oró tan inocentemente. Es su." La Santa Madre se detuvo bruscamente y dijo: "Bien, no hablemos más. Todas esas cosas suceden sin más. Hablemos de otra cosa".

Hubo un corto silencio, tras el cual un *sadhak* (buscador espiritual) preguntó:

Sadhak: Amma, ¿es necesario un voto de silencio para un sadhu (monje errante)?

Amma: El silencio es bueno. Mauna (voto de silencio) surgirá espontáneamente cuando volvamos nuestra atención hacia el interior. El silencio evita que se disipe inútilmente nuestra energía. Perdemos mucha energía hablando. La mayoría de las veces, nuestros temas de conversación carecen de importancia y son inútiles. Discutimos sobre una estrella de cine o una película, de un jugador de fútbol o de béisbol, o bien nos acordamos de alguna joya que perdimos hace años, o chismorreamos, incluso, sobre el vecino o sobre la mujer con la que nos encontramos la semana pasada. ¿Tiene sentido hablar de cosas tan banales? Perdemos mucha energía buscando las faltas de los demás y criticándolos. ¿Acaso obtenemos algún beneficio?

Si queréis constatar la diferencia, permaneced sin hablar durante varios días; digamos cinco días y, después, hablad el sexto. Cuando empecéis a hablar de nuevo, sentiréis claramente que perdéis algo que habíais conseguido

Pregunta: Amma, dices que guardar silencio nos ayuda a conservar nuestra energía. ¿Pero qué sucede con los pensamientos que surgen en la mente?

Amma: Habrá olas más o menos fuertes en la superficie del agua de una presa, pero el agua no puede escaparse, permanece en la presa. Así, los pensamientos también harán acto de presencia cuando observemos voto de silencio, pero al no expresarlos mediante palabras o actos, preservamos la mayor parte de nuestra energía. Eso significa que, en proporción, se disipará menos energía. En consecuencia, observar voto de silencio es un buen ejercicio para los que realmente quieren alcanzar la meta.

Pregunta: Amma, ¿podrías darnos algunos consejos sobre cómo llevar a cabo esta práctica?

Amma: Empezad primero con una hora de silencio, después dos, tres y así progresivamente. Haced medio día, luego un día entero. De esta manera, podéis aumentar cada vez más la duración hasta el número de días que deseéis. Todo depende de vuestra resolución y de vuestro lakshya bodha (anhelo por alcanzar la Meta). Sí estáis verdaderamente decididos, podéis incluso hacer un voto de silencio de cuarenta y un días. No obstante, es mejor no hacerlo al principio. Para empezar, basta con un día entero o incluso algunas horas. Paulatinamente, podréis aumentar hasta cuarenta y un días o más, si os lo proponéis. Tenemos la costumbre de hablar; por tanto la mente procurará tentarnos y forzarnos a hablar de cosas banales. De hecho, la verdadera mauna consiste en hablar moderadamente ejerciendo dominio sobre nuestra mente. Pero como tendemos de forma natural al parloteo inútil sin ningún control, necesitamos guardar silencio total para ejercitar la mente de forma adecuada.

Si de pronto empezamos por un voto de cuarenta y un días, nos desanimaremos rápidamente. Hace falta avanzar tomándole el gusto e ir saboreándolo poco a poco. La mente debería tornarse receptiva o favorable por sí misma. No hay que forzarla, salvo posiblemente al principio, durante dos o tres días. Superada esa etapa inicial, se debería practicar de acuerdo con el gusto que le coja cada uno. Si guardamos silencio durante un día, cuando nos dispongamos a hablar al día siguiente, la mente dirá: "¡Silencio, silencio!" *Abhyasa* (la práctica constante) os guiará. Además, durante el tiempo que destinemos a guardar silencio, podremos recitar nuestro *mantra*.

Que todo suceda según el designio de Dios. Pero debemos hacer *sadhana* (práctica espiritual). Resulta inútil y carente de sentido, culpar siempre al destino por todo lo que acontece en nuestra vida. En cierta manera, eso es actuar tontamente. Actuad correctamente y, si algo va mal, consideradlo como propio del destino, como el fruto de vuestras propias acciones. Estad en paz. No obstante, tenéis que trabajar ahora para hacer que vuestro futuro sea feliz y dichoso.

Hijos míos, hablad menos y, sólo, cuando sea indispensable. Cuando tengáis que hablar, hacedlo con mucha atención, pues un buscador espiritual o un devoto no debería decir nada carente de sentido, ni siquiera una simple palabra.

Pregunta: Amma:¿Qué actitud debemos tener?

Amma: Si alguien se encoleriza, procurad estar atentos para impedir que vuestra mente se vea afectada o se sienta alterada. Algunos dirán: "No he hecho nada malo y sin embargo me ha reñido. Por eso, me he enfadado". Deberíais considerarlo de esta otra manera: "Es posible que esa reprimenda tenga algún valor para mí, aunque no haya hecho nada malo". A continuación deberíais rezar: ¡Oh Señor!, cualesquiera que sean las faltas que pueda cometer, te ruego que las elimines en ese mismo momento. Señor, por favor, señálame los errores. ¡Oh Señor!, confíame tu trabajo y no me dejes perder el tiempo. Señor, cualquiera que sea el trabajo que realice, pueda sentirlo como Tu trabajo. ¡Oh Señor!, que los otros puedan mostrarme mis faltas para que me sea dada una comprensión más justa. Haz que no sienta odio ni ira hacia ellos, ya me muestren los errores de una forma amable o hiriente". Así debería ser la oración de un devoto o de un auténtico buscador espiritual.

Ejercitémonos en aprender a ver a Dios, la Esencia Pura, en todas las cosas y en todos los seres, incluso en los malvados, y a no ver en ellos al demonio. Si veis al demonio en los demás, esas mismas fuerzas negativas os devorarán y, al final, vosotros mismos os volveréis un demonio. Hijos míos, ese no es vuestro camino. Odiad el mal, pero no a aquel que lo hace. Si alguien es egoísta o egocéntrico, odiad el egoísmo o el egocentrismo, pero no a esa persona. Podemos hacerlo si realmente lo intentamos. Si un hijo es alcohólico o drogadicto, los padres odiarán su hábito de beber o su adicción a las drogas, pero seguirán amando a su hijo. De hecho, estos hijos reciben a menudo un amor especial por parte de sus padres. De la misma forma, intentad amar a los otros aunque sean malvados. La actitud correcta para comprender adecuadamente una situación particular de la vida, es la de utilizar el discernimiento apropiadamente y después ponerlo en práctica con sabiduría.

Climatizad la mente

Amma: No vayáis por ahí quejándoos de que algunos se han enfadado con vosotros, os han criticado o reñido. Dejadles que hablen mal y se burlen de vosotros. Permaneced impasibles. Todo lo que digan de vosotros, se volverá en contra de ellos. Cuando reaccionáis y os vengáis, significa que aceptáis sus críticas; y, en ese momento, inventarán incluso más historias en contra vuestra y vosotros haréis lo mismo. De esta manera no se apaciguan este tipo de disputas y el resultado final será la humillación, la ira, el odio, la venganza y lo que siga. Hijo mío, ¿por qué te dejas atrapar por esos mecanismos de autodestrucción? Guarda silencio, permanece tranquilo. No aceptes lo que los otros digan de ti. O, si quieres aceptarlo, recíbelo como un regalo de Dios. Si te muestras inflexible y determinado a aceptarlo como si fuera un desafío del diablo, nadie podrá salvarte del desastre final, ni siquiera Dios.

Imagina que alguien te da un televisor. ¿Qué ocurrirá si no lo aceptas? Lo más probable es que esa persona se lleve de nuevo el televisor a su casa. Sucede lo mismo si no aceptas una palabra o una acción dirigida contra ti por cualquier otro, éste tendrá que tomarla de nuevo. Es tan simple como eso.

La vida espiritual está destinada a aquellos que renuncian a todo. Experimentarán y gozarán de la dicha divina aunque vivan en medio de la basura. Lo que hay que climatizar es la mente y no el mundo exterior. Si una persona carente de paz mental intenta dormirse en una casa climatizada, ¿conciliará el sueño? No, no lo conseguirá. ¡Cuántos casos hay de personas que se suicidan aunque vivan en casas climatizadas! Han amasado suficiente dinero como para estirarse sobre sus suntuosas camas, en palacios y hoteles de gran lujo, pero no podrán conciliar el sueño si su mente no está en paz. Así pues, hijos míos, es evidente que el confort y la felicidad no proviene de los objetos externos. Si así fuera, las personas más ricas deberían ser capaces de llevar una vida apacible. Pero no sucede así. De hecho, son a menudo las personas más atormentadas. Cuando quieren dormirse, tienen que tomar somníferos. Para apreciar plenamente los placeres de la vida, es necesario tener una mente calmada. En consecuencia, hijos míos, lo que hay que climatizar es la mente. La persona cuya mente esté climatizada no experimentará más que alegría, en todo lugar y circunstancia. Hacia eso debemos tender. Así, pues, ni la riqueza ni ninguna otra cosa nos dará la felicidad. La verdadera fuente de la dicha es la mente.

Para eliminar la angustia mental

Pregunta: ¿Qué debe hacerse para eliminar la angustia mental?

Amma: Hijos, si nuestra mente está atormentada por las dificultades, se lo tendríamos que contar a Dios. Sin embargo, no es lo que se hace. Por el contrario, una persona se queja a otra, y ésta, a su vez, discute sus problemas con la otra. Una esposa se los contará al esposo, y el esposo se los confiará a su esposa. Los hijos se los contarán a sus amigos o a sus padres, y los abuelos se los confiarán a sus hijos. Entonces Dios pensará: "Muy bien, superan sus dificultades confiándoselas mutuamente, ¿no es cierto? Si nadie busca refugio en Mí, entonces ¿para qué voy a ocuparme de ellos? Ellos mismos se bastan solos". Pero lo cierto es que nuestra carga aumenta cuando actuamos de esa manera, cuando nos limitamos a contarles los problemas a los demás y no se los confiamos a Dios.

Deberíamos dirigirnos a Dios de esta manera: "¡Oh Señor!, te ruego que me concedas la fuerza para actuar en todas las circunstancias con la inteligencia y el discernimiento necesarios. Haz que, en cualquier situación, nunca me olvide de ti. ¡Oh Señor!, concédeme la gracia de acordarme continuamente de ti, tanto en la alegría como en el dolor". Deberíamos mantener siempre una actitud positiva hacia la vida. El optimismo es un factor importante para eliminar el sufrimiento de la vida.

Considerad, por ejemplo, la vida de Pumtanam (un gran devoto del Señor Krishna, que vivió en Kerala hace unos cuatrocientos años). Sentía una profunda devoción por el Señor Krishna. Se trataba de un hombre virtuoso, *sátvico* (lleno de bondad), sencillo y humilde. Sin embargo, tuvo que enfrentarse a numerosas pruebas. Su único hijo murió. Su esposa creía que estaba loco y vivió enfrentada a él. Un día, fue atacado por una banda de ladrones cuando se dirigía a Guruvayur (templo célebre, dedicado al Señor Krishna). Aunque tuvo que soportar muchas dificultades, su devoción permanecía inquebrantable. Todos esos infortunios eran para él pruebas del Señor. ¿Sabéis qué frase recitó cuando murió su hijo? *"Si Unnikrishna (Bebé Krishna) habita en mi corazón, ¿qué necesidad tengo de otro hijo?"* Desde un punto de vista corriente, su vida fue una verdadera tragedia y, sin embargo, siempre estaba feliz. ¿Sabéis cómo y por qué? La respuesta está en la frase que acabamos de citar y que él mismo recitaba. Una vez hayáis puesto al Señor en vuestro interior, solo habrá dicha, y no sólo interior sino también exterior. La verdadera dicha acudirá a vosotros, y no su simple reflejo (por ejemplo, la felicidad que obtenemos de los objetos externos no es más que un "reflejo"). Pero para alcanzar tal dicha, debéis renunciar a ese reflejo llamado "felicidad".

Así sucede, incluso, en el mundo de los sentidos. Para obtener más placer, gastáis mucho dinero en la compra de un televisor.

Una vez lo habéis comprado, renunciáis automáticamente a vuestro aparato de radio. ¿Por qué? Como ahora la televisión os aporta más alegría y confort que la radio, acabáis abandonando la radio. Del mismo modo, la alegría de la dicha espiritual es la más elevada, la única permanente. Por tanto, resulta muy cara y, para obtenerla, tenéis que prescindir de las cosas inferiores y menos placenteras.

El dolor y la felicidad son relativos. Cuando la alegría es mayor que el sufrimiento, decimos que atravesamos un periodo feliz, y lo contrario, cuando el sufrimiento es más fuerte que la alegría. De hecho, no estáis completamente felices porque sabéis que el dolor puede volver en cualquier momento. De nada servirán todos los esfuerzos que hagamos, pues es algo inevitable e inexorable. Por tanto, sed conscientes de que esa es la naturaleza de la vida, y aceptadla. Intentad ir más allá y recibid por igual a la alegría y al dolor.

Pregunta: ¿Cómo podemos ir más allá, si estamos sujetos a todas las relaciones y objetos del mundo?

Amma: ¡Qué pena! Esas cosas inertes, absurdas y banales, te han encadenado. Pero, en realidad, no son los objetos los que han creado las ataduras. Más bien, ha sido tu mente la que se ha situado en esa esclavitud. Los objetos no tienen poder para atarte. Si se suponía que los seres humanos ejercían el control sobre los objetos, resulta que ahora son ellos los controlados por los objetos. Ahí está la causa de todos vuestros problemas.

Tomemos de nuevo el ejemplo de la vida de Pumtanam. ¿Sabéis cómo murió su único hijo? Tuvo lugar cuando festejaban su tercer cumpleaños. Era tarde y todo el mundo tenía prisa por ir a acostarse. La casa estaba llena de parientes y amigos. De repente, un fuerte viento empezó a soplar y apagó todas las lámparas de keroseno. Cuando se calmó, volvieron a encender las lámparas. Fue entonces cuando se dieron cuenta de que el niño había desaparecido. Buscaron por todas partes, pero en vano. Finalmente, un invitado tuvo una intuición y empezó a levantar las alfombras amontonadas en un rincón. El niño se encontraba allí, muerto. Alguien había lanzado por descuido la alfombra al lugar donde se había quedado dormido el niño inadvertidamente. ¡Imaginad el drama!

El devoto Pumtanam sintió un profundo dolor, pero superó fácilmente esta prueba. ¿Por qué? Porque eso es lo que nos enseña la espiritualidad, a vencer cualquier situación dolorosa. Ciertamente, fue una gran tragedia. Posiblemente la peor que padeció esta familia. Vosotros podéis pensar. "Pero, si era un niño. pobre pequeño". Sin embargo, este devoto comprendió claramente que se trataba sólo de un juego, el juego de su Bienamado Krishna. Krishna representa aquí la Verdad Última. Más pronto o más tarde, el cuerpo debe morir, se quiera o no. Es inevitable e ineludible. ¿Cambiará esta verdad si seguimos lamentándonos? No, en absoluto. Así como la naturaleza del río es fluir, la del sol brillar y la del viento soplar; nacimiento y muerte, felicidad y dolor, éxito y fracaso forman parte de la naturaleza de la vida. Pero el verdadero Ser, Krishna, Rama o Jesús, nunca muere. Es él quien anima el cuerpo. "Cuándo ese Ser universal, juega y se divierte conmigo, bajo la forma de Krishna, ¿por qué habría de afligirme?" El Ser nunca muere, ni tampoco nace. Eso es lo que quería decir el devoto Pumtanam cuando recitaba esta última frase.

El océano es el Ser Supremo, *Satchidananda*. Las olas son los *jivas*, las almas individuales. El océano nunca cambia; permanece como substrato de todas las olas que se alzan en él. ¿Qué es una ola, después de todo? Solo es agua. Una ola viene y desaparece. Otra se forma y desaparece a su vez. Incluso surgirá otra ola, en otro lugar y con distinta forma. Pero ¿qué son todas ellas? Solo son las aguas del océano que adoptan diferentes aspectos y formas. Las olas aparecen y desaparecen, luego reaparecen y desaparecen de nuevo, pero el agua permanece invariable; no cambia jamás. Así las olas no son nada más que la misma agua bajo diferentes formas, en diferentes lugares. Semejante al océano, el Ser Supremo se manifiesta como *jivas* bajo diferentes formas y aspectos. Las formas y los aspectos aparecen y desaparecen, pero el principio esencial, el substrato, es decir el Ser Divino, permanece por siempre inmutable, igual que el océano.

Pregunta: Amma, lo que has dicho parece estar muy claro. ¿Quieres decir que el único modo de erradicar todas las dificultades de la vida, es rendirse completamente a la Voluntad Suprema?

Amma: Exacto, hijo mío. Al menos, deberíamos intentar desarrollar la conciencia de que todo lo que sucede a nuestro alrededor es por su Voluntad. A medida que se refuerce esta conciencia, también cambiará nuestra actitud.

El Señor tomará buena nota si ve egoísmo, apegos o aversiones en nosotros. No se aproximará si tenemos la menor traza de egoísmo. Más bien, se alejará.

Deberíamos rezar al Señor siempre de esta manera: "¡Oh Señor! Soy un ignorante y, aunque soy tu hijo, los *vasanas* (tendencias latentes) me alejan de ti. ¡Señor, sé bondadoso y suprime esos *vasanas*! En el plano de la Realidad suprema, mi naturaleza verdadera es tu Ser, pero en este mundo empírico me considero hijo de mis padres. ¡Oh Señor!, tú puedes eliminar mi ignorancia. Aunque dicen que soy tu hijo, no soy consciente de esa verdad. Libera a tu hijo de esta prisión". En verdad, se tiene que suplicar al Señor con verdadero anhelo y lágrimas de devoción.

Para vivir en paz, tenemos que deshacernos de todos los conflictos mentales y no ver más que el bien en los demás. Nos volvemos mentalmente débiles cuando nos fijamos en sus defectos, y nos elevamos cuando vemos sus cualidades. Si decimos que una persona es malvada, nos volvemos malvados nosotros mismos. Aunque alguien tenga un noventa y nueve por ciento de maldad, no tenemos que ver en él más que el uno por ciento de bondad. Así se elevará nuestra mente. Descendemos de nivel cuando vemos la parte negativa en los demás. Nuestra oración siempre debería ser: "¡Oh Señor!, haz que mis ojos solo vean la bondad en los demás. Dame la fuerza para servir al mundo desinteresadamente". Únicamente podemos alcanzar paz mental a través de esta actitud de darnos a nosotros mismos. Así, lentamente, intentad convertiros en buenos servidores de Dios.

Lo que este mundo necesita son servidores, y no líderes. Todos desean llegar a ser líderes. Tenemos muchos líderes que no son auténticos. En vez de eso, seamos verdaderos servidores. Es el único modo de llegar a ser un verdadero líder.

Los rasgos característicos de un renunciante y de un devoto

Pregunta: ¿Qué se debe hacer para mantener el recuerdo constante de Dios?

Amma: Hijos, Amma sabe que, viviendo en medio de placeres terrenales y manteniendo lazos familiares, os resulta difícil acordaros constantemente de Dios. Pero cuando os deis cuenta de que no pensáis en Él, decid inmediatamente: "¡Oh Señor!, no me he acordado de ti durante todo este tiempo. Me he olvidado de recitar tu Divino Nombre. ¡Oh Señor!, te ruego que me perdones. Te suplico que me concedas la fuerza mental para acariciar incesantemente tu Forma en mi interior y tu Nombre entre mis labios. ¡Oh Señor!, no dejes que pierda el tiempo de esta manera.¡Que arda en mí el deseo de contemplar tu Forma!" Una vez arrepentidos, empezad a repetir vuestro mantra nada más acabar la oración. Es posible que os volváis a olvidar, pero no os preocupéis. Continuad utilizando la misma técnica de arrepentimiento y de oración cuando advirtáis que habéis estado mucho tiempo sin recitar vuestro mantra. Poco a poco, con el tiempo, se desarrollará en vosotros la fuerza para acordaros constantemente del Señor.

Un buscador verdadero o un devoto que ha dedicado su vida entera a la Realización del Ser, debería intentar constantemente fijar su mente en el Ser o en algún aspecto de Dios. Al igual que dos jóvenes enamorados sueñan sin cesar el uno en el otro, o una esposa fiel pensará siempre en su querido esposo y viceversa, así tendríamos que pensar en Dios. El pensamiento del joven estará siempre puesto en su bienamada: "¿Estará ahora en la universidad? ¿Qué sari se habrá puesto? ¿Estará en clase a esta hora? Aunque físicamente se encuentre allí, su corazón está aquí, conmigo. ¿Nos casaremos y tendremos una vida feliz?" Manteniendo esos pensamientos, el enamorado estará siempre pensando en ella. Esté donde esté, se sentirá lleno de entusiasmo y de alegría interior. Cada vez que deje a su mente errar y divertirse con el pensamiento de ella, tendrá un sentimiento muy especial de belleza y felicidad. De esa forma, se sumergirá más profundamente en el mundo de pensamientos sobre ella.

Imaginemos ahora el caso de un esposo que se encuentra lejos de su esposa, en un lugar muy distante. La esposa aprecia tanto a su marido como a su propia vida. Por muy atareada que esté, pensará en él en todo momento. Así debería ser un *sadhak*. Su mente tendría que permanecer siempre en el reino de Dios. Cumplir con sus tareas sin más y su mente siempre fija en Dios. Si actúa así, llegará ciertamente a la meta. En lo más profundo del corazón existe una nostalgia constante por realizar a Dios. El *sadhak* sólo llora por alcanzarlo y fundirse en Él. Únicamente la absorción completa en el Señor puede satisfacerle. Deleitándose en el universo de belleza que descubre dentro de sí mismo, en la belleza inconmensurable del Señor, permanecerá siempre vuelto hacia su interior. No se sentirá atraído por ningún objeto del mundo, ni nada lo seducirá, ni lo alterará. Más bien, oiremos a este devoto lamentarse: "¡Oh Señor!, ¿cuándo vendrás a mí? ¿Me concederás la gracia de tú visión y de unidad contigo, o vas a abandonarme?" Si se trata de una persona que sigue la vía del conocimiento, sus plegarias serán: "¡Oh Ser!, que brillas a través y en cada objeto del mundo, ¡Oh Omnisciente, Omnipotente, la Unidad que todo lo impregna!, ¿cuándo me revelarás tu gloria y esplendor? ¿Cuándo voy a realizar y a ser unidad con mi propio Ser rechazando todas las limitaciones del cuerpo, de la mente y el intelecto?" Así rezan los verdaderos *sadhaks*. Esas son, hijos míos, las señales características de un renunciante o de un devoto.

No mera devoción, sino auténtico amor

Era un jueves, día de *Bhava darshan*. A las cinco de la tarde, Amma se levantó y se dirigió a su dormitorio. A las cinco y media, regresó para los *bhajans*. Como siempre, Amma alcanzó las alturas de la devoción suprema y las profundidades de su propio Ser mientras cantaba: *Brahmarame Manasa*.

Buscando el puro néctar
Vuelas errático y te desplomas.
El soto de árboles en flor,
Libre de penas, descansa gozoso
En las orillas del río de la devoción.
¡Oh mente!, no desesperes,
Que un día vendrá tu Madre
A habitar el corazón puro.

¡Oh Shakti!,
Tú que eres fuente de sabiduría para el sabio,
Y eliminas todo dolor a través del conocimiento;
Recibe la ofrenda de mi sufrimiento,
¡Oh Shakti!, pues todo existe en ti.

¿Cuándo llegará ese día, Oh Madre,
En que te harás presente?
¿Acaso acudirás cuando
Mi energía se haya disipado?
¡Oh Madre, no lo permitas!
¿No vas a prodigarme tu Gracia?
¿Quién si no tú es mi único apoyo?

29 de febrero de 1984

El *Devi Bhava Darshan* de la noche anterior había finalizado a las tres y media de la madrugada. Como de costumbre, Amma se dio una vuelta por el ashram para comprobar que cada devoto tenía una estera y un lugar para dormir. Eran casi las cinco, cuando Amma se fue a descansar.

A las diez de la mañana, el joven al que Amma le había pedido la víspera que regresara a su casa, se presentó en el ashram en compañía de su madre, una mujer de mediana edad. También estaban presentes algunos otros devotos. La madre del joven estaba muy emocionada y a punto de llorar cuando entró en el recinto del ashram. Al verlos delante del templo, el *brahmachari* Balu se acercó y le preguntó al joven: "¿Qué pasó ayer? Amma no ha revelado nada, pero todos pensamos que había ocurrido algo misterioso. Si no te importa, ¿podrías contarnos lo que pasó?"

El joven sonrió pero, al mismo tiempo, apenas podía controlar su emoción. Se sacó un pañuelo del bolsillo para secarse las lágrimas y explicó con una voz tierna y suave: "Fue verdaderamente una experiencia. En pocas palabras, Amma salvó la vida de mi madre y le dio un nuevo nacimiento, o también podríamos decir que Amma ha prolongado su vida".

Mientras el joven se secaba de nuevo las lágrimas, su madre se echaba a llorar. Entre sollozos, ella dijo "Hijo, me parece increíble que todavía siga viva. Ayer estaba materialmente muerta.

Él estaba aquí (refiriéndose a su hijo) y mi esposo en el trabajo. Estoy enferma del corazón y todas las mañanas tendría que tomar un comprimido prescrito por el médico. Como sabía que no me quedaba más que uno, iba a pedirle a mi marido que me comprara algunos más, tan pronto regresara de su trabajo. Desdichadamente, me olvidé de tomar la pastilla. Cuando me acordaba, siempre tenía algo que hacer. Después de la comida, estaba fatigada y dormí una hora y media. Me desperté a eso de las tres y fui a la cocina para prepararle la merienda a mi esposo antes de que volviera del trabajo. Eran las tres y cuarto. Cuando soplaba en el horno para encender el fuego, sentí un dolor punzante a la altura del corazón. Era tan fuerte el dolor que sentía chispas por todo el cuerpo, y mi corazón parecía que iba a estallar. Sabía que iba a morir. De pronto, pensé en mi hijo que, en aquel momento, se encontraba aquí en el ashram. Le recé a la Santa Madre: 'Oh Madre, si pudiera vivir unas horas, podría decirle adiós a mi hijo antes de morir. Madre, por favor, ¿podrías enviármelo?' Durante algunos segundos, perdí la conciencia. No sabía el tiempo que había transcurrido, pero lentamente abrí los ojos y miré a mi alrededor. 'Todavía estoy viva', pensé. De repente, sentí la fragancia que acompaña siempre a Amma. Fue entonces cuando presencié una escena increíble. La misma Madre Divina estaba sentada a mi derecha, mirándome intensamente. Me sonrió con dulzura y, frotándome el pecho, dijo. 'No te inquietes, estás bien, hija mía.' Luego observé otra escena asombrosa. Vi a la Madre sosteniendo, en su mano derecha, un vaso de cristal vacío y, en su mano izquierda, el frasco de comprimidos que yo guardaba en un armario de la habitación. No podía creer lo que veía. Al observar mi asombro, la Madre acarició suavemente mi frente y dijo: 'Sí, hija mía, ya te has tomado la pastilla, ahora descansa. Tu hijo regresará dentro de una hora'. Tras estas palabras, puso el vaso y el frasco en el suelo cerca de mí, me sonrió de nuevo y desapareció. Si, era cierto, podía sentir el sabor de la pastilla en mi boca. Todavía seguía estirada. Me levanté de golpe y recorrí toda la casa, me fui hasta el portal, pero no encontré ningún rastro de ella. Como una loca, me dirigí al patio de atrás. No la encontré y regresé a la casa. Busqué inútilmente en cada dormitorio llamándola '¡Amma! ¡Amma!'

"Poco a poco recuperé mi estado de conciencia normal y fui a la cocina para comprobar que el vaso y el frasco de comprimidos seguían todavía allí, pues todo podría haber sido una alucinación. Para mayor asombro, encontré que también había un pétalo de loto. Me froté los ojos y abrí bien los párpados para asegurarme de que lo que veía era cierto. Mientras miraba nuevamente todos estos objetos, sentí el perfume familiar que siempre rodea a Amma. Se esparcía por toda la casa como para aclarar mis dudas. El perfume llenaba cada habitación. Tomé el vaso, el frasco de comprimidos y el pétalo de loto, y me dirigí hacia la sala de meditación. Una vez allí, lo puse todo ante la foto de Amma. Abracé fuertemente su foto contra mi pecho y me puse a llorar. Todavía estaba ante el altar cuando llegó mi hijo.

Con gran inquietud y la voz alterada, me preguntó: "¿Qué te ha ocurrido, mamá? ¿Está todo bien? ¿Dónde está papá? ¿Le ha sucedido algo?" Ahora, todo parecía claro. La Madre, antes de irse, me había dicho que mi hijo volvería en una hora, y volvió incluso antes. Empecé a consolar a mi hijo asegurándole que todo iba bien. Cuando se fue serenando, le expliqué lo que había pasado. Escuchó toda la historia con cara de asombro. Al terminar mi relato, dijo estas palabras con una voz muy suave, como si hablase para sí: 'Madre, así que era eso. Ahora sé, Madre, por qué me pediste que volviera a casa.' Un instante después estalló en sollozos, clamando: '¡Amma! ¡Amma!'"

La mujer se detuvo un momento, abrió su portamonedas y sacó, con gran reverencia y devoción, un pétalo de loto.

Mostrándoselo a Balu, dijo: "He aquí el pétalo. " Estaba tan emocionada, que no pudo terminar la frase.

Era poco más de las once cuando, de pronto, levantando los ojos hacia el dormitorio de Amma, vieron que descendía por la escalera. Tanto la madre como el hijo corrieron a su encuentro y se postraron a sus pies, mientras derramaban lágrimas de gratitud. Amma los levantó suavemente y los abrazó tiernamente en sus brazos. Lloraban como niños pequeños. Acariciándolos y dándoles golpecitos en sus espaldas, les iba murmurando "*Makkale, makkale* (hijos míos, hijos míos), no lloréis". La Santa Madre los consoló con todo el amor y el cariño de una auténtica madre.

La víspera, nadie había comprendido exactamente lo que pasaba cuando Amma le pidió de repente a este joven que regresara a su casa. Amma no lo había desvelado. No tiene nada de nuevo, pues su naturaleza es ser siempre humilde. Cuando el misterio fue revelado, los devotos se alegraron mucho de este milagro.

Eran las once y media y empezaba a hacer calor bajo los rayos del sol. Acompañada de todos los devotos, Amma caminó hasta la orilla de la laguna donde se sentó. Los cocoteros y otros árboles que crecían allí daban bastante sombra y una brisa suave aportaba un poco de frescor. La Santa Madre fijó su mirada en el agua y se quedó unos segundos contemplando con placer cómo nadaban y se divertían los peces. Después se giró y miró a los devotos, quienes esperaban con impaciencia oírla hablar. Al acordarse de los días que pasó en estado de "embriaguez divina", Amma reveló: "Este espacio abierto le ayudó mucho a Amma en aquellos días. ¡Es incomparable el tiempo que pasé danzando y cantando en gozo divino." De repente, Amma entró en *samadhi*. Por sus mejillas corrieron lágrimas de dicha. Permaneció largo tiempo sentada allí, inmóvil como una estatua y con los ojos fijos en algún lugar, en una dimensión sin límite.

Lentamente recobró su estado habitual y siguió su relato.

Amma: Siempre me resulta difícil recordar aquellos tiempos, pues toda mi conciencia externa se evade. La dulzura y la dicha que se consigue a través de una devoción sin deseo, es algo único. Aunque el advaita (estado de la no-dualidad) sea la Verdad última, Amma tiene a veces la impresión de que eso no tiene ningún sentido y le gustaría permanecer como una niña ante Dios. Muchas personas predican la filosofía del advaita, pero eso no les ayudará a progresar espiritualmente, aunque les permita llegar a una cierta comprensión intelectual. Para que se pueda percibir y saborear la vida espiritual, son absolutamente necesarios la devoción y el amor por el Supremo. Y no basta con la mera devoción, tiene que haber auténtico amor.

Un devoto: Amma ¿cómo podemos diferenciarlas? ¿Qué entiendes por "mera devoción" y por "auténtico amor"?

Amma: Hijo mío, a veces la devoción no es más que el cumplimiento de un deber. Por ejemplo, en este pueblo y a la hora del crepúsculo, se ve en casi todas las casas a la gente recitar y cantar fragmentos del Bhagavatam, el Ramayana u otros libros sagrados, siempre que disponen de tiempo. Pero, ¿lo hacen con intenso amor y anhelo por ver al Señor? Muchos lo hacen como una simple obligación. Para ellos, es tan solo una costumbre o una regla establecida por su padres o abuelos. Por la reputación de la familia, mantienen la costumbre de cantar el Nombre Divino al atardecer. Pero si entramos en la cocina u otras partes de la casa, les oiremos gritar. "¡Eh, mujer, coge esto!" o "¡Lleva eso allí!", incluso cuando cantan "Hare Rama Hare Rama, Rama Rama Hare Hare, Hare Krishna Hare Krishna, Krishna Krishna Hare Hare". Este es el tipo de bhakti (devoción) que encontramos comúnmente. Desean que se cumplan sus deseos y, a ese fin, dedican la mayor parte de su tiempo. Estas personas poseen una cierta devoción por Dios, pero lo consideran un simple agente para la realización de sus deseos. Si no se cumplen sus deseos, piensan entonces que no hay Dios o que la Deidad del templo carece de poder. No son conscientes del principio esencial que hay detrás. No creen que sea muy importante buscar a Dios, servir a Dios, amar a Dios ni, tal vez, llegar a fundirse en Él. Por esta falta de comprensión, ignoran lo que es la verdadera espiritualidad y continúan haciendo, a su manera, la práctica devocional.

Pero la devoción fundada en un verdadero amor por Dios es diferente. Es otro tipo de amor, desinteresado y constante. Este amor es un intenso anhelo de fundirse e identificarse totalmente con el Amor. El amor verdadero es una sed inextinguible de volverse uno con el Bienamado. En este amor, hay una parte de discernimiento que nos llevará a preguntarnos, por ejemplo: "¿Por qué estamos aquí, en este mundo? ¿Hay un Dios? Si lo hay, me gustaría verlo, experimentarlo y fundirme en Él. Encuentro insatisfactorio este mundo y, en consecuencia, voy a intentar buscar y encontrar la Fuente de todo, si existe". Luego, armado de determinación, el buscador empieza inmediatamente su búsqueda, sin más demora. Cuando surge tal amor, el conocimiento también hace su aparición. El amor existe en cualquiera de los senderos que se sigan. Por ese motivo el amor es conocido tanto como *jnana* (conocimiento) como *bhakti* (devoción). También se necesita *lakshya Bodha* (resolución por alcanzar la meta). Preguntarse: "¿A quién se dirige mi llamada? ¿Con qué propósito?" Resulta, pues, indispensable pensar constantemente en la meta. Eso es lo que se entiende por *lakshya bodha*.

Un estudiante se preguntará: "¿Con qué finalidad estudio? ¿Deseo convertirme en ingeniero, doctor u otra cosa?" Una vez haya tomado una decisión sobre su futura profesión, empezará a estudiar con determinación. El estudiante sincero tendrá que centrarse más en el estudio diario, y no pensar únicamente en el resultado final de sus estudios. Si no se concentrara seriamente en sus estudios, ¿podría aprender algo? Si no pusiera atención, no sería un buen estudiante. Primero reflexionad y decidid vuestro objetivo, después estudiad para conseguirlo. Detrás de cada acción tiene que haber conocimiento (*jnana*). También debería estar presente la conciencia de que me esfuerzo por alcanzar algo. De esta forma, podrá surgir el amor, el conocimiento, la devoción y la determinación (*lakshya bodha*). Cuando un estudiante desea obtener las mejores calificaciones, consagra todo su tiempo a ese objetivo. Hay amor en su empeño.

De la misma forma, un auténtico devoto o buscador se vuelve completamente hacia Dios y se queda totalmente absorto. Al hacerlo, se hace merecedor de alcanzar su meta. Cuando mantenemos la idea de "debo alcanzar a Dios" actuamos sinceramente. No nos interesa esa devoción pretendida o simulada, en la que representamos una comedia ante los demás. Deberíamos trabajar con determinación hasta cumplir nuestro objetivo. La meta es el fruto, la Auto-Realización. Si deseamos alcanzarla, tenemos que olvidarnos del fruto mientras trabajamos. En caso contrario, no obtendremos un auténtico beneficio al tener nuestra concentración dividida. Para conseguirlo se necesita amor.

El Señor dice que deberíamos actuar sin desear nada. Hijos, sólo así aparecerá la concentración. Tenemos que estar bien concentrados cuando llamemos a Dios. Deberíamos conversar con Dios pidiéndole: "¡Oh Krishna!" u "¡Oh Devi"!, detente, escúchame antes de partir. ¿Adónde vas, dejándome tan desamparado? ¿Acaso intentas abandonarme? No, no voy a dejar que te vayas". Seguid conversando de esa manera, pues así es como deberíais hablar con Él. Al igual que le preguntamos a un amigo, le deberíamos decir: "¿Adónde has ido? Kanna (Krishna), ¿por qué no vienes a mi lado? ¿Por qué no hablas?, ¿es que eres una simple estatua? No, no es eso lo que me han dicho de ti. ¿Acaso no eres tú quien nos das la fuerza? ¿Por qué sigues ahí sin moverte?

Llévame contigo". Así es como deberíais imaginaros dialogando con vuestra Bienamada Deidad.

Vairagya (desapego)

Pregunta: ¿Cómo encontrar paz y serenidad?

Amma: Para lograr paz y serenidad, tenemos que modificar, en primer lugar, nuestra forma de pensar errónea. Actualmente creemos que la paz nos viene "de fuera", y esa falsa concepción nos hace buscarla en el exterior, en los objetos mundanos. Pero, de hecho, la paz verdadera procede del interior. Dentro de vosotros está la fuente eterna de paz. Hay que comprender, primero, esta verdad para ponerse a trabajar y llegar hasta ella.

Para conseguir esa paz, la mente tiene que estar en soledad. No se trata de sentarse, sin más, en medio de un paraje natural. Un entorno así no es más que una pequeña ayuda para conseguir la auténtica soledad. La soledad verdadera es la soledad de la mente, lo que significa concentrar en un solo objetivo la mente. Si vuestra mente está alterada, ni siquiera un bello lugar os dará paz. Por tanto, hay que intentar apaciguar progresivamente la mente, controlándola e impidiendo que persiga cualquier objeto o idea. Al principio, deberíais hacer un esfuerzo deliberado para dominar vuestra mente. Después, con el tiempo, lo conseguiréis sin esfuerzo.

No os mezcléis demasiado con la gente. Los seres humanos tienen tendencia a desarrollar tontamente apegos hacia los demás, sobre todo si están algún tiempo con ellos o se trata de alguien que les gusta. Tal vez os encontréis con un desconocido en una parada de autobús o en una estación que se os acerque y os diga: "No sé por qué, pero siento por ti una atracción espontánea, ciertamente eres un ser especial", o cualquier otro halago parecido. No sólo se infla nuestro ego, sino que además se despierta en nosotros un cierto apego hacia esa persona. "¿Por qué sentís esa atracción? Porque os ha halagado. Más adelante, si esa persona os critica por cualquier motivo, os volveréis en su contra desde ese mismo momento. Podéis llegar a odiarla, sentir ira e incluso querer matarla. Huye el amor y aparece, en su lugar, el odio. Dejáis de tener paz y perdéis la tranquilidad que disfrutabais durante tanto tiempo. ¿Por qué ocurre todo eso? Por la agitación de la mente.

Sucede lo mismo con los objetos placenteros. Veis un objeto y desarrolláis un apego hacia él. Deseáis de alguna forma comprarlo y no os importa trabajar duro, con tal de conseguir el dinero necesario. Pero si, en el último momento, un ladrón os roba el dinero que tanto esfuerzo os ha costado, montáis en cólera. Os sentís decepcionados por no haber podido satisfacer vuestro deseo. Ya no podréis conseguir el objeto por el que habéis desarrollado tanto apego. Os encolerizáis contra vuestra esposa, vuestros hijos y todos aquellos con los que os encontráis. Desaparece de nuevo vuestra paz. De modo que esa paz va y viene, sin que permanezca jamás con vosotros. ¿Por qué? A causa de vuestras preferencias. En consecuencia, intentad permanecer desapegados, manteniendo vuestra mente alejada de las cosas que os tentan.

Cualquiera que sea vuestro sufrimiento, buscad refugio en Dios. Decidle: "¡Oh Señor!, me han reñido sin ninguna razón. Me siento bien triste". En lugar de contárselo a otros, decidle a Dios: "¡Oh Señor!, ¿acaso hice algo mal? "Señor, ¿fuiste tú el que me hiciste actuar de esa forma? Si fue así, no hay razón para encolerizarme, ¿cómo iba a alterarme, si no existe apego alguno? No, no siento ningún apego por los pensamientos y las palabras que pronuncian los demás. Tú eres la única naturaleza verdadera de mi Ser. Cuando me relaciono con los demás, ¿no es mejor depender sólo de ti, en lugar de depender de ellos?"

¿Acaso nos volvemos para ladrar a un perro si nos ladra por el camino? Evidentemente, no. Si lo hiciéramos seríamos semejantes a ese perro. Como seres humanos, tenemos nuestro propio mundo, una cultura y un comportamiento propios. De la misma forma, cada objeto o animal tiene su propia naturaleza. Nosotros acostumbramos a tener una elevada opinión sobre un cierto objeto o persona antes de valorarla adecuadamente. Más tarde, diremos de ese objeto: "¡Vaya, no sé por qué he tenido que comprar eso!", y si se trata de una persona: "¡Menuda forma tiene de comportarse!" Fuimos nosotros los que primero le dimos a ese objeto o persona un "certificado de garantía" o una apreciación muy favorable, y más tarde comprobamos con disgusto su verdadera naturaleza. El resultado es que terminamos por odiar o condenar lo que, en un primer momento, admiramos. Deberíamos seguir nuestro propio camino, aceptando y considerando a las otras personas y objetos de acuerdo con su propia naturaleza, sin esperar que sean de otra manera. No os detengáis para poner en duda o criticar su conducta. Seremos mucho más perrunos que los propios perros si cuestionamos sin entender la verdadera naturaleza de las cosas.

Pregunta: Pero eso es difícil. ¿Cómo puedo permanecer en silencio?

Amma: Aquellos que están dispuestos a alcanzar la meta (lakshya bodha) permanecerán en silencio. Estarán siempre en alerta y vigilantes.

Algunos estudiantes siguen estudiando incluso cuando viajan en el autobús. No jugarán al fútbol ni irán al cine. Tampoco perderán el tiempo charlando o cotilleando. Cuando se acuestan, ponen el despertador para levantarse pronto y empezar a estudiar. Un *sadhak* solo necesita una milésima del celo y concentración de un estudiante que se esfuerza por alcanzar los primeros puestos en su escuela. Un *sadhak* con esta actitud será salvado.

Nos pasamos diez o veinte años luchando sólo por conseguir un empleo. Pasamos dos años en la escuela maternal, diez o doce años en el colegio y, tal vez, otros cinco en la universidad. Después de eso, nos dedicamos algunos meses, o incluso años, a buscar un empleo adecuado a nuestro nivel de formación. Y a pesar de nuestro esfuerzo y dedicación al estudio y a la búsqueda de empleo, son pocas las oportunidades de obtener un trabajo interesante. Dedicad la centésima fracción de ese tiempo a Dios, y el mundo entero se inclinará ante vuestros pies. Sí, eso es posible mediante la concentración de la mente.

Hijos míos, la concentración de la mente, desprovista de ego, es el puente que conduce a Dios. El *samsara* (el océano de la trasmigración) es un océano inmenso. Sus olas (los *vasanas*) son enormes, gigantescas. El puente de la concentración es el único medio para atravesar el océano de la trasmigración. Y sólo si caminamos por ese puente y lo cruzamos, podremos alcanzar a Dios. No existe ningún puente exterior para llegar hasta Dios. Es un puente interno de concentración que nos tenemos que construir nosotros y cruzar. La gracia de Dios, o la del Gurú, siempre nos apoya y protege para que no caigamos durante esta travesía "transoceánica".

¿Cómo construyó el puente Hanuman (El Dios-mono que fue devoto servidor del Señor Sri Rama)?

Hanuman alcanzó la otra orilla gracias a su resolución mental. Si hace su aparición el ego mientras se atraviesa el puente, éste se hundirá. El camino hacia Dios es concentración, la cual surge en el estado carente de ego. No se trata de un puente construido con piedras, ladrillos y cemento. El puente que conduce a Dios está hecho de amor inmaculado, desinteresado y puro. Si aparece el ego, tened cuidado, pues caeréis.

Concentración y amor

Pregunta: Amma, nos has dicho que la concentración es el puente y también nos has dicho que lo es el amor. ¿Cuál de los dos es válido?

Amma: Los dos lo son. Concentración y amor forman una unidad, como las dos caras de una misma moneda. El amor debe estar presente. Es imposible concebirlos separadamente, pues son indisociables, como la largura y la anchura de un objeto.

Cuando sentimos amor por algo, se produce un flujo incesante y continuo de pensamientos hacia ese objeto. Los pensamientos se centran solo en ese objeto. En consecuencia, para amar verdaderamente necesitamos concentración, y para concentrarnos verdaderamente necesitamos amar el objeto, sea cual sea. Uno no puede darse sin el otro. Un sabio que experimente en su laboratorio necesita mucha concentración. ¿De dónde procede esa concentración? De su profundo e intenso interés por lo que experimenta. ¿De dónde viene este interés profundo? Es el resultado del amor intenso que se tiene de la materia u objeto de estudio. De modo inverso, si nos concentramos intensamente en una materia concreta, también se desarrollará el amor hacia ella.

Se sabe que hay insipidez detrás del gusto. ¿Qué es lo que nos hace sentir ese gusto y esa insipidez? Estas impresiones son creadas por nuestras propias acciones. Las sentimos a causa de los *vasanas* heredados de nuestros padres y antepasados. Abandonamos la búsqueda de la dicha espiritual eterna cuando corremos tras los placeres mundanos. Dejamos el dulce pudín para perseguir los excrementos de cuervo. Para escapar a la esclavitud de los placeres materiales es necesario recordar a Dios y repetir el *mantra*. Debemos intentar recitar el *mantra* con cada paso que demos al caminar, repitiéndolo una y otra vez, sin parar. Así, mientras caminamos, nos acordamos de Dios recitando su Sagrado Nombre.

Deberíais repetir vuestro *mantra* incluso cuando estéis acostados. Apretando la almohada contra vosotros, imaginad que se trata de Dios. Tened la fe y la firme convicción de que Dios está siempre con vosotros y que aparecerá, con toda certeza, si lo llamáis con un intenso anhelo. Procurad no cometer ninguna falta y no enfadaros con nadie. Nada más levantaros por la mañana, pensad en Dios y rezad: "¡Oh mente, camina sólo por el buen camino. Viaja hacia la esfera de Dios y no dirijas tu atención hacia el mundo empírico".

Postraos ante todo y ante todos

La Sagrada Madre continuó.

Amma: Hijos míos, deberíais acostumbraros a postraros ante cualquier cosa y ante todo. A la hora de comer, mantened el plato frente a vosotros y postraros antes y después de vuestra comida. Tenéis que desarrollar la actitud de postraros, en cualquier momento, ante todas las cosas. De esta forma se despertará la conciencia de "para qué estoy haciendo esto". De ese modo, podremos configurar un buen carácter. Postraros ante la ropa que os vais a poner. Inclinaos ante el agua que vais a utilizar para ducharos. En estas ocasiones en las que os postráis, alcanzáis la pura convicción de ver la misma conciencia en todas las cosas, tengan forma o no la tengan. Mientras lo hacéis, estáis de hecho recordando a Dios. Cuando os duchéis, imaginad que el Señor está a vuestro lado. Incluso cuando estéis en el lavabo, imaginad que estáis hablando con Él. No malgastéis el tiempo. Actuar recordando a Dios, sin más. La verdadera devoción supone recordar constantemente a Dios, sea cual sea el momento y el lugar. Si os acostumbráis a actuar de esta forma, Dios vendrá, debe venir. Dios vendrá a jugar con vosotros. Imaginad que le estáis hablando al realizar cualquier acción, no importa la que sea.

Así, a medida que se fortalezca vuestra imaginación y vuestra convicción, podréis sentir cada vez más su presencia, tanto dentro como fuera. La presencia que, al principio, sentiréis vagamente culminará, con el tiempo, en una experiencia constante, gracias a vuestra práctica continua.

Pregunta: Amma, ¿qué significado tiene la expresión: "Dios es el servidor de todos"?

Amma: Él no es el Servidor de un egoísta, pero sí lo es de un humilde. La humildad es la naturaleza de Dios. Él es el Servidor de Todos. De hecho, es el Servidor Universal. Pero es un poco difícil atrapar a este Servidor. Para conseguirlo, tendréis que desprenderos de los numerosos amos a los que os habéis esclavizado, como el deseo, la codicia, la cólera y otras tendencias negativas. Al Gran Servidor, al Señor, le gusta servir sólo a un amo, y será un gran amo aquel que venza a todos esos semi-amos. El Señor se convertirá en Servidor de ese gran amo.

En nuestros días, todos quieren convertirse en líderes. Nadie quiere ser un servidor. En verdad, el mundo tiene una gran necesidad de servidores y no de líderes. Un verdadero servidor es un verdadero líder. Aquel que sirve a las personas sin ego y sin deseos egoístas es un verdadero líder. De hecho, la grandeza no está en la vestimenta, ni la nobleza en la adquisición de riquezas. La auténtica grandeza reside en la humildad y la sencillez.

La amistad de Dios, el Servidor, solo se obtiene cuando el ego y la vanidad han desaparecido. Actualmente nos comportamos con la soberbia de un gran capitán. Nuestra actitud debería ser como la de un servidor. Llegar a ser más humildes que cualquier otra cosa. Debemos extirpar el ego, y Dios acudirá entonces a nosotros. No hay otro medio para alcanzarlo. La agonía que causa el intenso anhelo de ver a Dios no es un sufrimiento, es puro gozo divino. El estado que alcanzaremos llamando a Dios y llorándole, es comparable al gozo que el yogui experimenta en estado de *samadhi*. Es posible que algunos digan que llorar por Dios es propio de personas débiles. Dejadles hablar. Llorar por Dios es obtener lo más elevado que hay. En todo caso, llorar por Dios es muy superior a llorar por los placeres insignificantes y huidizos del mundo. La felicidad que nos procuran los objetos del mundo no dura más que algunos segundos, mientras que la felicidad que procede de Dios y que sentimos al acordarnos de Él es para siempre. Esa "debilidad" nos basta.

La Santa Madre es un ejemplo vivo de Servidor para todos aquellos que acuden a ella. Establecida permanentemente en la Verdad, ha venido para morar entre nosotros en el plano físico, con el fin de guiarnos en nuestro crecimiento espiritual. Sin embargo, a veces le resulta difícil mantenerse en este plano de existencia. De pronto, Amma entró en éxtasis. Su mano derecha formó por sí misma un *mudra* divino. Haciendo girar en el aire los dedos de su mano derecha, Amma pronunció su *mantra* favorito "*Shiva. Shiva.*" De nuevo, permaneció sentada, inmóvil durante algún tiempo. Los devotos miraban fijamente su rostro mientras esperaban en silencio que volviera a su plano normal de conciencia

Una devota empezó a cantar el *Sri Lalitambike…*

¡Oh Madre!, esta alma ha debido pasar
Por muchos centenares de cuerpos
Antes de llegar a este nacimiento.

Esta vez, por tu Gracia,
Tengo esta forma humana
¡Oh Madre!, déjame ofrecer
Este nacimiento humano
A tus Sagrados Pies de Loto.

La Santa Madre pronunció aún una vez más el *mantra* divino: "*Shiva. Shiva.*" y abrió lentamente sus ojos.

La devoción, el principio y el fin

Un devoto: Amma, algunos dicen que la devoción es sólo el primer paso. ¿Qué opinas sobre esto?

Amma: Hijo mío, ¿no están escritos los grandes libros de sabiduría con el mismo alfabeto que utilizamos cuando empezamos a escribir? Sin conocer las vocales, ¿cómo se van a aprender las consonantes? (En la lengua malayalam, los niños aprenden primero las vocales y después las consonantes). ¿Cómo alguien que no ha aprendido "k" y "kh" (las primeras consonantes del alfabeto malayalam) va a escribir un gran libro? Todas las grandes obras utilizan estas consonantes, "k" y "kh". Estas letras son fundamentales si queremos escribir algo. El alfabeto es la base de la escritura. Si se construye un edificio sin cimientos sólidos, se vendrá abajo. Esa solidez es necesaria hasta el final, incluso después de haber llegado Allí. Sin alfabeto, no es posible escribir. Sucede lo mismo en la espiritualidad. La devoción no es una debilidad mental, ni tampoco es un primer paso, sino más bien el sustrato para alcanzar la meta. La victoria será vuestra si llegáis a tener bhakti (devoción). Ella es a la vez el principio y el fin.

La gloria de los templos

Pregunta: Amma, ¿es necesario ir a los templos y dejarles dinero?

Amma: Hijos, los seres humanos viven en el plano físico. No tienen tiempo de concentrar y unificar sus pensamientos. Están siempre agitados. En aquellas aldeas que no cuenten con, al menos, un templo, siempre habrá problemas. Se dice que no se debe pasar la noche en una aldea donde no haya templo. Ante la falta de fe y temor en un Poder Supremo o Gobernador, los habitantes de una aldea sin templo se comportarán de forma malvada. Las personas se refugiarán allí donde exista un templo. Las oraciones profundas y el culto que se practica en él, crean un sentimiento especial de divinidad y paz en la atmósfera de toda la aldea. El poder de la concentración espiritual permanecerá siempre presente. En compensación, los aldeanos encontrarán en ellos mismos la paz y la tranquilidad. Todo esto ya fue señalado por los rishis (sabios videntes) con gran previsión. Una vez más, hijos, debido a la ausencia de rendición y obediencia a un principio superior, habrá siempre caos y confusión en una aldea sin templo.

Encendemos lámparas en los templos y lanzamos fuegos artificiales durante las celebraciones y festivales. Todas estas cosas tienen sus beneficios. No digáis que estos rituales son superfluos. Dejad que los seres humanos ofrezcan, al menos, diez paisas (unos 30 céntimos) en el templo en nombre de Dios, pues de esa manera no se gastarán toda su riqueza en comer y excretar como animales. ¿Cuánto dinero nos gastamos en el cine y en cosas superfluas?

La gente piensa que es una vergüenza ir a los templos. "No ofrezcáis dinero. Si decimos cualquier cosa en ellos, ¿puede escucharnos Dios?". Estas son las cuestiones que se preguntan. Entonces qué. La sociedad ha degenerado debido a esta arrogancia y ausencia de fe. Esto se refleja en toda nuestra vida.

Hijos, Dios no tiene necesidad de dinero. Toda la riqueza de este mundo le pertenece solo a Él. ¿Qué podríamos darle?

Nos comportamos siempre de manera egoísta. ¿Qué ocurrirá si intentamos enseñar al mundo sin haber aprendido antes nosotros mismos? Hijos míos, cuando somos incapaces de enfrentarnos a los problemas de la vida, nos volvemos débiles e inestables. Al menos, podríamos reducir un poco nuestro egoísmo acudiendo al templo para ofrecer nuestros apegos en nombre de un principio más elevado.

La atmósfera se purifica cuando quemamos alcanfor, encendemos lámparas de aceite o realizamos otras acciones parecidas. La adoración realizada externamente también resulta útil. No obstante, lo que más le gusta a Dios es *manasa puja* (adoración mental). Muchos de los que vienen aquí, al ashram, practican la adoración mental cuando están en sus casas. Obtenemos más concentración practicando la adoración mental que la adoración externa. En realidad, nuestro propio corazón es el templo, pero todavía no somos conscientes de ello. Por tanto, necesitamos un templo externo para acordarnos del interior.

Pregunta: Amma ¿es necesario adorar a los árboles, a las serpientes y a otras cosas parecidas?

Amma: En la creación de Dios, todo tiene una razón de ser. Cada cosa tiene su utilidad, ya sea un perro, un gato o una gallina. No importa si se trata de un animal o de una planta, pues hay una intención en su creación. Aunque una cosa no tenga utilidad para los seres humanos, la tendrá para otras criaturas. La armonía de la Naturaleza depende de todas las cosas que han sido creadas. Considerad, por ejemplo, los cambios climáticos que se producen actualmente. Por haber talado inútilmente los árboles, no recibimos suficiente lluvia durante los monzones. Además, ¿acaso no ha aumentado la temperatura? Son los árboles los que purifican la atmósfera, absorbiendo el aire impuro exhalado por los seres humanos. ¿Cómo va a ser erróneo venerar mentalmente las cosas que nos son beneficiosas? Es igual que cuando consideramos algo sagrado, y lo honramos con el respeto debido. El Señor Krishna le dijo a Arjuna: "Entre las montañas, soy los Himalayas, entre los árboles, el gran pipal y, entre los animales, el león". Cuando todo está impregnado de Dios, ¿qué cosa no va a ser venerada?

Pregunta: ¿Está bien sacrificar animales durante los rituales?

Amma (riendo): Hoy en día son los que beben y comen carne de manera diaria quienes protestan por los rituales en los que se sacrifican animales. ¿Están realmente a favor del no matar? ¿Son del todo sinceros? ¿Muestran algún amor o compasión por los animales?

El verdadero sacrificio es el sacrificio de nuestras tendencias animales. Eso es lo que hay que ofrecer en el fuego del conocimiento. Al interpretar esto erróneamente, la gente sacrifica animales.

No se debería matar deliberadamente. No hay problema ni consecuencias si se hace con la actitud: "Yo no mato". En este caso no hay falta. La falta existe si se hace con plena conciencia de que se está matando. En otras palabras, depende del grado de apego y desapego que se tenga mientras se realiza la acción de matar. Es difícil para un ser humano corriente estar desapegado cuando hace tal acción.

Los soldados matan a muchas personas durante una guerra, ¿no es cierto? Sin embargo, no cometen ninguna falta pues están cumpliendo con su deber. Ellos lo hacen con la idea y la conciencia de que es por el bien de la nación y de la gente. En consecuencia, no incurren en falta.

La falta y la ausencia de falta dependen de la pureza e intención de la meta que se quiere alcanzar. Para lograr grandes cosas, debemos sacrificar otras más pequeñas. Si queremos plantar árboles de teca, tendremos que destruir numerosas hierbas y plantas cuando preparemos y labremos el campo para su cultivo. Pero no nos importa, aunque arranquemos sin piedad esas plantas y las quememos. ¿Por qué? Porque, desde un punto de vista social, los árboles de teca tienen un valor mucho más considerable y son más útiles. Por tanto, concedemos más importancia a esos árboles que a las otras plantas. Pensamos que se trata de una buena causa, de una causa superior. De la misma forma, es indispensable renunciar a las cosas de menor importancia para alcanzar una meta más elevada.

Simplemente por gusto, para apaciguar su hambre, para llenar sus estómagos, los seres humanos matan cada día miles de animales. ¡Qué compasión tienen! Amma no está justificando ni tomando partido por los sacrificios de animales. Desde cualquier punto de vista, no es bueno matar animales en nombre de la religión. Pero las personas que protestan contra los sacrificios de animales deberían abstenerse de matar y de comer carne, al menos, para dar ejemplo.

Es un hecho bastante cierto que la atmósfera se purifica si se realizan *homas (ritos, sacrificios)*. En ciertos periodos, la atmósfera y la Naturaleza resultan contaminadas y se ve afectada su armonía. Se dice que durante esos periodos deben realizarse los *yagnas* (*sacrificios*) y los *homas*. Estos sacrificios ayudarán a reconducir la Naturaleza por el buen camino y a purificar la atmósfera. Los seres humanos tenemos el deber de servir y cuidar a la Naturaleza, que, a su vez, nos proveerá de todo lo que necesitemos.

Fe y sadhana

La Santa Madre se levantó y se dirigió hacia la cocina. Las visitas de Amma a la cocina resultaban siempre inesperadas. Algunas veces, las *brahmacharinis* (mujeres aspirantes) y los devotos que estaban al cuidado de la cocina, no ponían atención a la hora de guardar los utensilios de forma ordenada. Y ocurría algo parecido con la comida y las especies. Hoy Amma había decidido hacer una visita repentina a la cocina. Nada más entrar, Amma encontró sobre una estantería un montón de arroz sobre un papel de periódico. La *brahmacharini* que había preparado la comida había puesto el arroz allí distraídamente, en lugar de volverlo a colocar en el saco, una vez vertida en la cazuela la cantidad necesaria. Amma le pidió que se acercara de inmediato y le dijo:

Amma: ¿Es ésta la forma de hacer las cosas? La atención y la disciplina exteriores son las que conducen a la vigilancia interior. Un buscador espiritual debería aprender a hacer las cosas de una forma ordenada. Ahora la mente está en completo desorden. Lo primero que tenemos que hacer es recobrar y restablecer el orden y la armonía de nuestra mente. Una vez conseguido, la mente se vuelve lo bastante conductiva para la contemplación del Ser

Supremo. Para alcanzar esa armonía interna, debemos empezar por el orden y la limpieza externos.

Hijos míos, no consideréis nada como insignificante o sin importancia. Incluso una aguja tiene su propio lugar. Debemos desarrollar la visión apropiada para verlo y una mente capaz de poner cada cosa en su sitio, ni en un lugar más elevado, ni más bajo al que le corresponde. Esa debe ser la actitud de un verdadero buscador. La negligencia y el atolondramiento no son atributos adecuados para un aspirante espiritual.

Amma tomó entonces el arroz de la estantería y lo metió en el saco. Miró una vez más a su alrededor y salió de la cocina. Era la hora de los *bhajans* de la tarde y Amma se dirigió hacia el porche del templo donde tenían lugar. Ocupó su asiento y, unos instantes más tarde, empezaron los cantos. La Santa Madre cantó *Shiva Shiva Hare Hare*.

> *Destructor, cuya prendas estan hechas de nubes,*
> *Belleza Única que tocas el damaru (tambor),*
> *Que sostienes el tridente en tus manos,*
> *Que concedes la intrepidez y las dávidas*
> *Que llevas ceniza sobre tus miembros*
> *Y tienes los cabellos anudados,*
> *Que llevas la luna creciente sobre tu frente,*
> *Cuyos ojos están llenos de compasión,*
> *Tú que llevas serpientes como guirnalda*
> *Y un collar de cráneos alrededor del cuello*
> *¡Oh Auspiciosa Unidad!, el Gran Dios.*

Los devotos respondían a Amma que dirigía el canto, sintiéndose profundamente conmovidos por la poderosa melodía de este canto dedicado al Señor Shiva, la personificación de la Conciencia Suprema. A continuación se cantó el cautivador *Kasturi Tilakam*, un *bhajan* que les encanta especialmente a los devotos, pues identifican a menudo su devoción por Amma con la de las *gopis* (pastoras de vacas) por el Señor Krishna.

> *Sobre su pecho la gema Kaustubha,*
> *En su nariz cuelga un anillo de perlas,*
> *Lleva brazaletes alrededor de sus muñecas,*
> *Sostiene una flauta en sus manos,*
> *Adorna sus miembros con sándalo*
> *Y un collar de perlas cuelga de su cuello.*
> *¡Gloria a Krishna,*
> *Que es adorado por las pastoras de vacas*
> *Y es la Joya Cimera de los pastores!*

Respecto a los cantos devocionales, Amma dice: "Cuando las grandes almas cantan, irradian una cantidad de energía considerable. Pueden hacer que las personas se olviden del mundo y de sus apegos materiales. Su sola presencia llenará los corazones de amor y devoción por Dios. La paz y la tranquilidad remplazarán la agitación y otras tendencias negativas. La concentración surgirá de forma espontánea, sin esfuerzo. Aunque las personas cercanas no intenten conscientemente conseguir energía espiritual, la obtendrán gracias a esta presencia. Por ejemplo, supongamos que visitamos un lugar donde se fabrica perfume. Aunque no hagamos nada más que pasear por la fábrica, podremos seguir sintiendo la fragancia en nuestro cuerpo cuando volvamos a casa. Del mismo modo, la presencia de un *Mahatma* (una gran alma) transmite energía espiritual a aquellos que se acercan a él".

Estas palabras de Amma describen lo que, en efecto, sienten los devotos cuando ella canta. Un espectador verá un grupo de personas estallar en sollozos, o entrar espontáneamente en meditación saboreando la felicidad incondicional de la devoción suprema mientras la Madre canta.

Los *bhajans* prosiguieron hasta las ocho y media. Después del *arati* (ritual con el que finaliza la adoración y en el que se quema alcanfor alrededor de la divinidad), los *brahmacharis* fueron a meditar a la sala de meditación. Amma se paseó durante unos momentos por el campo de cocoteros. Ella estaba en éxtasis al final de los *bhajans* y deseaba seguramente permanecer sola. Después de haber disfrutado en su propio plano de conciencia, Amma regresó y se sentó sobre la arena, en el lado sur del templo. Alguien intentó extender una estera para que Amma pudiera sentarse, pero ella le dijo sonriendo: "¿Una estera para esta loca de Kali que se acostaba en el barro y el polvo? Extended la estera para vosotros, hijos".

En este momento, algunos devotos que estaban sentados por ahí, se aproximaron a Amma. Uno de ellos intervino para resolver una duda.

Pregunta: Amma, un devoto dice que no es importante hacer sadhana, que basta con tener fe en Amma.

Amma: Hijo mío, una persona que tiene fe en Amma realizará su sadhana como Amma le ha enseñado y procurará no cometer ni el más mínimo error. ¿Acaso se va a curar vuestra enfermedad porque únicamente tengáis fe en vuestro médico, sin necesidad de ningún medicamento? No sólo eso, la fe ganará en fuerza y estabilidad si se pone en práctica la sadhana. De otro modo, la fe dará paso a la duda. No podéis progresar sin la sadhana. Incluso los jivanmuktas (aquellos que han alcanzado la liberación permaneciendo aún en un cuerpo) practican la meditación y japa (repetición del mantra) para dar ejemplo. El que permanezca sentado sin más y sólo se dedique a decir "la fe me salvará" no conseguirá progresar. La obediencia incuestionable es lo que se entiende por fe y devoción. Aquello que diga el Gurú, se debería seguir incondicionalmente. No preguntéis ni dudéis del Gurú. Se debería obedecer al Gurú sin reserva, sin que importe lo que nos pida, ya sea para servir al Gurú, a la sociedad, para hacer japa, dhyana (meditación), o cualquier otra cosa. El Satgurú instruye a cada persona de la manera que le es más apropiada.

14 de marzo 1984

Kanvashrama

Kanvashrama es un bellísimo paraje, un ashram en un lugar llamado Varkala, cerca de Kollam. Según parece, un gran sabio llamado Kanva había realizado austeridades allí durante mucho tiempo, y de ahí el nombre de Kanvashrama. En este lugar se puede sentir una santidad y una paz extraordinarias.

El propietario de este lugar es un devoto holandés llamado De Reede, conocido bajo el nombre espiritual de Hamsa. Como es muy devoto de Amma, la invita a menudo a su ashram. Al ser un lugar propicio para la *sadhana*, Amma acepta la invitación y, a veces, está allí algunos días con sus hijos.

Amma decidió partir ese día hacia Kanvashrama para pasar tres días, del 14 al 17 de marzo de 1984. Todo el mundo se preparó para el viaje. Como de costumbre, había que llevar todo lo necesario para pasar tres días en Kanvashrama: suficiente comida y utensilios de cocina. Se procedía del mismo modo cada vez que Amma se dirigía a aquel lugar. Los *brahmacharis* debían prepararse ellos mismos la comida, pues Amma no les permitía comer o beber en los cafés o restaurantes.

Amma: Al principio, un *sadhak* no debe consumir nada en los cafés o restaurantes. Al preparar las bebidas o comidas, el propietario solo piensa en cómo obtener el mayor beneficio. Cuando hace té, piensa: "¿Para qué poner tantas hojas de té? ¿Es necesario añadir toda esta leche? ¿Por qué no reducir la cantidad de azúcar?" Solo pensará en disminuir las cantidades utilizadas para, así, aumentar sus beneficios. Las vibraciones de estos pensamientos afectarán al *sadhak*.

Había un *sannyasin* (renunciante) al que no le atraía la lectura de los periódicos. Un día, sintió un intenso deseo de leer el periódico. Pasó toda la noche soñando con periódicos y noticias. Después de indagar sobre aquel deseo, descubrió que su sirviente leía el periódico mientras preparaba la comida. Su atención estaba puesta en la lectura del periódico y no en la comida, por tanto las vibraciones de los pensamientos del cocinero afectaban a la comida e indirectamente al *sannyasin*.

El microbús que debía conducir a Amma y a los *brahmacharis* a Kanvashrama llegó por la carretera recién construida que bordeaba el mar. Uno por uno, los *brahmacharis* se subieron al microbús, llevando un saco de tela sobre los hombros, y un recipiente o cualquier otro paquete en las manos. Amma también trasportaba una gran cazuela de aluminio. Aunque los devotos le pedían que no la llevara, rehusó escucharlos con estas palabras: "Vuestra Amma ha llevado muchas vasijas sobre la cabeza, llenas de *kanji* (arroz hervido con su agua de cocción), recorriendo grandes distancias. Amma está acostumbrada". Luego, como una niña, dijo: "No se la daré a nadie aunque me la pidan. Es mía".

El vehículo estaba lleno. Había cerca de veinticinco personas. Amma siempre tenía un gran cuidado para llevar todo lo necesario en cada viaje. En estas ocasiones, se comporta exactamente como una madre que cuida de su numerosa familia y atiende las necesidades de cada uno. Antes de arrancar el vehículo, Amma preguntó: "Hijos, ¿habéis cogido todo lo necesario tal como Amma os ha pedido?" "Sí, Amma", respondió Gayatri.

Hacia la una, el microbús avanzó lentamente por la carretera que bordea el mar, en dirección sur. El estado de ánimo de Amma cambió de nuevo y, al igual que una niña inocente, fue señalando todo lo que distinguía al borde del océano. Amma explicaba de qué se trataba y cómo había conocido aquellos lugares.

A veces, miraba fijamente al mar y permanecía sentada en silencio, como ajena a este mundo. Al cabo de unos minutos, Amma entonó con fuerza la canción *Sundarini vayo*.

¡Oh Belleza Única!, ven, por favor
Consorte de Shiva, te ruego que vengas
¡Oh Auspiciosa Única!, ven, por favor
Te lo ruego, ven, tú que eres Infinita.

¡Oh Vamakshi!, Consorte del Señor Shiva,
¡Oh Kamakshi!, que por todas partes irradias luz,
A los que te consideran
Como su familia, les eres muy querida
¡Oh Madre!, te ruego que permanezcas
Como la fuente de mi inspiración.

Tienes, a la vez, una y múltiples formas,
Eres la Luz del Absoluto.
¿No conoces mi corazón?
¿No aparecerás ante mí
Aunque yo te lo pida?

Amma parecía querer cantar sola y, por tanto, sus hijos no repitieron los versos de la canción. Tenían la impresión de que no era apropiado unir sus voces a la suya. Lágrimas de gozo rodaban por las mejillas de Amma y, poco a poco, se sintió transportada a otro mundo. Al ver su figura radiante, un profesor universitario murmuró al oído del *brahmachari* Balu: "¡Fíjate! ¡Qué personalidad tan maravillosa y misteriosa! Hace unos minutos era como una niña, y ¡mira ahora! ¡Qué gran diferencia! Todo es su *leela* (juego). Nosotros, seres humanos mortales, no podemos comprender estas personalidades divinas con nuestro limitado intelecto, y las juzgamos de forma incorrecta. Solo por medio de su Gracia podemos llegar a comprenderlas. No hay otro medio. El esfuerzo humano puede llevarnos hasta un cierto límite; pero más allá, solamente la Gracia nos ilumina y transporta".

En ese preciso momento, una frase en inglés se escapó accidentalmente de la boca de un *brahmachari* instruido. Dijo: "Eleven boys makes a football team" (Once muchachos forma un equipo de fútbol). Apenas hubo acabado su frase, Amma rectificó: "Debería ser 'boys make'" (los muchachos forman –en plural-). Los *brahmacharis* y los devotos se miraron unos a otros estupefactos. A los ojos de los demás, Amma no ha estudiado más que hasta cuarto grado. Pero no son raras las ocasiones en las que desvela un poco de su omnisciencia. El que Amma observe atentamente los errores más nimios, aparentemente insignificantes, de sus hijos, es un hecho obvio a juzgar por este incidente.

Un día, en 1982, un devoto occidental vino a visitar a Amma. Se llamaba Ralph M. Dickson. Este americano se volvió un devoto ferviente de Amma desde su primer encuentro. Quería aclarar algunas de sus dudas preguntándole a Amma durante el *Devi Bhava*. Desdichadamente, no había ningún intérprete cerca cuando llegó junto a Amma. Sin embargo, gracias a su fe y a su entusiasmo, Ralph planteó las preguntas que quería hacerle. Más tarde, durante una conversación con Nilu, Ralph exclamó: "Me habían dicho que Amma había dejado sus estudios después del grado medio y que no hablaba nada de inglés, ¡pero me ha hablado en inglés! No he tenido ningún problema para hablar con ella. Ha comprendido todo lo que le he dicho y yo he comprendido todo lo que me decía". Cuando le preguntamos a Amma sobre esta cuestión, nos respondió: "Ha sucedido así gracias a la fe y devoción de este hijo".

El microbús continuó su viaje sobre la bella carretera que va a lo largo del océano. De repente, Amma dijo en voz alta: "Tengo sed, dadme algo de té". Parecía un bebé llorando por tener su leche. El vehículo se detuvo ante un pequeño café. Amma dijo fríamente: "Los que quieran té pueden beberlo ahora". Casi todos los padres de familia tomaron té o café, e igualmente algunos *brahmacharis*. Pero cuando alguien le llevó un vaso a la Madre, dijo: "Amma no tiene sed ahora. No quiere nada" Sin embargo, pareció que tomara un poco. A continuación, el microbús reemprendió la marcha.

Amma y su grupo llegaron a Kanvashrama a las tres. La atmósfera del lugar y sus alrededores daban la impresión de una antigua ermita, donde santos y sabios con sus discípulos se habían sometido a severas austeridades, en el pasado. El terreno se extendía sobre una amplia superficie. Comprendía un bosque lleno de anacardos, diversas clases de árboles, matorrales, arbustos trepadores y todo tipo de plantas. Se elevaban muchas colinas, grandes y pequeñas, sobre esta tierra aislada. Más abajo, en el extremo sur del terreno, había un bello estanque; y hacia el este, un denso bosque repleto de serpientes venenosas y chacales. Hacia el sur se extendían los arrozales. Aquí y allá, entre árboles y matorrales, se podían divisar pequeñas ermitas, muy sencillas, construidas con bambú y hojas de cocotero. Estaban destinadas a los aspirantes espirituales que deseaban seguir una intensa *sadhana*. Amma aconsejaba a veces a alguno de sus hijos que fuera a hacer *sadhana* en una de esas ermitas.

Como Hamsa estaba de viaje, los demás residentes del ashram, con Markus a la cabeza (un devoto alemán que estaba a cargo del ashram), salieron a recibir a la Madre a la entrada. Después de visitar el templo, Amma y todos los devotos se reunieron bajo una cabaña de hojas de cocotero abierta por los cuatro lados. Markus ofreció primero a Amma un vaso de agua de coco y después se acercaron los residentes de este ashram para saludarla. La Madre bebió algunos sorbos y dejó el vaso. "¿Cómo estás, Amma?" preguntó Markus con una sonrisa. Amma contestó en inglés: "Bien, muy bien" (Todos rieron alegremente).

Markus: Es un placer oír a Amma hablar inglés. Si lo aprende rápidamente, no tendremos que depender de los intérpretes. Amma puede hacerlo, si quiere. Las Escrituras dicen que los *Mahatmas* pueden aprender todo lo que se propongan, sin que importe el tema. ¿No es así, Madre?

Amma: Es cierto, solo tienen que concentrarse en un tema u objeto determinado para comprender y asimilar su esencia. Todo conocimiento se encuentra bajo el control de una persona así. Un rey posee todas las riquezas de su país y los súbditos están bajo su control. No tiene más que chasquear los dedos para conseguir lo que quiera. Pero un rey bueno y sabio no abusará nunca de su poder. Solo lo utilizará cuando las circunstancias así lo exijan. De la misma forma, los *Mahatmas*, establecidos en el Estado Supremo de Pura Conciencia, son los emperadores del universo. Todo está bajo sus órdenes y basta con su mirada para que los otros actúen siguiendo su deseo y voluntad. Pero como las de un rey justo y sabio, sus acciones no van nunca contra las leyes preestablecidas de la naturaleza, a menos que surja una necesidad absoluta para ello.

Un brahmachari: Amma, ¿por qué algunos lugares tienen una vibración especial y otros la tienen extraña y diferente?

Amma: Los pensamientos, palabras y acciones de cada persona juegan un papel importante en las diferencias de vibración. Los lugares donde existe una vibración agradable y espiritual son los lugares donde ha debido vivir un *sadhak* sincero, un santo o una persona que haya realizado numerosas acciones buenas y desinteresadas. Por ejemplo, cuando visitáis determinadas casas, es posible que tengáis una impresión muy positiva de la atmósfera que reina y también de los miembros de la familia, aunque se trate de vuestra primera visita. Se debe al estado espiritual, a las prácticas devocionales u otras buenas acciones que realizan los miembros de esa familia. En otras casas, sucede al contrario, sentiremos una vibración completamente diferente. Es probable que sintamos incluso la necesidad de abandonar esa casa lo antes posible. Se debe igualmente a las vibraciones que generan los pensamientos de las personas que viven ahí. Esta diferencia puede proceder no solo de las personas que la habitan actualmente, sino también de las que la habitaron hace mucho tiempo. La intensidad y el tiempo de permanencia de las vibraciones en un determinado lugar o casa variará de acuerdo con la intensidad de los pensamientos y acciones realizados por las personas que han vivido o han estado vinculadas a ese lugar. Ahí reside el secreto de la sensación de estado meditativo y presencia divina que experimentamos en los lugares donde los *Mahatmas* han entrado en *mahasamadhi* (cuando una gran alma abandona su cuerpo).

Las vibraciones de una oficina son totalmente diferentes a las de una casa. Las vibraciones de un mercado son diferentes de las de una oficina. Y, de igual modo, las vibraciones de un templo o un ashram son completamente diferentes a las vibraciones de los demás lugares. Mientras la atmósfera de un mercado o un bar nos sumerge en la confusión, el caos y la tensión; la atmósfera de un templo nos aporta paz, serenidad y calma. Las vibraciones de un templo nos elevan y reconfortan y apaciguan mucho más que las de una oficina, una casa o un bar. ¿Por qué sucede así? Simplemente por las vibraciones de pensamientos puros y por la actitud interior de las personas que acuden a esos lugares.

La felicidad de cantar bhajans

Amma se levantó y, una vez fuera de la cabaña, se puso a llamar en voz alta: "¡Shiva. Eh, Shiva!" Levantando las manos y mirando hacia el cielo, se dirigió hacia su dormitorio que estaba cerca de la cabaña. Los *brahmacharis* y los devotos tomaron leche caliente mezclada con agua y reposaron un rato. Eran las cinco de la tarde y estaba previsto que los *bhajans* se iniciaran a las siete y media, en el célebre templo Janardanaswami de Varkala. Irían precediendo a un programa de danza. Después de tomar un baño refrescante en las aguas frías y revitalizantes del estanque que se encontraba en la parte sur del ashram, cada uno meditó durante una hora en la atmósfera calmada y serena de aquel paraje. Algunos fueron a meditar a orillas del Vishnu Tirtha, un estanque con aguas poco profundas, que se consideraba sagrado. Otros se sentaron bajo los árboles y unos pocos prefirieron meditar al otro lado del estanque, cerca del bosque.

A las siete y cuarto, todos se dirigieron hacia el templo, adonde llegaron un poco antes de las siete y media. Amma también había venido, pero permaneció en el autobús, aparcado a quinientos metros del templo. Gayatri, un *brahmachari* y una pareja de devotos de Amma, que eran de aquella ciudad, estaban con ella. Como el montaje del estrado no había acabado a tiempo, los *bhajans* no empezaron hasta las ocho. Según el anuncio del programa, los residentes del ashram debían cantar durante dos horas. A las diez de la noche el grupo de danzarines quería empezar su espectáculo sin más dilación y pidieron a los *brahmacharis* que detuvieran sus cantos. Aunque los *bhajans* ya estaban a punto de acabar, el público empezó a agitarse. Algunos se levantaron y gritaron: "Queremos oír más *bhajans*. ¡Continuad los *bhajans*, nada de danza!" Algunos se irritaron e incluso corearon frases del tipo: "¡Grupo de danza, fuera! "Solo queremos oír *bhajans*". Los asustados danzarines se retiraron del estrado en silencio y se refugiaron en una habitación hasta que acabaron los cantos.

Fue una asombrosa y maravillosa escena la de aquella noche. Las miles de personas que se habían congregado en el templo, especialmente para disfrutar de un espectáculo de danza, se habían sentido molestas e irritadas al principio, cuando se había anunciado el comienzo de los *bhajans* por el Mata Amritanandamayi Math. Y, sin embargo, ahora, esa misma multitud no quería que se detuvieran. Ciertamente, aquellas personas experimentaron aquel día la felicidad del Nombre Divino. ¿Qué otro factor, sino la Gracia del Gurú, puede producir esa transformación en el espíritu de las personas?

Después, cuando todos regresaron a Kanvashrama, Amma explicó:

Amma: Cuando Amma oyó el tumulto, creyó que el público protestaba contra sus hijos porque llevaban mucho tiempo cantando. Pero, inmediatamente, Amma se tranquilizó al ver que eso no podía producirse, pues los cantos devocionales son la música espontánea del alma. Nadie puede resistir la fuerza conmovedora de esta música, que penetra en el corazón cuando se canta con concentración y devoción. Es esa atracción natural la que hoy se ha hecho presente.

Era casi medianoche cuando Amma se retiró a su dormitorio. Antes de acostarse, los *brahmacharis* meditaron, una vez más, en el profundo silencio de la noche.

15 de marzo de 1984

Los *brahmacharis* y los devotos se levantaron a primera hora de la mañana y recitaron, como de costumbre, los Mil Nombres de Devi. A continuación meditaron e hicieron otras prácticas matinales. El amanecer en Kanvashrama era muy bello. Si uno se situaba a orillas del Vishnu Tirtha, podía ver el sol elevarse por el horizonte.

A las siete, Amma llegó y se sentó bajo un bananio en la orilla sur del Vishnu Tirtha. Llevaba los cabellos recogidos formando un moño. Los rayos dorados del sol naciente se reflejaban sobre su rostro subrayando todavía más su gloria y esplendor. La gozosa sonrisa que reflejaba parecía más luminosa que el sol. Su mirada, fija en el infinito, era intensa y estable, sin el menor parpadeo.

Amma permaneció sentada allí mucho tiempo. A las nueve, todavía seguía sentada bajo el banano. Hacia las diez, algunos devotos se acercaron para recibir su *darshan*. Todos se postraron ante ella y, a continuación, se sentaron formando un semicírculo. Entre los recién llegados se encontraba una joven, a la que denominaremos "señorita D". Estudiaba para licenciarse en Filosofía y había venido con su padre y su tío. Dotada de un ardiente deseo por conocer a Dios, se sentía muy atraída por Amma. Sin prestar atención alguna a lo que pasaba alrededor, la señorita D mantenía la mirada fija en el rostro de Amma. Amma se dio cuenta de la intensidad de su aspiración, y comentó: "La señorita D *Mol* (hija en malayalam) quiere tragarse a Amma". Sin la menor señal de timidez, le respondió: "¡Sí, si fuera posible!" Amma reía a carcajadas. Todo el mundo se unió a la risa de Amma, incluidos el padre y el tío de la joven, aunque sus rostros dejaban traslucir una ligera señal de preocupación al ver la fuerte inclinación que mostraba aquella muchacha por la espiritualidad. Temían que abandonase la vida mundana para consagrarse a la vida espiritual.

Amma recibió, uno tras otro, a todos los que vinieron a verla. Como ya era casi mediodía, Amma invitó a todos los presentes a comer. Mientras Amma abandonaba su asiento para dirigirse hacia su cabaña, los devotos se despidieron con un reverendo saludo. Vacilando, la señorita D también partió con su padre y su tío, tras postrarse ante Amma.

Respondiendo a la invitación de la familia de un devoto, Amma fue a visitarlos aquella noche. Después de cantar algunos *bhajans* y hacer una *puja* en la sala de oraciones familiar, Amma estaba desbordante de compasión y de amor. Antes de despedirse intercambió algunas palabras con cada miembro de la familia, incluidos los sirvientes.

A las diez, todos habían regresado. Al llegar a Kanvashrama, Amma dijo: "Es muy pronto para que Amma se vaya a acostar". Ante aquella inesperada noticia, todos los devotos se alegraron pues deseaban pasar un rato más con ella. Se congregaron en una cabaña que estaba situada junto a la de Amma. Ella se quedó mirando cada uno de sus rostros y sonrió. Después se produjo una pausa. La Madre dijo: "Amma sólo quería ver los rostros de sus hijos".

Un devoto padre de familia: Si todo Brahmanda (el universo con cada uno de los objetos que contiene) está dentro de ti, ¿por qué quieres ver nuestros rostros externos?

Amma: Para satisfaceros. ¿Que ocurriría si Amma se quedara sentada diciendo: "El universo entero, con todos vosotros, está en mí; y, por tanto, no quiero veros externamente"? Ninguno de vosotros estaría aquí. Una persona que posea un fuerte sentido de desapego y una intensa determinación para alcanzar la meta no tendrá, posiblemente, necesidad de esa atención externa. Pero Amma sabe que vosotros, hijos míos, tenéis esa necesidad, ¿no es cierto? Sabed que Amma hace todas las cosas, cualesquiera que sean, con un propósito. Una caricia, una palabra, una mirada, una sonrisa o un golpecito en el hombro son suficientes, a veces, para que el corazón y el alma de sus hijos se llenen de fuerza, coraje y paz. En estos momentos, vuestra fuente de inspiración reside en la presencia física de Amma. A medida que progreséis espiritualmente, llegaréis a verla en vuestro interior.

Después, la Madre continuó.

Amma: Sin embargo, a veces, le resulta doloroso ver cómo sus hijos actúan sin discernimiento. (En un tono muy serio) Por ejemplo, ayer cuando veníamos hacia aquí, Amma dijo que los que quisieran beber té podían hacerlo. Excepto unos cuantos, todos los demás bebieron. En realidad, Amma quería probar vuestra capacidad de discernimiento, pero la mayoría no superó la prueba. Amma se sintió un poco apenada al ver actuar a sus hijos de esa manera.

Hijos, para probar la fuerza mental y la capacidad de discernimiento del discípulo, un Gurú puede pedirle que haga muchas cosas, incluso cosas que van en contra de la vida espiritual. Algunas veces, el mismo Gurú provocará una acción o creará las circunstancias propicias. Un discípulo verdadero sabrá discernir correctamente. Solo aceptará lo que necesita y rechazará el resto sin contemplación alguna. Lo que necesita son aquellas circunstancias y objetos que puedan ayudarle a progresar espiritualmente. Su agudo sentido de discernimiento le ayudará a superar toda clase de obstáculos que se presenten en el camino. Una positiva aceptación de las palabras y de los actos del Gurú, y una completa obediencia, poniendo en práctica sus enseñanzas, es lo que más alegra al Gurú. Este es, en verdad, el más preciso don (*dakshina*) que podéis ofrecer al Gurú.

Habéis desarrollado todo tipo de hábitos. Todos estos hábitos deben desaparecer, uno tras otro. Os puede parecer difícil eliminarlos en un período corto de tiempo; pero debéis esforzaros para superarlos con determinación. Al menos, debéis tener la voluntad de desprenderos de ellos.

Los hábitos son los mayores obstáculos en nuestro camino. Nuestras propias acciones son las responsables. La realización de acciones virtuosas o divinas nos ayudará a reemplazar los viejos y negativos hábitos por otros nuevos y beneficiosos. Es necesaria una práctica constante.

El té y el café contienen sustancias tóxicas. Destruyen ciertos elementos que ayudan a purificar los órganos de los sentidos. Son nocivos para el cuerpo y despiertan deseos sensuales.

Los *brahmacharis* y los otros devotos que viajaban y habían tomado té de camino a Kanvashrama, se dieron enseguida cuenta de qué manera, tan hábil e imprevisible, Amma les había tendido aquella trampa. Sintiéndose culpables, guardaron silencio.

Otro devoto: Amma, ¿por qué concedes tanta importancia al control de la comida?

Amma: Hijos míos, el cuerpo se desarrolla a partir de la comida. Una mente pura con pensamientos puros no se desarrollará más que en un cuerpo puro. Para tener un cuerpo puro, el alimento que consumamos debe ser puro y sáttvico. El cuerpo y la mente son interdependientes. Todo lo que llega al cuerpo incide en la mente, y viceversa. Por encima de todo, para dominar la mente, es absolutamente necesario un buen control del alimento que comemos. Los escépticos y los incrédulos pueden considerarlo sin sentido e ilógico. Utilizan las expresiones "sin sentido o ilógico" para explicar aquellas cosas o fenómenos que no comprenden. Observan toda ciencia espiritual con una actitud negativa. Sólo creen en lo que piensan que pueden probar mediante experimentación científica. ¿Entonces por qué no intentan probar esta ciencia? Los escépticos declaran que creen en la ciencia moderna y, sin embargo, son los propios científicos los que, finalmente, creen en la espiritualidad. ¡Qué contradicción! Se diría que su único propósito es el de realizar afirmaciones ilógicas y carentes de sentido. ¿Cómo pueden esas personas esclarecer algo de esta ciencia verdadera?

Eran las once y media. Amma juntó sus manos y se dirigió a todos: "Amma pide perdón a todos sus hijos por haberlos reprendido. Amma no ve ninguna diferencia entre todos sus hijos y ella, por eso les habla así. Hijos míos, no lo veáis de otra manera. Amma lo hace sólo por vuestro bien" Tras estas palabras, Amma se levantó y se dirigió hacia su dormitorio. Después de postrarse, cada uno se retiró a sus aposentos.

16 de marzo de 1984

Como de costumbre, los *brahmacharis* y los devotos cabezas de familia se levantaron a las cuatro y media de la mañana y recitaron el *Lalita Sahasranama*. Cuando los primeros rayos de sol rozaron la tierra, se sentaron alrededor del Vishnu Tirtha para meditar. Algunos se colocaron bajo el banano. Era un espectáculo inspirador. Parecían jóvenes yoguis profundamente absortos en la meditación. Aquel lugar apacible y la serenidad de la atmósfera aumentaban el carácter sagrado de esta escena. Los centelleantes rayos dorados del sol naciente, y la dulce y fresca brisa matinal los acariciaban.

La meditación prosiguió hasta las ocho y media. A las nueve y media, Amma salió y fue a sentarse bajo el banano para dar su *darshan* a los devotos. Un grupo de personas interesadas por la espiritualidad que organizaban y participaban de manera regular en *satsangs* y otras actividades espirituales, la esperaban. Hicieron a Amma diferentes preguntas. Parece cierto que las personas que más han leído y han aprendido son las que tienen más dudas.

Pregunta: Amma, mi mente se extravía y vagabundea cuando intento concentrarme.

Amma: Hijo mío, es propio de la mente el vagabundear. No puede permanecer tranquila. Cuando intentamos calmar la mente y concentrarnos en un objeto de meditación, vemos que todavía vagabundea más. Nos invaden más pensamientos. Es posible que los principiantes se sientan temerosos y desanimados por los innumerables pensamientos que surgen durante la meditación. Esos pensamientos y otras tendencias de la mente han estado siempre ahí, pero como estamos ocupados en diversas actividades, no somos conscientes de ellos. Estos pensamientos y otros vasanas únicamente se manifiestan cuando intentamos apartar la mente de todas las actividades externas y concentrarla en un solo punto. La práctica constante, acompañada de determinación, es la única manera de conquistar la mente. En consecuencia, en esos momentos, no sintáis temor y no os desaniméis. Continuad vuestras prácticas espirituales con determinación.

Hasta ahora, hemos vivido en la conciencia de que somos el cuerpo. Hemos viajado durante mucho tiempo en el mundo de la pluralidad. Todas las impresiones recogidas de las experiencias pasadas están ahí, en la mente, algunas en la mente superficial, pero la mayor parte se encuentra en el subconsciente. Están en estado latente, como el árbol lo está en la semilla. Para extirpar todas esas tendencias latentes, se necesita practicar durante bastante tiempo y tener paciencia.

Otro hombre: ¿Es el Raja Yoga la mejor vía?

Amma: Hijos míos, es difícil decir que "tal o cual vía" es buena o que "tal o cual vía" no lo es. Todos los caminos son buenos si se practican correctamente, con la comprensión justa. De todas formas, no puede aconsejarse una única vía para todos, pues las personas son mental, física e intelectualmente diferentes. Las disposiciones espirituales que el aspirante hereda de su nacimiento anterior al actual, permiten determinar qué camino le conviene. Aunque todas las vías sean igual de buenas, cada una opera de modo diferente en los distintos individuos. Cada persona tendrá un sentimiento espontáneo o una inclinación hacia una vía en particular, y esa será la vía correcta para ella. En cualquier caso, para mayor seguridad, es preferible acercarse a un Satgurú para conocer nuestro camino, para determinar la dirección a seguir, para descubrir cuál es nuestra deidad y recibir consejos que faciliten nuestro crecimiento espiritual

Hijos míos, por lo que respecta a Amma, la vía de la devoción es la mejor y es la más fácil para la mayoría de las personas que tienen una naturaleza fundamentalmente emocional. Además, *bhakti marga (la vía de la devoción)* no entraña las dificultades de otras vías. No hay técnicas perjudiciales ni complicaciones cuando se trata de amar. Simplemente, amad al Señor. El amor no es agresivo; es una corriente constante.

Siempre es peligroso practicar *sadhana* tras seguir los consejos de algunos libros. Sed conscientes de que sus autores no son todos Gurús. Tratad de seguir los pasos de aquellos que, verdaderamente, han experimentado lo que escriben o enseñan.

Pregunta: ¿Es cierto que la kundalini se despierta mediante la práctica del Hatha Yoga?

Amma: ¿Qué necesidad hay de pensar en todos esos métodos complicados cuando los hay más sencillos? El Hatha Yoga debe ser practicado bajo la dirección estricta de un Maestro Realizado. No podéis adoptar sin más cualquier método que os guste. Cada uno adoptará la vía que haya seguido en su vida precedente. Sólo si se sigue ese camino, se podrá progresar en la práctica.

Si practicamos el *Hatha Yoga* por nosotros mismos, existe el peligro de volvernos más conscientes del cuerpo y, de ese modo, inflar el ego; cuando la única meta de la práctica espiritual es deshacerse de esa conciencia del cuerpo. Cualquiera que sea la vía seguida, basta con ganar concentración. El concepto de "la *kundalini* despertando" es una *bhavana (imaginación creativa)*. De igual forma, podemos tener el concepto de Dios. Es la misma idea. Tanto si seguís la vía de la *bhakti (la devoción)*, del *karma (las obras)* o del *jnana (el conocimiento)*, se producirá el despertar de la *kundalini*. La diferencia está en que cada devoto denomina a la misma *kundalini shakti*, como Krishna, Rama, Devi, Jesús o Buda. Hijos, haced vuestra *sadhana* de modo correcto y sincero. No perdáis vuestra energía y tiempo pensando: "¿Cuándo despertará la *kundalini*? ¿Se elevará si sigo esta vía o será mejor la otra?"

Pregunta: ¿No son Devi y otras formas un mero sankalpa?

Amma: No digas eso. Por lo que respecta a un devoto, la forma de su bienamada deidad, ya sea Devi, Krishna o Rama; es real. Porque no os guste el pudin azucarado, ¿vais a decir que no es bueno o que no merece la pena tomarlo? Hay muchas personas a las que les gusta y les satisface. Es posible que vuestro plato favorito sea otro distinto y que a otra persona no le guste.

Todos los nombres y formas, cualesquiera que sean, no son más que creaciones de la mente para aquel que ha traspasado la mente, pero no lo son para aquel que todavía no ha alcanzado el estado de Perfección. Puede que alguien diga que las formas y los nombres son irreales y que sólo Brahman es verdadero y real. Sin embargo, si no ha realizado la experiencia de la Perfección, no tiene ningún sentido ir por ahí proclamando la irrealidad de las formas.

Hasta los que han alcanzado la Perfección darán ejemplo adorando, cantando y recitando los diferentes nombres, y glorificando las diferentes formas de dioses y diosas. Son los únicos en experimentar verdaderamente el mundo como algo ilusorio y en absoluto real. No obstante, continúan adorando y rindiendo culto a lo que representan las formas, porque ellos saben que nosotros, hijos ignorantes, no podemos elevarnos hasta su nivel de comprensión y tenemos, por tanto, necesidad de un nombre o de una forma para ayudarnos en nuestra evolución espiritual.

Para pretender que lo sabemos todo y hacer alarde de nuestro orgullo (que no deja de ser un falso orgullo), tal vez digamos que Devi es un *sankalpa*, que los nombres y las formas de los dioses y de las diosas no son más que una visión de la mente y, por tanto, no son reales. ¿Qué autoridad tenemos para afirmar tales cosas? Podéis decir que los santos y los sabios lo han declarado en las Escrituras. Pero ellos han alcanzado la irrealidad última de todas las formas a través de su propia experiencia. ¿La habéis realizado vosotros? Si no es así, callad. Por favor, no corrompáis ni deterioréis la fe de las personas con vuestros discursos. Los *rishis* temían mancillar esta Verdad con sus palabras, y por eso siempre decían:

"¡Oh Señor!, haz que mi palabra esté establecida en mi mente, y que mi mente esté establecida en mi palabra".

Pregunta: Amma, no comprendo. ¿Qué temor? ¿Dónde se encuentra el temor en esta plegaria? No veo su relevancia.

Amma: Hijo mío, la frase "que mi palabra esté establecida en mi mente", significa "que cada palabra que yo pronuncie para describir esta Verdad se fundamente en mi experiencia". El rishi reza al Ser Supremo para que le conceda la Gracia de que su discurso refleje la experiencia interior del Atman. Teme pronunciar algo que no sea cierto, pues cuando surgen las palabras aparece el riesgo de que el discurso dé lugar a una nueva interpretación. El discurso es también un producto del ego. El ego es la causa del discurso, el cual es su efecto. El ego es ilusorio; en consecuencia, la naturaleza engañosa del ego se reflejará en el efecto, en el discurso. El rishi quiere mantener la pureza del Atman incluso en su discurso, y reza para que su discurso refleje la experiencia interior de la Verdad."

Los devotos y los *brahmacharis* permanecían sentados, fascinados, mirando el rostro de Amma y maravillándose de la profundidad de su visión ante cualquier tema espiritual. Un devoto hizo este comentario: "¡Qué sencillas son las explicaciones de Amma cuando trata verdades filosóficas muy complejas y sutiles!"

Amma rió como una niña inocente y replicó: "¡Eh, no elogies a esta loca de Kali!¡Los hijos de la loca Kali también están todos locos!"

Pregunta: ¿Considera Amma los diferentes nombres y formas de dioses y diosas como reales?

Amma: Hijos míos, cualquiera que jamás hubiera existido o nacido no sería venerado y adorado por millones de personas. Nadie pensaría en celebrar el cumpleaños de una persona que no haya nacido. Nosotros celebramos los aniversarios de Rama, de Krishna, de Jesús y de otras Grandes Almas.

Amma quiere decir que son necesarios los nombres y las formas para personas como nosotros, que tenemos una visión mental determinada por el mundo actual. Esos nombres y formas nos ayudan en nuestro crecimiento espiritual. No se puede decir que nuestra vía es la mejor y todas las otras son incorrectas. Si a una persona le gusta el té, lo tomará y disfrutará de él. A otros que no les guste el té, puede que tomen café, zumo de limón o agua pura. ¿Por qué vamos a preocuparnos por las preferencias personales de cada persona? ¿Acaso vamos a decir que sólo el té es bueno y que todas las otras bebidas son malas? El objetivo es saciar la sed. Por tanto, cuando se medita en el Supremo con atributos o en el Supremo sin atributos, el objetivo es obtener una paz mental perfecta ante cualquier circunstancia. Dejad todas estas dudas referidas a dioses y diosas, y dedicaros a hacer vuestra *sadhana*. De cualquier modo, aunque meditéis en lo Sin Forma, es preciso mantener una clara resolución mental.

Los juguetes son necesarios para que jueguen los niños y para ellos son reales. Los adultos no tienen necesidad de juguetes; saben que son ilusorios y carentes de vida. Pero los adultos no pueden decir que los niños no deberían tener juguetes porque no sean reales.

Cada uno tiene un determinado nivel mental y una capacidad de comprensión. Dejemos que cada persona parta desde su propio nivel y no intentemos imponerles nuestras ideas.

Pregunta: ¿Cómo puede Dios ser a la vez con y sin forma?

Amma: Sencillamente porque Él puede convertirse en todo lo que desee, en el momento que quiera. Dios está más allá del espacio y del tiempo, y no le afectan tales límites. Por tanto, puede ser a la vez personal e impersonal. Puede asumir una forma, pero Él no es la forma. No está apegado a la forma. Cuando se pone agua en varios recipientes de formas diferentes, asume la forma de cada recipiente. Por ejemplo, cuando colocamos agua en recipientes de distinta forma, el agua adopta la forma del recipiente en el que está contenida. El agua sigue siendo agua y no se transforma en nada más, aunque las formas de los recipientes sean distintas. Del mismo modo, cualquiera que sea el aspecto, la forma o el nombre que asuma, Dios permanece como Dios. Dejemos que los que tienen necesidad de sakara (Dios con una forma) lo vean así. ¿Cuántos son capaces de meditar en Dios sin forma? No todos pueden realizar este tipo de meditación.

Pregunta: Amma, ¿puede el Raja Yoga causar daño?

Amma: En nuestros días, se publican muchos libros sobre Raja Yoga. Bastantes jóvenes han perdido su equilibrio mental leyendo esos libros, o bien inspirando y espirando de forma irregular. No hay ningún peligro si estas prácticas se hacen bajo la supervisión de un Maestro Auténtico.

Por otra parte, es bueno leer libros que recuerden la vida y las enseñanzas de devotos sinceros. Leed tanto como podáis, pues no resulta perjudicial. Si se leen tales libros desaparecerán los problemas mentales. Esos textos contienen enseñanzas y ejemplos que nos acercarán a Dios. Nunca os equivocaréis ni os caeréis.

Pregunta: Entonces, ¿basta con tener devoción?

Amma: La mera bhakti (devoción) no es suficiente. Es necesario el amor. Sólo entonces quedará disuelta la mente.

Pregunta: De acuerdo con lo que nos acabas de decir, me parece que devoción (bhakti) y amor (prema) son dos cosas diferentes.

Amma: Mira, hijo mío, así es como se las puede diferenciar. La devoción consiste en rezar y suplicar a Dios para satisfacer motivos y deseos egoístas. Las personas que la practican suelen aferrarse a los templos. Incluso cuando vayan a ver a un Mahatma, se apresurarán a comunicarle todos sus problemas. Esas personas tienen devoción, pero sólo hay una ínfima parte de puro amor en su devoción. Dan sugerencias o instrucciones a Dios o al Mahatma. Dirán, por ejemplo: "Señor, ese es mi deseo, te ruego que me lo concedas", o bien: "No quiero que eso ocurra. ¡Haz que eso no suceda!" Les gustaría que Él actuara siguiendo sus deseos y voluntad personal. Piensan que saben más que Él. La comprensión que tienen de Dios o del Mahatma es muy inferior a la que posee un devoto lleno de amor puro, que ama a Dios o al Gurú por el simple hecho de amar. Una persona dotada de un amor de tal naturaleza no quiere nada, ni siquiera la Liberación. Todo lo que desea es amar a Dios o al Gurú, pase lo que pase. Amarlo constituye su propia felicidad. Quiere deshacerse de todos sus deseos, salvo el deseo de amarlo.

Así, *bhakti* (devoción) dotada de *prema* (amor) es *prema bhakti*. *Bhakti* desprovista de *prema* es la mera devoción. Una persona con *prema bhakti* y una persona con *bhakti* amarán al Gurú o a Dios, pero la que tiene *prema bhakti* dará toda la importancia a Dios o al Gurú: no elige, desea o hace nada por sí mismo. Su Gurú lo es todo para ella. Quiere simplemente amarlo, entregarse a él, olvidando todo lo demás. Quiere ser consumida por la llama de amor que tiene por su Gurú o su Bienamada Divinidad.

Mientras que una persona que sólo posea *bhakti*, se considerará en primer lugar a sí misma. Quiere ante todo satisfacer sus deseos, y sólo después pensará en Dios. Por lo que respecta a esa persona, Dios o el Gurú son agentes que le sirven para colmar sus deseos.

Pregunta: Amma, has dicho que la comprensión que un devoto corriente tiene de su Gurú es muy inferior a la que tiene un devoto lleno de puro amor. ¿A qué te refieres con la palabra comprensión?

Amma: No es una mera comprensión intelectual, sino la comprensión acompañada de una sed inextinguible de vivir de acuerdo con ella. Es decir, la comprensión o el conocimiento de que el Señor está en todas las cosas y la aceptación de su voluntad suprema. La voluntad personal y limitada del devoto se disuelve y desaparece en la voluntad sin límites del Señor. Deja de existir el yo personal limitado, y sólo queda "Él". Entonces, sólo hay aceptación y no hay rechazo, sólo hay amor y no odio, sólo hay plenitud y no deseo. Todos sus deseos se funden y desaparecen, salvo el de amar a su Bienamado en cualquier circunstancia. Acepta plenamente la omnisciencia, la omnipotencia, y la omnipresencia de Dios o del Gurú, y actúa en consecuencia. Entonces, no es él quien actúa, sino el Señor quien actúa a través de él. Esa es la verdadera comprensión. Un devoto auténtico debe tener este conocimiento.

Eran las diez y media de la mañana y nadie pensaba ni siquiera en desayunar, aunque se había preparado un pequeño refrigerio. Amma había pedido a los devotos que fueran a tomar algo, pero todos preferían estar cerca de ella. En ese momento llegó una familia, compuesta por los padres y dos hijos, que venían a ver a Amma. Era su primera visita. Habían estado primero en Vallickavu, pero al enterarse de que Amma estaba en Kanvashrama, habían decidido ir a su encuentro. Se aproximaron todos y saludaron a Amma, después se sentaron cerca de ella. Amma les preguntó con mucho afecto de dónde venían y si ya habían comido. Amma llamó a Gayatri y le dijo que les trajera algo para beber. Luego la Madre se dirigió hacia sus hijos y les pidió que se aproximaran. Les preguntó cómo se llamaban y se interesó por sus estudios. Amma miró después al padre y le dijo muy espontáneamente:

Amma: Hijo mío, la vía del conocimiento no es adecuada para alguien como tú. La tuya es la vía de la devoción y tu bienamada deidad es la Madre Durga. Si abandonas esta vía para seguir la del conocimiento, siguiendo los consejos de ese erudito de sabiduría libresca, tu crecimiento espiritual se verá obstaculizado.

El hombre se quedó atónito. Parecía querer decir alguna cosa, pero era incapaz. Miraba a Amma fijamente, boquiabierto.

Después de un rato, cuando hubo recuperado su aplomo, lloró silenciosamente tomando los pies de Amma en sus manos. Amma lo levantó suavemente y le secó las lágrimas con sus propias manos. Esta muestra de amor y afecto le hizo deshacerse nuevamente en lágrimas. Procuró controlar una vez más sus lágrimas y, cuando lo logró, preguntó a Amma:

Amma, yo sabía que eso no había podido producirse sin que tú lo supieras. Sin embargo, no estaba convencido y por eso había venido a verte. Quería oírlo directamente de tus labios y tú misma me lo has dicho, incluso antes de que yo pronunciara una sola palabra. Tú me has bendecido, y con tu Gracia, trataré de no desviarme de mi camino y atenerme a tus consejos lo mejor que pueda. Perdóname también, Amma, por haberte probado. Por mi ignorancia quería someterte a esta prueba.

Amma se limitó a sonreír, permaneciendo silenciosa. Mientras tanto, Gayatri había traído té para todos ellos. Amma tomó los vasos de la bandeja y fue repartiéndolos. Antes de entregarlos bebió un sorbo de tres de ellos, pero no lo hizo en el vaso que entregó a la esposa. Todo el mundo se fijó en este gesto extraño de Amma y pensó cómo era posible que Amma actuase de forma tan parcial. Pero para sorpresa general, el esposo estalló en carcajadas y dijo riendo: "Amma, te lo ruego, perdóname por reír así ante ti" Cuando hubo acabado de reír, continuó:

"No me molesta revelar ante todos los que están aquí cosas relativas a mi esposa. Supongo que todos sois devotos de Amma y, en consecuencia, no hay ningún mal en contarlo. Mi esposa era muy escéptica respecto a Amma, por lo que ni siquiera quería acompañarme. Si ha venido, ha sido por mi insistencia. Si ella es así no es por su culpa, sino porque ha sido criada en una familia muy incrédula. En el camino hacia Kanvashrama, se ha burlado incluso de mí diciendo que era demasiado emotivo, que era un estúpido por venir a ver a esta mujer que, según ella, era una persona ordinaria sin ningún poder, y que todo era producto de mis alucinaciones. Hasta me ha desafiado: "Si Amma es omnisciente, que me dé una señal de su omnisciencia. Si lo hace, creeré realmente en ella". Ahora Amma ha respondido a su mente escéptica. Ha tomado un sorbo de cada vaso menos del de ella, haciéndole así comprender que Amma podía leer claramente en su mente. Era exactamente la respuesta necesaria a todas sus preguntas".

El hombre estaba encantado, conmovido e inspirado por el hecho de que Amma hubiera revelado su omnisciencia. Amma consoló a la esposa y sonriendo dijo:

Amma: Hija mía, no te preocupes. Si Amma ha actuado de esta forma, no es porque lo sepa todo, sino porque no sabe nada. Si ella lo supiera todo, no te habría causado esta aflicción.

La mujer dijo humildemente: No, Amma, no. No digas eso, pues me has dado una buena lección. Demasiada educación ha echado a perder mi corazón. Ahora comprendo que no es bueno tener prejuicios. Sé que ellos continuarán inquietándome, pero si me entrego a ti, tú los destruirás. Por favor, dame la fuerza y el coraje necesarios para entregarme.

Después de haber hablado así, lloró en silencio. Amma la tomó entre sus brazos y le dio pequeños golpecitos, como una madre hace con su hija. Permanecieron todavía algún tiempo en compañía de Amma y luego pidieron permiso para retirarse después de postrarse ante ella. Antes de abandonar el ashram, el esposo, llamado Karunakaran, explicó a uno de los *brahmacharis* la sucesión de acontecimientos que le habían incitado a venir a ver a Amma.

Dos noches antes, había tenido un sueño en el que se le aparecía Amma, y le decía claramente que abandonase la práctica espiritual que le había aconsejado seguir un erudito que enseñaba las Escrituras. Había oído hablar de Amma y esperaba tener una oportunidad para conocerla. Como estudiaba las Escrituras que el erudito le había recomendado en forma de práctica espiritual, el sueño estaba lleno de sentido para él. Al mismo tiempo, amaba y respetaba al erudito y, por tanto, no quería darle demasiada importancia al sueño. Pero Amma se le apareció de nuevo la noche siguiente. En esta ocasión le dio nuevos detalles a las instrucciones que ya le había dado, diciéndole: "Hijo mío, te he dicho que abandones la práctica espiritual que sigues en este momento. La vía del conocimiento no es la que te conviene. La tuya es la vía de la devoción a tu bienamada deidad, la Madre Durga. Si abandonas esa vía para seguir la vía del conocimiento, siguiendo los consejos de este erudito de conocimiento libresco, tu crecimiento espiritual se verá obstaculizado".

Karunakaran continuó: "Este consejo dado por Amma durante el sueño era muy claro, y el sueño era totalmente real. Había sido devoto de la Madre Durga durante muchos años y siempre la veneraba. Pero, a causa de la influencia de este erudito, había abandonado ese camino para seguir la vía del conocimiento, tal como él me había instruido. Sin embargo, me faltaba ese amor por la Madre Durga y me sentía descontento con mi práctica espiritual. Al mismo tiempo, no quería disgustar al erudito. De hecho, siento por él un cierto apego, pero tenía el anhelo de seguir el consejo de un verdadero Maestro. Después de haber oído hablar de Amma, tuve esos sueños. Eran tan intensos y tuvieron tal efecto en mí, especialmente el segundo sueño, que a partir del día siguiente quise encontrarme con Amma. Por otra parte, y aunque tenía fe en Amma, quería, para convencer a mi ego, que ella me hablara directamente de mis sueños cuando la encontrase. Y así lo ha hecho. Ya conocéis el resto de la historia. Antes de decirle nada sobre mis sueños, mi *sadhana* o sobre la devoción que tenía por la Madre Durga, ella me ha repetido exactamente las mismas palabras que me había transmitido en sueños. Ahora me siento feliz, muy feliz y dichoso, no sólo porque ella ha respondido a mis plegarias, sino también por la compasión que ha mostrado hacia mi esposa, eliminando su escepticismo, algo que siempre nos ha perturbado tanto a ella como a mí"

Amma deseaba cantar *bhajans*. Pidió a Srikumar que trajera el armonio, y él fue a buscarlo. Eran las once y media de la mañana y Amma estaba sentada bajo el bananio. La atmósfera era muy apacible y tranquila. Amma tenía los ojos fijos en el Vishnu Tirtha. El agua estaba inmóvil y Amma parecía disfrutar del espectáculo. Su rostro impregnado de beatitud brillaba con un maravilloso resplandor.

Srikumar trajo el armonio y Amma cantó algunos *bhajans*, empezando por *Kodanukati*, después *Oru Nimishamenkilum*.

La humanidad te busca
Desde hace millones de años.

Los antiguos sabios, renunciando a todo,
Realizaron largos años de austeridades
A fin de dejarse arrastrar
Por la divina corriente de tu Amor.

Inaccesible a todos, tu llama infinita,
Cuyo resplandor es parecido al del sol,
Permanece inmóvil, sin danzar
Incluso en medio del ciclón más furioso

Las enredaderas floridas,
Los lugares sagrados y los templos,
Todos te han esperado durante eras y eras
Pero tu sigues inaccesiblemente distante.

Oru Nimishamenkilum...
¡Oh hombre!, que vas tras los
Placeres de este mundo,
¿Has tenido paz un solo momento?

¡Oh hombre!, sin comprender
Los principios reales y esenciales de la vida,
Perecerás como una mariposa nocturna en la llama,
Engañado por la sombra de Maya.

En el proceso evolutivo,
Has pasado por diferentes cuerpos
De insectos y gusanos, de numerosos reptiles,
De múltiples pájaros y animales.

Así has evolucionado
A través de diferentes cuerpos, hasta que al fin
Emerges en un cuerpo humano.

¡Oh hombre!, piensa y discierne sobre
Cuál es la verdadera meta de este nacimiento humano.
No, hombre, este nacimiento humano
No debe ser malgastado
En placeres materiales estúpidos y triviales
Recuerda, este nacimiento tiene un derecho propio.

¡Oh hombre!, abandona tu vanidad,
Tu necesidad de adquirir y poseer,
Tu deseo de disfrutar y de satisfacerte.
Hasta que no alcances ese estado de Supremo Brahman,
No podrás tener paz ni felicidad.

Estos profundos cantos, impregnados de significado filosófico, penetraban directamente en el corazón de los devotos. Todos estaban absortos en una profunda meditación. Amma permanecía sentada con los ojos fijos en el vasto cielo azul y no cesaba de balancearse de derecha a izquierda. Ya era mediodía cuando, de repente, Amma dijo: "¡Shivane!, alguno de mis hijos no ha desayunado. ¡Qué madre más cruel soy! Me he olvidado de dar de comer a mis hijos. Vamos todos a comer algo". Amma llamó a algunos *brahmacharis* y les pidió que hicieran lo necesario para dar de comer a todo el mundo. Mientras iban corriendo, Amma les dijo en voz alta: "¡Apresuraos! ¡Id rápido! ¡No perdáis más tiempo!"

Amma mismo sirvió la comida a todos. El corazón de los devotos estaba rebosante. Acabada la comida, se fueron uno a uno tras saludar a Amma, quien se retiró también a su dormitorio.

A las tres y media, un grupo de estudiantes vino a ver a Amma. Querían conocerla y hacerle algunas preguntas. Tenían todos entre quince y veinte años. Amma salió de su dormitorio hacia las cuatro y parecía muy feliz de ver a los muchachos. Éstos se quedaron un poco sorprendidos cuando vieron a Amma, pero ella se acercó y, como si los conociera desde hacía mucho tiempo, los invitó a entrar en la cabaña y a sentarse.

En primer lugar, Amma preguntó a cada uno su nombre y el lugar de procedencia. Todos respondieron educadamente a su pregunta. La naturalidad innata de Amma impresionó mucho a los estudiantes y empezaron poco a poco a distenderse.

Un muchacho que parecía mayor que los demás dijo atrevidamente:

"Hemos oído hablar de ti y teníamos ganas de conocerte. Así que hemos venido juntos. Para ser sincero, no todos somos creyentes. Algunos lo son, otros tienen curiosidad y algunos son muy escépticos". Tras estas palabras el muchacho guardó silencio. Amma los miró y sonrió. Después, pronunció su *mantra* favorito "¡Shiva, Shiva!" repetidas veces mientras que sus dedos formaban un *mudra* divino. Amma les sonrió una vez más y luego, mirando al muchacho que los había presentado, le preguntó: "Hijo mío, ¿a qué categoría perteneces tú?" El muchacho se sonrojó al oír la pregunta directa de Amma, pues no la esperaba. Permaneció desconcertado durante algún tiempo, y luego dijo suavemente: "Amma, mis padres son devotos tuyos. Yo no he venido nunca a verte pero, sin embargo, tengo fe en ti. Todavía no había tenido ocasión de conocerte directamente; y por eso he venido con mis amigos". Aunque este muchacho mayor había sido un poco atrevido al dirigirse a Amma al principio; sin embargo, ahora se mostraba muy humilde.

Amma: Hijo mío, has dicho que no todos sois creyentes, que algunos sois curiosos y otros muy escépticos. Con esas palabras, no has dicho nada nuevo. Es propio de la naturaleza del mundo. Ni todos pueden ser creyentes, ni todos pueden ser escépticos. Aunque todo el mundo se volviera creyente, cada uno seguiría teniendo su punto de vista y sus conceptos. No podemos hacer que cada individuo sea un creyente. Es propio de la naturaleza del mundo el que existan esas diferencias. Las formas de dos hojas de un mismo árbol no son iguales. La Realidad es infinita e infinitas son sus manifestaciones. No importa mucho el que tú seas un creyente, un no creyente o un escéptico. Tú puedes ser un no creyente y, al mismo tiempo, llevar una vida feliz y plena si tienes fe en ti. No tienes necesidad de creer en Amma o en un Dios sentado, allá en lo alto del cielo, sobre un trono dorado. Basta con que tengas fe en ti. Si no tienes fe en ti, entonces no tienes mucho que ganar aunque creas en Dios. La fe en Dios sirve para reforzar la fe en ti, la fe en tu propio Ser. Sin ella, no puedes tener éxito en la vida, cualquiera que sea tu actividad. La confianza en ti no es nada más que el equilibrio mental, el coraje, y el control de tu propia mente para afrontar los problemas de la vida. No puedes escapar de los problemas de la vida; son inevitables. ¿Cómo vas a hacerles frente si no tienes fe en ti mismo? Realmente, no puedes.

Un escéptico significa aquel que tiene dudas, que lo cuestiona todo. Eso quiere decir que duda incluso de su propio Ser, de su propia existencia. Tal persona no tiene fe en sí misma. Irá por todas partes argumentando, discutiendo, refutando, creando así aún más dudas en su mente y en la de los demás. Su vida entera será un completo fracaso. No puede crear nada, sólo destruir. ¿Cómo una persona, que no posee ningún control sobre su propia mente, puede ser un benefactor para la sociedad? Su propia vida no será más que un fracaso. La espiritualidad y los maestros espirituales nos enseñan cómo edificar esta fe y el auto control, que son los factores más importantes para llevar una vida feliz. De cualquier manera, a Amma le gusta que hayáis venido personalmente para aprender e informaros. La mayoría de la gente no es así. Se contenta con criticar e interpretar a distancia, sin acercarse a estudiar adecuadamente las cosas.

Amma hizo una pausa. Los estudiantes permanecían sentados, sin pronunciar una palabra. No sabían qué decir ni por dónde empezar. Se habían quedado sin palabras. Durante todo aquel tiempo, Amma los estuvo mirando con una bella sonrisa luminosa y con su rostro radiante. Al final, un estudiante rompió el silencio. Habló, pero con una voz débil, en un tono muy dulce y lleno de respeto: "Amma, ya has respondido, de hecho, a todas nuestras preguntas". Y como para probar su inocencia, prosiguió:

Pregunta: No he venido para interrogarte, ni soy un escéptico, ni un incrédulo. En realidad, quería saber más sobre la vida espiritual. Amma, siempre me pregunto qué lugar ocupa la razón en la espiritualidad. Nos has dicho que la fe lo era todo; pero la razón también es necesaria, ¿no es así?

Amma: He aquí una pregunta bien hecha. A Amma le gusta eso. Hijo, la razón tiene poco lugar en la espiritualidad. Es necesario abandonarla. Después de todo ¿qué es la razón? Es el producto de tu intelecto y ¿qué es el intelecto? Es el producto del ego. El ego debe ser erradicado. Esa es la meta de todas las prácticas espirituales. Por tanto, la razón, al ser un producto del ego, debe irse. En el camino de la Auto Realización, el intelecto o la razón es un gran obstáculo, pues siempre duda. No tenemos necesidad de dudas en la espiritualidad. Aquí todo reposa en la fe, la fe en Dios o en el Gurú, la fe en las Escrituras o en las palabras del Gurú. La fe en el Gurú os eleva, mientras que dudar del Gurú os destruirá. La fe unifica vuestras diversas personalidades y os ayuda a verlo todo como Unidad. La duda lo divide todo en pequeñas piezas. La duda os hace aún más diversos, mientras que la fe os hace unitarios y completos.

Hoy, el problema es que se razona demasiado. Las personas piensan que el intelecto lo es todo, pero eso es incorrecto, y el mundo sufre. La gente no tiene fe. Todos quieren cuestionar, criticar y protestar contra todo. No quieren creer ni entregarse. No dejan de alimentar sus mentes, mientras sus corazones se mueren de hambre. Sus mentes se inflan y sus corazones se secan.

La ciencia tiene necesidad de la razón. La base misma de la ciencia y de los inventos científicos no es otra que la razón y la duda. Pero la ciencia moderna lo trocea todo y nunca trata de unir. Es así como se vuelve destructiva. La ciencia debería ser beneficiosa para la especie humana, pero eso sólo es posible si se utiliza para unir a las personas con sus propias mentes.

Pregunta: Amma, ¿quieres decir que la razón es inútil?

Amma: No, hijo mío, no es inútil. El intelecto es necesario. La razón debe ser flexible y debería ser utilizada para apoyar al corazón, a nuestra fe, al amor, a la compasión y a los grandes ideales que hay en todos nosotros. Eso significa que tiene que haber un buen equilibrio. Cuando hay demasiada fe o demasiada razón, la una excluye a la otra y ambas resultan peligrosas. Por ejemplo, un devoto tiene fe, una fe total en su Bienamado Señor. Sin embargo, tras esa fe, está la razón. Tiene la comprensión sutil de que todas las experiencias materiales, todos los acontecimientos que se producen alrededor de él, ya sean negativos o positivos, buenos o malos; son todos momentáneos y transitorios. El devoto no se apega al mundo ni a las relaciones mundanas porque sabe que todas están en perpetuo cambio. No da más importancia que la necesaria a todo lo que le llega. No tiene nunca el anhelo de adquirir o poseer. No corre tras la fama o la celebridad. Recibe con la misma sonrisa los momentos felices o desdichados de la vida, sabiendo que son inevitables y que esa es la naturaleza de la vida. Todo esto precisa una comprensión intelectual. Pero el intelecto del devoto es muy sutil, y lo utiliza para rechazar lo que no es necesario y para aceptar lo que lo es. En pocas palabras, su razón le ayuda a penetrar en la naturaleza real de los objetos, en la naturaleza cambiante de su existencia y en la naturaleza inmutable de su propio Ser. Su razón le ayuda a reforzar su fe en el Ser Supremo, y nunca a debilitarla.

La concentracion

Pregunta: ¿Cuál es el medio para concentrarse?

Amma: Se necesita sraddha (atención y fe). No vamos a ir a un lugar si sabemos que es peligroso. Procedemos con cautela. No tomaremos un determinado producto si sabemos que es tóxico. Si descubrimos que un lugar está lleno de espinas, no pasearemos por él. Mantener nuestra atención nos protege del peligro. De forma similar, a través de la contemplación constante, la mente se concentra en Dios cuando llegamos a distinguir entre lo que es eterno y lo que no lo es, entre lo que nos libera y lo que nos encadena. Entonces, la mente deja gradualmente de vagabundear. Cuando nos damos cuenta de que no conseguiremos de un objeto el beneficio que esperamos, dejamos de depender de él, ¿no es así? Cuando cesa nuestra dependencia de los objetos, la mente se fija y se concentra en el Ser. Hijos míos, debemos intentarlo con todas nuestras fuerzas. Ninguno de los objetos materiales nos aporta beneficio alguno, aunque creamos lo contrario. Deberíamos contemplarlos y valorarlos todos como veneno. Resulta difícil conseguir concentrarse cuando nosotros, que hasta ahora hemos pensado que el cuerpo era eterno, intentamos ir en sentido contrario y darnos cuenta de que sólo el Atman es eterno. Se necesita una constante práctica. Puede que no lo consigáis en un día o dos, en un mes o incluso años. Sin embargo, lo conseguiréis. Poco a poco estáis progresando. Tal vez no seáis conscientes, pero no os detengáis. Intentadlo y continuad.

Cuando viajamos en avión, puede parecer que el aparato no se mueve; pero, de hecho, avanza. Cuando llegamos a nuestro destino, nos damos cuenta de que el avión ha estado volando durante todo el tiempo. De igual forma, durante el período de *sadhana*, podéis tener la impresión de que no progresáis, pero estáis avanzando. Lo sabréis cuando alcancéis Ese Estado. Es probable que no seáis conscientes de los progresos sutiles que estáis haciendo. En consecuencia, no os detengáis. No perdáis vuestro entusiasmo, mantened vuestro coraje. Continuad pacientemente y esperad a que llegue la Gracia del Gurú o de Dios.

Pregunta: ¿Qué es la Gracia?

Amma: Hijos míos, la Gracia es un factor misterioso. Nadie sabe cuándo, cómo y dónde será concedida. Los seres humanos no tienen ningún control sobre ella. Podéis y debéis hacer el esfuerzo, y después esperad. El factor decisivo es la Gracia. Ella se encuentra en las manos del Gurú, en las manos de Dios. Nuestra experiencia nos muestra que muchas cosas por las que realizamos un gran esfuerzo no se materializan. Es debido a la ausencia de la Gracia. Sabemos igualmente que muchas cosas suceden sin ningún esfuerzo. Es porque la Gracia está presente.

Un piloto puede hacer un gran esfuerzo para llevar el avión a su destino, pero el que lo consiga o no depende de la Gracia.

Después de todo, el avión no deja de ser una máquina. Puede sucederle alguna cosa en cualquier momento. Algo puede dejar de funcionar. El piloto no tiene el control sobre él. Las autoridades del aeropuerto y los ingenieros lo comprobarán todo antes de la salida y dirán: "Listo para despegar" ¿Pero quién puede garantizarlo? Nadie puede hacerlo. El piloto puede ser un experto, pero no tiene el control de todo el aparato, ni de cada una de las piezas. Es pues la Gracia quien nos lleva al destino y no el piloto. Ciertamente el piloto juega un papel importante, pero el factor decisivo es la Gracia. Todos hemos oído numerosas historias de aviones que han escapado misteriosamente de un terrible accidente, aunque el piloto haya perdido todo control del aparato. También hay historias de aviones que se han estrellado cuando el piloto ejercía un buen control y todo parecía estar en orden. De nuevo, es la Gracia la que actúa como factor determinante. Por tanto, haced los esfuerzos necesarios y esperad pacientemente.

Entregarse a un Gurú es el mejor medio para alcanzar esa Gracia. La obediencia y la fe en el Gurú y en sus palabras nos harán suficientemente aptos para recibir esa Gracia.

Supongamos que no conocemos el malayalam (la lengua de Kerala). Eso quiere decir que por lo que respecta a esa lengua somos como un niño que no la habla. Para aprenderla, deberemos seguir y obedecer las instrucciones de un profesor, aceptando que en esta cuestión somos como un niño. Sólo entonces podremos aprender esa lengua. De la misma forma, los que son ignorantes en materia de espiritualidad deberían acercarse a un Gurú con la inocencia de un niño, aceptando el hecho de que no conocen nada sobre espiritualidad. La actitud errónea que consiste en decir "yo sé", obstaculiza el flujo del conocimiento espiritual y de la Gracia que emana de Dios. Sin aceptación y sin entrega, no se puede alcanzar la Perfección. Es como si un niño dijera: "Yo ya sé todo eso y tú no tienes necesidad de enseñármelo". Si lo hiciera así, rechazaría el verdadero conocimiento que le transmite el profesor. Se cerraría a ese conocimiento. Sus prejuicios le impedirían ser receptivo. Cuando estamos en presencia de un Maestro auténtico, debemos aceptar nuestra ignorancia y entregarnos completamente al Gurú.

Pregunta: Amma, ¿por qué hay tanta diferencia entre la antigüedad y la época actual?

Amma: En el pasado, las personas eran desinteresadas, y ahora son completamente egoístas. Esa es la razón. Hijos míos, en otro tiempo las personas tenían las mismas necesidades que hoy. Tenían necesidad de alimento, ropa y vivienda. Recibían igualmente una educación. Practicaban los juegos, las artes y los deportes. Su civilización era desarrollada. Ellos también llevaban una vida familiar y criaban a sus hijos. La diferencia es que su modo de vida no se centraba exclusivamente en el mundo exterior, sino también en el mundo interior. No vivían sólo para adquirir y poseer riquezas sino también para conocer a Dios. Tenían auto-control y disciplina interior. Siempre procuraban desarrollar buenas cualidades como la verdad, la compasión, el amor, la renuncia y la paciencia. Se preocupaban tanto de su propia familia como de toda la sociedad. Todos sentían que realmente tenían un deber con la sociedad y lo cumplían sinceramente y de buen grado. Pero el mundo actual es exactamente lo opuesto. A causa de su naturaleza egoísta y egocéntrica, la gente ha hecho de este mundo un infierno. Antes, el mundo era como un paraíso. Ahora nos señalamos todos con el dedo. Criticamos y acusamos a los demás de arrogantes y egocéntricos. No podemos soportar el ego de los demás. Hijos míos, ¿qué decir del nuestro? No pensamos jamás en él. Pensamos que nuestro ego no es un problema, sino que las dificultades las crean los egos de los demás. ¡Qué extraña actitud! En realidad, es nuestro propio ego el que crea los problemas en nuestra vida, no el de los otros. Nuestro ego debería convertirse en una carga para nosotros, pues sólo entonces intentaremos desembarazarnos de él. Ahora, pensamos que nuestro ego es un adorno. Esta impresión nos incita a conservarlo como algo precioso. Igual que sentís que el ego de los otros os es insoportable, también vuestro ego les resulta insoportable a ellos. Intentad, por tanto, eliminarlo. En otro tiempo, las personas consideraban cualquier trabajo que hicieran, como un medio de atenuar sus vasanas, e incluso la vida familiar tenía esa meta. Hoy en día, las personas aumentan sus propios vasanas actuando con arrogancia y egoísmo.

Se dice que la mente humana se vuelve seca y estrecha a medida que aumenta sus ataduras con el mundo. Una persona se eleva y evoluciona cuando su mente se vuelve expansiva. Pero cuando la mente se vuelve estrecha, la naturaleza física también se ve afectada a causa de la actitud egoísta, de excesiva indulgencia y falta de moderación. La estatura de los seres humanos disminuye rápidamente con relación a la antigüedad. En otro tiempo, las personas tenían una estatura magnífica y eran fuertes, mental y físicamente. En el pasado, ¡qué altos eran los estudiantes de secundaria! Pero hoy, ¡qué pequeños son incluso los estudiantes de licenciatura o de maestría! En el futuro, la estatura humana disminuirá. No hay una mentalidad abierta, simplemente estrechez y egoísmo. Esto será la causa de una disgregación tanto mental cómo física.

Amma se detuvo ahí. Eran las cinco. Los estudiantes parecían muy felices. Todos se sentían cautivados. El mayor tomó la palabra: "Amma, perdónanos si te hemos hablado con egoísmo. Te ruego que perdones nuestra ignorancia".

Otro muchacho dijo: "Amma, reconozco que he venido a verte sólo por curiosidad, pero ahora que me has abierto los ojos, intentaré conservar este espíritu".

Otro estudiante añadió: "Amma, yo no tenía verdaderamente ninguna fe en las personas y en la vida espiritual. Era muy crítico al respecto. Pero ahora has despertado el interés en mí. No olvidaré nunca las enseñanzas que nos has transmitido hoy". Amma fue hacia ellos y acarició la frente de cada uno con mucho amor y afecto. Ella dijo: "Hijos míos, Amma se siente muy feliz de veros. Venid cuando queráis. Sois las flores perfumadas del mañana. Desarrollad un buen carácter e intentad hacer algo en beneficio de la sociedad". Se postraron todos ante Amma y partieron.

Amma descendió la colina hasta el estanque, y caminó sola a su alrededor. Al cabo de unos minutos, su voz melodiosa llenó la atmósfera con un canto en honor a Krishna, *Nilakadumbukale...*

¡Oh árbol azul de Kadamba!,
Has visto tú también a mi Kanna
Cuya tez es azul oscura.

Amma entró en éxtasis. Gayatri y algunas otras personas descendieron y observaron a Amma de lejos. Ninguna se aproximó. Los pasos de Amma eran vacilantes, a diferencia de su voz que era bien sonora. Después siguió con la segunda estrofa:

¡Oh aguas del río Yamuna!,
¿Habéis oído la nota melodiosa y encantadora
De la flauta de mi Krishna bienamado?

¡Oh animales y pájaros!
¿Por qué miráis alrededor
Como si buscarais a alguien?
¿Acaso buscáis como yo.

A las bienamadas gopis?
¿También estáis ardiendo en el fuego
Del atroz dolor de la separación
De Él, el ladrón de corazones?

Cuando la canción se acabó, Amma se estiró sobre la hierba. Perdió totalmente la conciencia de lo que le rodeaba. Gayatri y el Brahmachari Srikumar se aproximaron. Amma estaba totalmente en otro mundo, su cuerpo estaba inmóvil, sus ojos estaban entreabiertos y su rostro irradiaba una beatitud infinita.

La canción que acababa de cantar parecía reverberar en la atmósfera y despertaba una melancolía profunda en el corazón de los que la habían oído. Eran cerca de las cinco y media y el sol se sumergía suavemente en el horizonte. Una gloriosa mezcla de nubes de color amarillo oro y rojo peinaba el cielo de colores resplandecientes. Su reflejo en el agua del estanque creaba un juego de luces y sombras danzantes. El dulce canto de un ruiseñor desde el bosque vecino acentuaba aún más la calma y la serenidad de la escena. Una brisa ligera sopló del oeste, como si fuera a despertar a Amma del *samadhi*, y acarició suavemente su cuerpo. Pequeños mechones de su numerosa cabellera ensortijada cayeron sobre su frente y danzaron con la brisa.

Así transcurrieron algunos minutos. Eran casi las seis. Ella permanecía estirada, mirando fijamente al cielo. A continuación extendió las manos e hizo una señal a Gayatri para que la ayudara a levantarse. Amma permaneció sentada allí un momento, se levantó y se puso a subir la colina.

Como de costumbre hubo sesión de *bhajans* a las seis y media. Amma también participó. A las ocho, se dirigió acompañada de todo el mundo al Vishnu Tirtha para meditar durante cerca de una hora. Poco después de las once, Amma y todo el grupo se retiró a descansar.

17 de marzo de 1984

La noche anterior, antes de irse a acostar, Amma había pedido a cada uno que fuera a meditar cerca del Vishnu Tirtha por la mañana. Todos los miembros del grupo se reunieron allí antes del alba. Amma estaba cerca del lago, sentada bajo el bananio. Los *brahmacharis* y los devotos se sentaron alrededor del Vishnu Tirtha para meditar. El sol se levantaba lentamente por el horizonte. La meditación continuó durante cerca de una hora y media. A continuación todo el mundo fue a sentarse bajo el bananio, alrededor de Amma. Cerca de Amma había algunos frutos de bananio que ella distribuyó entre los *brahmacharis* y los devotos.

Uno de los devotos comentó: "Lo que Amma nos da es el fruto del conocimiento". Otro añadió: "El fruto de nuestra meditación se nos concede nada más acabar".

Amma: Dejad de decir estas cosas. Malgastáis lo que habéis ganado haciendo comentarios inútiles. Guardad silencio algunos minutos.

Después de eso, nadie dijo ni una palabra durante un buen rato.

Hacia las ocho, llegaron dos devotos procedentes de Kanvashrama, que querían visitar a Amma. La intensidad de los rayos del sol había aumentado. En ese momento llegó un muchacho de unos quince años con un gran cuaderno en sus manos. Había sido enviado por una institución espiritual vecina que dirigía un orfanato. Durante la visita de Amma a la institución, se habían olvidado de pedirle que escribiera algunas palabras de felicitación en su libro de oro. Por ese motivo se lo habían enviado aquel día para que Amma escribiese un mensaje.

Al igual que una madre, Amma se mostró amorosa y afectuosa con el muchacho mientras conversaba con él. Le preguntó su edad y qué curso seguía. Amma dijo: "Tienes aspecto de ser muy travieso. ¿Qué vas a conseguir con todas esas travesuras? Vas a acabar teniendo problemas. Por tanto, hijo mío, deberías estudiar de manera aplicada y ser un buen muchacho. ¿De acuerdo?"

El muchacho movió la cabeza con entusiasmo mostrando su conformidad con lo que le había dicho Amma.

El muchacho: Amma, me gustaría tener tu dirección
Amma: Amma no tiene ninguna dirección.

Amma tomó el cuaderno de las manos del muchacho y empezó a escribir sobre una de las páginas:

Mis queridos hijos,

Vuestra felicidad es la salud de Amma. Que la actitud de servicio desinteresado de los hijos dure para siempre. La compasión que mostráis hacia los pobres y los necesitados es el verdadero deber hacia Dios. Ese es el verdadero servicio. Dios no necesita nada de nosotros. ¿Qué podemos dar al Uno Siempre Pleno? El universo entero le pertenece. El sol no necesita una vela de cera. Una bombilla eléctrica no tiene necesidad de una lámpara de petróleo. Estos pequeños huérfanos son semejantes a Dios. Dios reside en aquellos que tienen la actitud de "No tengo a nadie más". Eternamente benditos y bienaventurados son aquellos que los cuidan desinteresadamente. ¡Que el servicio desinteresado de los hijos sea eterno!, queridos hijos.

Un devoto anotó sobre un papel la dirección del ashram y se la tendió al muchacho diciendo: "Aquí tienes la dirección de Amma".

Un devoto: ¿La escritura de Amma es bastante clara?

Otro devoto: Hace falta que comprendamos claramente el significado de lo que Amma ha escrito.

Amma: No hace falta leer con el intelecto las palabras que Amma ha escrito. Hace falta esforzarse para leerlas también con el corazón.

Un devoto quería tomar una foto de Amma y le pidió permiso. Amma le contestó:

Amma: Un sadhak no debe permitir que otros lo fotografíen. Con cada foto se pierde un poco de nuestro poder, igual que un feto se ve afectado si le hacen radiografías a una mujer embarazada. Si Amma te autoriza a fotografiarla, los hijos (brahmacharis) harán lo mismo en el futuro. Por ese motivo Amma no autoriza a que la fotografíen inútilmente. Por lo que respecta a ella, Amma no tiene nada que perder o ganar.

Pregunta: Amma, ¿qué esperas de tus hijos?

Amma: Nada. Amma no espera nada. Si tienes la impresión de que Amma espera algo, es con el fin de llevarte más allá de toda espera. Es por ti, y no por ella. Un padre o una madre aceptan todo lo que les da su hijo, aunque se trate de algo insignificante, ya sea una piedra, un juguete o una pelota. Al hacerlo, el padre y la madre no ganan nada, ni esperan nada a cambio. Sin embargo, aceptan todo lo que el hijo pueda darles, por pequeño e insignificante que sea, simplemente lo aceptan para satisfacción del hijo, y no porque deseen que el hijo les dé el juguete o la pelota. Cuando el hijo da con toda inocencia una pelota al padre, éste la acepta sin más, pues no puede rechazarla. Cuando el hijo ofrece a la madre un trozo de pastel que ha estado mordisqueando y que tal vez esté lleno de polvo o arena, la madre se lo comerá, pues no puede rechazar esta expresión de amor. Lo que el hijo ofrece es una expresión de su amor por su madre. Ella no espera nada del hijo y acepta el trozo de pastel aunque no tenga ganas de comer o esté completamente sucio. El amor verdadero no puede ser rechazado. El amor de un hijo es verdadero porque es inocente. No hay ninguna expectativa en el amor verdadero. Se limita a fluir como un río. De la misma forma, cuando ofrecéis alguna cosa a Amma, lo hacéis para expresar vuestro amor, ¿no es así? Amma acepta vuestro amor, vuestro corazón, y no porque lo esté esperando sino porque no puede rechazarlo. Cuando ofrecéis algo de todo corazón, Amma no puede negarse, pero ella no lo espera. No importa lo que ofrezcáis, pues lo que Amma acepta es vuestro corazón.

Suponed que uno de sus hijos prepara para Amma un determinado postre. Mientras lo prepara, pensará todo el tiempo en Amma, soñando en cómo le gustará a Amma este plato tan especial, en cómo se lo comerá, etc. Y cuando esta persona lleve a Amma este exquisito manjar, ella no lo podrá rechazar porque ha sido cocinado con amor. Es el corazón de esa persona lo que se ofrece. ¿Quién puede rechazar el amor puro e inocente? Y tanto si se acepta como si no, el amor puro continúa fluyendo.

Amma actúa así porque no puede hacerlo de otro modo. Amar es su naturaleza, servir es su naturaleza. Ella no espera nada a cambio. Pero si sientes que Amma espera algo de ti, eso te animará a hacer buenas obras y a progresar espiritualmente.

Krishna no esperaba nada de los Pandavas. Todo lo que hizo fue por el bien de ellos, pues no podía hacerlo de otro modo. Era su naturaleza. Intentó corregir a los Kauravas e intentó evitar la batalla. Hizo todo lo que estaba en su poder para detenerla, pero los Kauravas lo rechazaron. Los Pandavas lo aceptaron, y por eso Él estuvo del lado de los Pandavas. Dado que los Kauravas lo rechazaron, Él no podía estar con ellos.

Amma se levantó para caminar hasta el pie de la colina, en dirección a la ermita donde vivía. Por el camino se encontró con algunos devotos que acababan de llegar y, entre ellos, se encontraba la señorita D Iba con su padre y su tío. Amma se detuvo y llamó afectuosamente a cada uno de ellos para darles su *darshan*. Después empezó a descender por la colina, seguida de todos los devotos. Amma vio de pronto un pájaro chakora (perdiz griega) posada sobre una de las ramas de un anacardo. Amma se detuvo de pronto y, extendiendo los brazos hacia el pájaro, gritó: "Oh, Oh, Oh, Amma, Amma, Amma,." emitiendo sonidos no habituales. Luego cerró los ojos y permaneció inmóvil algunos segundos, ejecutando un *mudra* divino con los dedos de su mano derecha. Ella dibujó numerosas veces un movimiento circular con su índice y murmuró el *mantra* familiar: "Shiva, Shiva."

Cuando llegó a su cabaña, Amma entró en su dormitorio. Lo devotos seguían encantados con el paseo que habían hecho con Amma y permanecieron algún tiempo delante de la ermita, antes de dispersarse para volver a sus habitaciones.

Hamsa, que dirigía el Kanvashrama, estaba en Madrás y había confiado a Markus la responsabilidad del ashram. Markus era muy devoto de Amma. Se sentía completamente feliz de que Amma estuviera en Kanvashrama y, con gran entusiasmo, se movía por todas partes para asegurarse de que a ningún devoto le faltara nada.

Aquella mañana todos tomaron el desayuno a las nueve y media. La Santa Madre apareció nuevamente a las once. Se paseó por las colinas seguida de todo el grupo e iba cantando *bhajans* de vez en cuando. A veces entraba en *bhava samadhi*, hablando, riendo y haciendo preguntas como una niña inocente: "¿Por qué tienen tantos colores las alas de las mariposas?", o "¿podéis decirme cómo se transforma un capullo en flor?" En otras ocasiones, llamaba en voz alta "¡Shiva!" o "¡Amma!" mientras caminaba mirando fijamente el cielo o se detenía para observar una flor o una mariposa. A veces, se paraba para descansar. De esta manera hizo que todos caminaran, y no sólo por aquellas colinas sino también por los ensueños de sus mentes, permitiéndoles olvidar el mundo exterior y todos sus problemas.

A las doce y media, Amma y los devotos regresaron. Ella pidió a los *brahmacharis* que sirvieran la comida. Después de la recitación habitual de la *Srimad Bhagavad Gîta*, empezaron a comer. Como una madre alimenta a sus hijos pequeños, Amma puso una bola de arroz con sus propias manos en la boca de cada uno, y luego se retiró a su dormitorio.

Después de los tres días pasados en Kanvashrama, el grupo se preparó para viajar a Vallickavu. Cada uno hizo sus maletas y todos se encontraron alrededor las tres ante la cabaña de Amma.

Era primavera. Los árboles y las plantas estaban cargados de magníficas flores olorosas de diferentes colores. El día era claro y soleado, pero no hacía demasiado calor. La joven estudiante, la señorita D. parecía muy pensativa y triste. Estaba sentada en un rincón del porche delante de la cabaña de Amma. La joven se encontraba sola con la barbilla apoyada en la palma de la mano. Salió de su sopor al oír la voz de su tío: "Levántate, vayamos a postrarnos ante Amma para despedirnos antes de que parta".

La señorita D se levantó y permaneció en pie al lado de su padre, con los ojos fijos en la puerta de la cabaña de Amma. Transcurridos unos quince minutos, Amma dijo que le gustaría nadar en el estanque antes de irse. Llamó a todas las *brahmacharinis* y les pidió que fueran con ella. Todas se pusieron contentas, pues tener la oportunidad de nadar con Amma no era nada habitual.

De repente, la joven señorita D. dio un salto adelante y apretó fuertemente a Amma en sus brazos. Amma respondió a su abrazo preguntándole afectuosamente: "Hija mía, ¿qué te ocurre?"

Entre lágrimas, la señorita D. contestó: "Amma, no quiero volver a mi casa. No puedo estar lejos de ti, ni siquiera un segundo. Te lo ruego, Amma, no me abandones." El padre y el tío estaban sorprendidos, como si los estuvieran golpeando para fundirlos. Se quedaron atónitos y palidecieron. Hizo falta algunos instantes para darse cuenta de la gravedad de la situación.

Sonriendo, Amma acarició la frente de la joven y dijo con una voz muy dulce: "Hija mía, ve ahora con tu padre y tu tío. No los pongas ante un dilema".

La señorita D. dijo con mucha determinación: "No, no volveré. Quiero ir contigo". la joven no dejaba que Amma se moviera. No aflojaba su abrazo ni un centímetro. El padre y el tío estaban en un gran apuro. Querían reprender a su hija pero, al mismo tiempo, su devoción por Amma les impedía tomar a su hija por la fuerza. El padre dijo con una voz muy calmada y dulce: "Más adelante iremos a ver a Amma al ashram de Vallickavu. Volvamos ahora a casa".

La señorita D. contestó con dureza: "¡No!" Su tío intentó calmarla: "No seas testaruda y piensa en tu madre. ¿Qué le diremos cuando lleguemos a casa?" La señorita D. seguía inquebrantable: "No me iré. Mi madre está aquí". No era posible hacer que cambiara de parecer. Rechazaba alejarse lo más mínimo de Amma. El padre y el tío miraban a Amma con un aspecto desamparado. No podían llevarse a la señorita D. a la fuerza, ni partir sin ella.

Finalmente, Amma condujo a la señorita D al estanque. El padre y el tío se quedaron esperando con la esperanza de que Amma le hablara y la convenciera. Pasados unos minutos, el ambiente cambió por completo. Los devotos podían oír el ruido de los chapuzones en el agua y, entre los mismos, la risa feliz de Amma. Luego Amma alzó la voz, y las muchachas repitieron a coro: Srishtiyum niye.

Tú eres la Energía y la Verdad,
¡Oh Diosa! ¡Oh Diosa ¡Oh Diosa!
Tú eres el Creador del Cosmos,
Tú eres el Principio y el Fin
Tú eres la esencia del Alma individual,
Tú eres también los cinco elementos.

Algunos devotos parecían un poco tristes. Uno de ellos dijo: "¡Qué mala suerte! En estos momentos me gustaría ser una mujer para poder bañarme con Amma. Me siento desafortunado y excluido".

Kanvashrama resonaba con la voz divina de Amma. Numerosos devotos, hombres y mujeres, estaban sentados en un lugar elevado, al otro lado de la colina. Su atención estaba centrada por completo en la voz de Amma que se alzaba desde el estanque. Ningún ruido turbaba el ambiente. Los gorjeos de los pájaros y los cantos emocionados de Amma eran los únicos que daban vida a la atmósfera del ashram. Todos se sentían bien alegres y felices. Todos salvo el padre y el tío de la señorita D.

Después del baño, Amma se sentó sobre un escalón de cemento del estanque y le dijo a la señorita D.: "Hija mía, debes reflexionar todavía más antes de tomar una decisión final. Este no es un camino fácil. No seas impaciente. Regresa a tu casa y reflexiona con calma. Mira, tu padre y tu tío se encuentran en un apuro. Tú haces que estén preocupados. No pueden regresar a casa sin ti. Tu madre también estará triste. ¿Cómo se sentirá cuando sepa que te has ido? Y, sobre todo, si abandonas tu casa dándoles la espalda a tus padres, eso ocasionará una mala reputación para Amma y para el ashram. Puedes venir a ver a Amma al ashram con tus padres. Pero, ahora, debes volver a tu casa."

La señorita D contestó: "No, no iré. Quiero estar contigo." Tras estas palabras, guardó silencio. Parecía determinada y firme. No estaba conmovida lo más mínimo, ni dejaba entrever ningún nerviosismo. Parecía sosegada y tranquila.

Para desempeñar su papel con sinceridad y adecuadamente, Amma procuró utilizar otros medios. Llamó a algunos de los más antiguos *brahmacharis* para que le hablasen. Hizo venir también a su padre y a su tío. Siguió una larga discusión, en la que cada uno intentaba exponer a la señorita D. los diferentes aspectos del problema. Ella seguía tranquilamente sentada, impasible, como si aquella discusión no le concerniera. De tanto en tanto, se volvía hacia Amma y le decía con dulzura: "No, yo no iré".

Se hacía tarde. Amma debía volver al ashram de Vallickavu aquel mismo día. Ya había pasado la hora prevista para la partida. El problema de la señorita D. no estaba todavía resuelto. Ella parecía bastante difícil de convencer. Finalmente, Amma le dijo al padre y al tío: "No os preocupéis, volved a casa. Antes de regresar al ashram, Amma irá a vuestra casa con la señorita D.".

El padre y el tío partieron.

Más tarde, en el transcurso del viaje, se aclararon muchos aspectos relativos a la señorita D. Tenía una gran devoción desde muy joven. No había leído otra cosa que libros espirituales y practicaba con regularidad *japa* y *dhyana* en casa. Había dicho muchas veces a sus padres: "Me haré *sannyasin* y no permitiré que me hagáis contraer matrimonio".

Siguiendo su propia inclinación y voluntad, la señorita D. eligió los estudios de filosofía para su licenciatura. Cuando dos días antes, se encontró a Amma por vez primera en Kanvashrama, se sintió irresistiblemente atraída por ella y decidió abandonar el mundo, aceptando a Amma como su Gurú. Sentía con gran fuerza que Amma era la encarnación de Kali, la Madre Divina. Valorando su estado anímico, Amma no le había dado a la señorita D. la oportunidad de hablar con ella. Amma también se percató de que esta joven estaba dotada de una muy buena disposición espiritual, y por eso dijo: "Amma esperaba que sucediera esto desde el primer día que la vio. ¡Una joven con tan buenas inclinaciones espirituales! Como Amma sabía que ocurriría, evitó voluntariamente la oportunidad de hablar con ella".

Al volver a casa después de su primera visita a Amma, la señorita D. se preparó para dejar su familia y tomar *sannyasin*. El día diecisiete por la mañana dejó su casa diciendo que se iba a la universidad. Se desprendió de todas sus joyas de oro y las dejó en su casa, no llevando consigo más que las ropas que llevaba puestas. En lugar de dirigirse a la universidad, la señorita D. se dirigió a Kanvashrama. De camino, se encontró frente a frente con su padre y su tío que iban por otro lado también en dirección a Kanvashrama para recibir de nuevo el *darshan* de Amma. Se sorprendieron al verla y cuando se enteraron de que también quería ver a Amma, continuaron juntos su camino hacia Kanvashrama. El padre y el tío de la señorita D eran proclives a la espiritualidad y no se opusieron a que ella también fuera a ver a Amma. En efecto, el padre de la señorita D tenía la costumbre de llevarla a escuchar charlas espirituales. Si hubieran sabido que las cosas iban a precipitarse de aquella forma, seguramente no la habrían acompañado a ver a Amma. De nuevo, Amma se dirigió a la señorita D.

Amma: Hija mía, el conocimiento del mundo externo y la educación también son necesarios. Cuando hayas acabado tus estudios podrás venir a vivir al ashram. Además, tu padre es una persona instruida en textos sagrados y su devoción no es ciega. Conoce los principios esenciales de la religión y, por tanto, no te impedirá llevar una vida espiritual. Pero tu madre no es así. Gritará y armará un escándalo en vuestra casa, agravando las cosas. Se dice que cuando el gran Suka renunció a todo y se hizo sannyasin, Vyasa, que era a su vez una gran alma, corrió tras él llorando y vociferando: "¡Hijo mío!" Tal es el poder de maya. ¿Qué decir entonces de las reacciones de la gente corriente? Ningún padre, aunque él mismo fuera sannyasin, permitiría que su hijo se hiciera monje. Tu madre es la que te ha dado la vida, ¿no es así? Por ese motivo, ella no será capaz de soportar tu partida.

Un devoto (refiriéndose a Amma): La madre que te ha dado la vida está sentada ahí, justo delante de nosotros. (Todos rieron, incluso Amma).

Al final, el vehículo que llevaba a Amma y a sus hijos se dirigió hacia el norte. El portaequipajes sobre el techo iba lleno de maletas. Los transeúntes y las personas al borde del camino miraban con aspecto intrigado este enorme equipaje sobre el techo del vehículo. Al arrancar, Amma había dicho en broma riendo: "Este es un viaje con sartenes y cazuelas. Somos mendigos". (Risas)

Durante todo aquel tiempo, la señorita D. permaneció sentada cerca de Amma, quien se mostró muy tranquila y perfectamente sosegada, como si no pasara nada. Los otros se preguntaban qué ocurriría cuando llegaran a casa de la señorita D. La joven parecía determinada, pero ¿cuál sería la reacción de la familia?

El vehículo se detuvo ante la casa de la señorita D. Allí estaban todos al corriente del incidente, puesto que el padre y el tío se habían adelantado al vehículo de Amma. Un pequeño grupo de personas se había congregado frente a la casa. La mayoría de ellos eran familiares, otros eran vecinos o transeúntes curiosos. La madre de la señorita D. lloraba, gritaba y se golpeaba el pecho. Salió corriendo de la casa y se encaminó hacia el vehículo, vociferando y lamentándose. Gritó dirigiéndose a su hija, que permanecía sentada en el interior: "Hija mía, tú no te irás. Antes tendrás que matarme!" El padre, el tío y otros familiares intentaron incluso obligar físicamente a la joven a salir del vehículo. A la señorita D. apenas le importaba lo que le decían o que intentaran sacarla a la fuerza, pues ella no se movía.

Amma: El ashram es una institución espiritual y no aceptará a esta hija sin la autorización de sus padres.

La señorita D: Amma, ¿es que tú me abandonas?

Amma: No, hija mía, nunca. Tú solo perteneces a Amma. Pero la gente no creerá que hayas escogido abrazar la vía espiritual por tu propia voluntad. Dirán otra cosa e inventarán incluso historias. Es mejor que vengas al ashram más adelante, con el permiso de tu padre y tu madre.

La señorita D. permanecía sentada en el vehículo, impasible. Finalmente, Amma bajó y le pidió que saliera con ella. La joven obedeció y Amma le cogió su mano y la llevó a la casa. Una vez en el interior, Amma dijo en voz alta: "Si hoy me llevo a la señorita D., todas estas personas irán por ahí diciendo lo que les parezca. Si ella está lo suficientemente decidida y destinada a volverse una *sannyasin*, así sucederá". Después Amma le explicó a la señorita D. el tipo de afirmaciones o comentarios que harían sobre ella y su familia, si Amma se la llevaba consigo en aquel momento. Los miembros de la familia se quedaron atónitos al oír las cosas que Amma decía, pues repetía exactamente lo que ellos mismos habían proferido en su contra, sin olvidar una sola palabra. (Nosotros fuimos informados más tarde por un devoto que se encontraba allí).

Mientras Amma salía de la casa, una persona comentó a sus espaldas: "¡Qué maravilla, esta Amma lo sabe todo! ¿No la habéis oído repetir todo lo que habíamos dicho aquí, sin olvidar una sola palabra?"

El vehículo reemprendió la marcha hacia el norte, dejando a la señorita D en su casa. Un devoto preguntó: "¿Es que quieren golpearla o hacerle mal?" "¡No!, ni siquiera la tocarán", contestó Amma con voz muy firme.

Mientras proseguía el viaje hacia el norte, el ambiente cambió y todos estaban alegres, llenos de entusiasmo. Amma incluso se elevó hacia las cimas de la beatitud cuando, en estado de éxtasis, cantó *Maname nara jivitam makum*

¡Oh mente!, este nacimiento humano
Es como un campo.
Si no se cultiva convenientemente,
Se vuelve seco y estéril.

Tú no sabes sembrar las semillas adecuadamente,
Ni hacerlas crecer bien,
Y tampoco tienes deseos de saber.

Eliminadas las malas hierbas y fertilizando,
Dando los cuidados apropiados,
Podrías tener una buena cosecha,

La primera parte de la vida
Se pasa llorando sin consuelo,
Y la juventud se pierde en apegos sensuales.

A medida que se acerca la vejez,
Te vas quedando sin fuerza,
Te vuelves como un gusano desamparado,
Sin nada que hacer, malgastando tu tiempo,
Sólo anhelas la tumba.

Amma cantó algunos otros *bhajans* a los que todos respondieron a coro. Eran tan inmensos su gozo y alegría que parecían haberse olvidado de que viajaban en un pequeño furgón. Todos absorbieron el flujo abundante de beatitud espiritual.

Al final de los *bhajans*, Amma dijo riendo: "¿Sabéis lo que la señorita D. dijo a Amma en voz baja a la salida de la casa, mientras su madre armaba tal escándalo gritando y lamentándose? Me dijo: "Amma, no se trata más que de una comedia que interpreta para ti. Esto no durará mucho". La señorita D. no es una mujer, sino un hombre. Permanecía impasible, aunque su madre estuviera llorando".

Mientras Amma hablaba, el vehículo se detuvo ante la vivienda de otro devoto. Amma pasó algunos minutos allí. Primero se dirigió al oratorio de la familia e hizo una pequeña *puja*. El hijo, que preparaba su doctorado en medicina, no quería seguir sus estudios. Deseaba ser *sannyasin* (renunciar al mundo), pero sus padres se oponían. Su hermana también tenía inclinaciones parecidas y sólo leía libros espirituales. Los padres estaban muy preocupados por el futuro de sus hijos. Amma consoló a cada uno y después subió de nuevo al vehículo. Después hizo el siguiente comentario.

Amma: Es verdaderamente extraño ver a las personas comportarse así. Preferirían dar antes a sus hijos al Dios de la Muerte que al sannyasa. ¡Qué pena! La era de Kali Yuga está en todo su apogeo. ¿Qué más se puede decir?

En el camino de vuelta había previsto otro programa en otra casa de un devoto. La vivienda no se encontraba en la carretera principal y el microbús tuvo que desviarse algunos kilómetros a través de pequeñas carreteras secundarias. A las nueve, el grupo de Amma llegó a la aldea. Los *brahmacharis* dirigieron el programa de *bhajans* mientras Amma permaneció en el vehículo. Gayatri y algunos devotos que eran padres de familia se quedaron junto a Amma. El devoto en cuya casa se celebraban los *bhajans* acudió rápidamente al microbús donde se encontraba Amma, y le pidió que fuera a santificar la casa con su presencia. Atendiendo al ruego del devoto, Amma entró en la casa donde fue recibida respetuosamente. Después se le acompañó al pequeño templo familiar, en donde un sacerdote estaba realizando una *puja*. Amma se sentó y se quedó observando lo que hacía.

Eran casi las once de la noche cuando, después de los *bhajans*, acabamos de cenar. En el momento de abandonar la casa, vimos a un monje predicando en el patio. Ya casi al final de su charla, se veía claro que seguía la vía del conocimiento.

Un devoto le dijo a Amma: "Se diría que el *swami* no tiene demasiado aprecio por la vía devocional".

Amma contestó: "No, no, no penséis eso. Estas son las cosas que ha dicho". Y Amma repitió en el mismo orden todos los puntos que el *swami* había abordado desde el inicio. El devoto, que había escuchado con interés el discurso del *swami*, se quedó maravillado. Ni él ni nadie habían visto que Amma prestara atención, durante todo el tiempo que habían estado presentes. Les había parecido que Amma había estado observando atentamente la *puja*.

Ya era medianoche cuando Amma y su grupo llegaron a Vallickavu. Cuando ella descendió del vehículo, dijo en voz alta: "Shiva. Aquí no hay agua por ninguna parte". Nadie podía comprender por qué había dicho aquello, todos se quedaron perplejos. Uno de los *brahmacharis*, no pudiendo contener su curiosidad, preguntó: "¿Por qué dices eso, Amma? ¿Cómo lo sabes si todavía no hemos entrado en el ashram?" Amma se limitó a sonreír y dijo: "Nada, es la locura, ¿qué otra cosa podía ser?"

Pero cuando llegaron al ashram se dieron cuenta del significado de sus palabras: Se dirigieron hacia los grifos para lavarse la cara y los pies, y comprobaron que no había ni una sola gota de agua. Ni siquiera en la cisterna. No había corriente eléctrica desde hacía dos días. Se alumbraron con velas para que cada uno pudiera ir a su dormitorio y acostarse. Hacia las doce y media, Amma también se dirigió hacia su dormitorio.

18 de marzo de 1984

A las siete y media de la mañana, Amma apareció en los primeros peldaños que hay junto al umbral de su dormitorio. Su cabellera negra y rizada estaba suelta y caía en cascada sobre su espalda, evocando los cabellos de Kali, la Madre Divina. Algunos residentes y devotos padres de familia se sentaron en la escalera para escuchar a Amma. El tema que se debatía era la posible admisión de mujeres en el ashram en calidad de aspirantes. Algunos no eran favorables a esta idea.

Amma: Con el fin de evitar los posibles obstáculos en la sadhana, se dice que los hombres y las mujeres aspirantes no deberían vivir en el mismo ashram. El problema es más simple si se trata de hijas dotadas de vairagya. Pero incluso en esos casos, siempre se debe permanecer vigilante. Como la atracción entre hombres y mujeres es natural, las trampas se presentarán si no se presta mucha atención. Las mujeres aspirantes deben tener un carácter viril. Antes, a Amma no le gustaba ser una mujer y solía preguntar a los vecinos: "¿Cuándo me volveré un hombre?" De todas formas, por lo que respecta al ashram, Amma está aquí para ocuparse de él. Por tanto, no hay por qué preocuparse.

Mientras proseguía la conversación, llegó Suresh, el hermano de Amma, y empezó a cortarle las uñas, pues habían crecido y las tenía muy largas. Amma no prestaba atención a estas cuestiones pues se sentía desprendida, al menos en lo que respectaba a su cuerpo. Algunas veces, Gayatri tenía que recordarle que se duchase, que comiera o bebiera en el momento oportuno, o bien que se acostase. Amma no prestaba mucha atención a sus cuidados personales, especialmente respecto al alimento y al sueño. Apenas comía o dormía.

Mientras Suresh continuaba cortándole cuidadosamente las uñas, Amma dijo:

Amma: Los Mahatmas hacen las reglas para los demás, y ellos no se ajustan a las mismas. Están más allá de todas las reglas y convenciones. Nada los ata.

Un devoto: A veces, he tenido ganas de recitar el Nombre Divino en voz alta mientras iba por la calle.

Amma: No deberías mostrar timidez alguna, ni vergüenza o falsa modestia por recitar el Nombre Divino. Invócalo en voz alta cuando tengas ganas. No te contengas. Deja que tu corazón se abra y fluya hacia Él sin ningún temor. Esas llamadas espontáneas te ayudarán seguramente a abrir el corazón.

Amma alzó los ojos y vio algunos niños transportando ladrillos para el ashram. Shivan, el hijo de Kasturi, la hermana mayor de Amma, estaba entre ellos. Amma elevó la voz y le dijo: "Shivan, lleva los ladrillos recitando Om. Om. Om." Después se puso a hablar sobre la educación de los niños.

Amma: Si cuando son muy jóvenes, se da una formación apropiada a los hijos, éstos no se descarriarán. Los padres deberían tomárselo con un interés personal. Son muchos los niños que siguen un mal camino por la escasa o mala educación que les han dado sus padres. El amor sin disciplina no es amor verdadero. Es simple apego. Un enorme apego, que se da en muchos padres por sus hijos y, particularmente, en las madres. De esa forma echan a perder a sus hijos. Los padres deberían formar hijos con buen carácter. Para lograrlo, los padres tienen que tener un carácter impregnado de una cierta pureza. Deben dar ejemplo. Un padre que fuma constantemente no puede aconsejar a su hijo que no fume. Al fumar él mismo, anima a que su hijo también lo haga. Un padre que se encoleriza con la madre, no puede pedir a su hijo que no se encolerice con su esposa. Una madre que se pasa todo el tiempo viendo películas, no puede aconsejar a su hija que no vaya al cine. Los padres ejercen una gran influencia sobre sus hijos. Si los padres son moralmente buenos, los hijos también lo serán, y sucede lo mismo a la inversa.

Imaginad dos muchachos caminando por la calle. Es posible que una persona que pase cerca los señale y diga a otro amigo: "Mira esos dos chicos. No he visto en mi vida muchachos tan arrogantes y malvados" Y su amigo puede que haga el siguiente comentario: "¡Oh!, nada tiene eso de extraño, pues sus padres son iguales. ¿Qué se puede esperar de unos padres así?" A veces también se oyen comentarios opuestos respecto a otros muchachos: "No es extraño que sean tan buenos, pues sus padres tienen muy buen carácter. Ciertamente, estos hijos han adoptado el carácter puro de sus padres".

En consecuencia, los padres deben estar muy atentos al trato que prestan a sus hijos. No darles todo lo que piden. Ellos no saben discernir. Si no utilizáis vuestro discernimiento cuando aceptéis sus deseos, los conduciréis hacia la destrucción. Cuando alimentéis su cuerpo, no olvidad alimentar también su mente disciplinándolos de modo correcto. Dadles un trabajo físico a vuestros hijos. Que suden y se esfuercen un poco cada día, para que no se vuelvan perezosos y no sirvan para nada. Ofrecedles la oportunidad de conocer el valor del trabajo.

Gayatri trajo un vaso de té para Amma. Cuando llegó se quedó de pie, detrás de Amma, con el vaso en las manos. Un devoto dijo suavemente: "Amma, el té. ¡Te ruego que te lo tomes antes de que se enfríe!" Amma tomó el té de las manos de Gayatri, bebió un sorbo y dijo: "Es suficiente". El devoto comentó: "Amma, apenas has tomado nada". "Si, es suficiente", contestó Amma y continuó hablando,

Amma: Los directores de un orfelinato vinieron a ver a Amma a Kanvashrama. Dijeron que tenían más de cuatrocientos niños. Los educan y les dan una formación profesional. Los niños pueden permanecer y continuar si lo desean. Algunos han seguido una vida familiar después de abandonar el orfelinato. Amma ha aconsejado a los responsables del orfelinato que enseñen también el Vedanta o que todos los días den una formación espiritual para permitir a los niños que se desarrollen interiormente. Así también podrán discernir entre lo eterno y lo no eterno. De esa forma, tal vez los huérfanos actuales no generarán nuevos huérfanos. No vivirán como los perros. Los perros comen, beben, procrean y crían a sus cachorros. Si los humanos viven de la misma forma, ¿dónde está la diferencia? Eso no es la vida, sino la muerte o algo parecido a la muerte. Los seres humanos están hechos para saber discernir. Por tanto, procurad vivir como seres humanos dignos de ese nombre, y no como animales.

Se supone que los seres humanos están muy evolucionados. Hasta los animales siguen una disciplina en su vida. Un león no comerá jamás hierba. Un ciervo o un elefante no comerán carne. No modificarán su rutina instintiva, pero los seres humanos son capaces de hacer cualquier cosa sin discernimiento. Abusamos de nuestro libre albedrío. Si en lugar de seguir el propósito de nuestra evolución espiritual, que es la razón de nuestra existencia, y actuar de acuerdo con ella, nos comportamos de forma indisciplinada e inmadura, seremos ciertamente peor que los animales. Si continuamos actuando de un modo indisciplinado, no haremos más que preparar el camino de nuestra propia destrucción.

19 de marzo de 1984

El mundo nació del verbo

Por la mañana temprano, el Brahmachari Unnikrishna realizaba la ceremonia diaria de adoración en el templo recitando los Mil Nombres de la Madre Divina. Algunos otros *brahmacharis* salmodiaban con él, produciendo así un sonido muy agradable al oído y al corazón.

Shivan, el hijo de Kasturi, con dos años, se paseaba alrededor con una imagen de la Madre Kali perteneciente a un *brahmachari*. Tenía una gran sonrisa en sus labios. En aquel momento Amma salió de su cabaña. Se sintió feliz de ver al niño con la imagen de Kali y le dijo: "Hijo mío, ahora reza a Devi de esta manera: Devi, por favor, haz de mí un *sannyasin*". Shivan repitió la frase y todo el mundo rió. Amma se volvió hacia los *brahmacharis* y dijo:

Amma: Mirad al muchacho y ved lo obediente que es. Ha hecho exactamente lo que Amma le ha pedido. Este es el tipo de obediencia y fe que debe tener un aspirante.

Shivan quería un columpio y se lo comunicó a Amma de forma inocente. Ciertamente, sabía a quien dirigirse. Amma pidió a uno de los residentes que le fabricase uno. Después Amma se dirigió de nuevo a Shivan: "Hijo mío, debes recitar Amma Narayana mientras te columpias, ¿de acuerdo? También debes meditar cuando estés sentado en el columpio, ¿prometido?" Shivan movió afirmativamente la cabeza. Un *brahmachari* llegó entonces y susurró algo.

Amma: Hijos míos, deberíais estar muy atentos al pronunciar cada palabra. Por el Verbo, el mundo fue creado. El mundo descansa en el Verbo. Al principio era el silencio absoluto, el silencio anterior a la creación. El silencio de la paz. En ese estado, la mente cósmica se encontraba entonces en la absorción total. Luego el

Verbo, el primer Verbo, rompió el silencio. Así emergió el mundo. Esta creación tiene lugar en cada uno de nosotros. Cada mente es un pequeño mundo. Hemos creado un mundo de pensamientos. Los pensamientos se transforman en deseos y los deseos, a su vez, mantienen el ciclo. En consecuencia, prestad atención cuando pronunciéis una palabra. Continuamos creando innumerables mundos con las palabras que pronunciamos.

La palabra de un padre de familia es como la arena, mientras que la de un *brahmachari* tiene pegamento. Los *brahmacharis* deben hablar con mucha prudencia.

Amma se sentó a continuación y se puso a lavarse los dientes con bolas de arroz tostado, mezcladas con sal y pimienta molida.

Amma: Las bolas de arroz tostado mezcladas con sal y pimienta molida son muy buenas para los dientes. Los dentífricos y otros productos llegaron más tarde. En otra época, las personas utilizaban productos naturales. En aquel tiempo, las personas vivían en armonía con la naturaleza, lo que les daba una buena salud física y mental. Pero ahora todo es artificial. Las personas han dejado de cooperar con la naturaleza y vivir en comunión con ella. Por ese motivo la naturaleza no coopera más con los seres vivos. Han contaminado la naturaleza y ya nada es natural. Todo es tóxico y está lleno de productos químicos.

En el mes de abril. Amma había previsto visitar Kanyakumari (Cabo Comorin) con los devotos. Una mujer había propuesto hacerse cargo de los gastos. Amma se enjuagó la boca e hizo el siguiente comentario sobre esta eventual expedición:

Amma: Nuestro viaje no supone ir de pic-nic por ahí. Se trata más bien de un viaje espiritual. Nadie debería hablar inútilmente. No intentéis encontrar los defectos los unos a los otros durante este viaje. Nada de charlatanerías. Nada de chismorreos. Si los hijos de los devotos nos acompañan, deben cumplir la rutina de los *brahmacharis*. Deben hacer *japa, dhyana, bhajans* y mantener conversaciones espirituales cuando corresponda. Todos deben participar sin falta. Si se realiza este viaje, no es para que derrochemos nuestra energía hablando, haciendo turismo o compras, sino para conseguir más energía. Acordaos de que este viaje con Amma se hace para detener los incesantes viajes de nuestra mente. Amma no emprende estos viajes por ocio.

Un *brahmachari* al que le costaba aceptar la teoría del Avatar, según la cual Dios desciende sobre la tierra adoptando forma humana para restaurar la rectitud, la justicia y la verdad, interrogó a Amma al respecto.

Amma: Hijo mío, ¿crees en la naturaleza omnipotente, omnisciente y omnipresente de Dios?

El brahmachari: Si, ciertamente.

Amma: Entonces, ¿por qué dudar de su naturaleza creadora? No hay nada que un Dios dotado de esas cualidades no pueda hacer, siempre que lo quiera o lo desee. Un ser humano corriente, dotado sólo de un cuerpo, de una mente y un intelecto limitados, no puede comprender nada sin el empleo de nombres y formas. ¿Podría, entonces, comprender a un Dios sin forma? Para dar a los seres humanos la experiencia de las cualidades divinas, Dios Sin Forma asume una forma. Los atributos divinos no tienen en sí mismos forma, color, ni sabor. Si Dios permaneciera sin forma, ¿quién iba a entenderlo?, ¿quién iba a inspirarse en Él? Seguiría como algo imposible, como algo que se tiene que forjar. Las Escrituras y las sentencias contenidas en las mismas estarían más allá de toda comprensión humana. Con el fin de explicar estas nociones concretas, Dios viene bajo forma humana para servir al mundo, amarlo y ofrecerle un ejemplo. Una forma humana es necesaria: Él asume, en consecuencia, un nombre y una forma de acuerdo con las necesidades de la época.

Si Dios es omnisciente, ¿por qué pones en duda que Él pueda asumir una forma y descender sobre la tierra para servir a la raza humana y restablecer la paz y la rectitud? Dios es sin forma, pero puede asumir cualquier forma en todo momento, como a Él le parezca bien. Es para jugar su *lila* como ser humano, que Dios adopta una forma. Se comportará exactamente como un ser humano, pero en su interior no olvidará nunca su verdadera naturaleza.

Sri Rama era la encarnación del Señor Narayana y ¿acaso no derramó lágrimas cuando Sita fue secuestrada por Ravana, el rey de los demonios? Sri Krishna murió atravesado por una flecha que lanzó un vulgar cazador, ¿no es cierto? Y Jesucristo, ¿acaso no fue torturado y tuvo que sufrir como un ser humano normal? Todos ellos eran Avatares y, una vez adoptada una forma humana, quisieron experimentar lo que sentían los seres humanos. Ahí radica su grandeza. Eligieron sufrir como un ser mortal siendo plenamente conscientes de su Divinidad. Esa es la mayor y la más maravillosa renuncia que puede realizar un *Mahatma*. Asume y acepta el sufrimiento por propia voluntad para el bien de los demás.

Además, podéis observar una diferencia evidente entre una persona liberada por las austeridades y una persona nacida divina, es decir una Encarnación. Una Encarnación lleva a miles de personas a cruzar el océano de la trasmigración. Es como un inmenso navío que puede transportar miles de pasajeros. Mientras que una persona que alcanza la Liberación, por medio de *sadhana*, no puede hacerlo.

Un Avatar se encarna con todos los poderes divinos y los manifiesta a un nivel muy elevado. Es consciente de su naturaleza divina desde el momento de su nacimiento. Incluso si hace alguna *sadhana*, no es más que para dar ejemplo a los demás. Posee un poder infinito y una energía inagotable. Por el contrario, aquel que trabaja para alcanzar la Realización del Ser por medio de *sadhana* evoluciona lentamente hacia ese estado. La diferencia es la misma que se da entre una persona nacida y formada en Bombay, natural de la zona, y uno que ha emigrado allí.

El brahmachari: (alegremente) Sí, está claro, ahora comprendo que Amma es un Avatar.

Amma: (riendo y divirtiéndose) No, no. Tu Amma no es un Avatar sino una hija loca que no sirve para nada.

El brahmachari: Sí, sí. tu *leela* como ser humano es realmente maravilloso. Eso no lo puedes negar. (En voz baja, como en secreto, le pregunta a Amma) Amma, te lo ruego, dime, ¿no eres tú un Avatar? ¡No sigas burlándote! (Amma se puso entonces a reír al ver la inocencia del *brahmachari*).

En ese momento llegó una paloma, como si no procediera de ningún lugar, y se posó cerca de Amma. Ella tomó unos granos de arroz inflado en su mano y el pájaro se puso a picotearlos en su misma palma. Como una niña inocente, miró el pájaro y, de repente, se puso a gritar: "Anandoham, Anandoham, Anandoham". (Soy la Dicha, soy la Dicha, soy la Dicha) Entró en *samadhi* mientras permanecía sentada allí con el arroz inflado en su mano derecha extendida. La paloma dejó de pronto de picotear y se quedó inmóvil, como si no quisiera molestar a Amma. Giró la cabeza de derecha a izquierda y no dejó de mirar el rostro de Amma. No se movió del lugar en el que se encontraba y no tomó más granos de arroz en su pico.

Pasaron algunos minutos y Amma bajó progresivamente de su estado de elevación interior. Todavía transcurrieron algunos minutos hasta que, finalmente, pareció volver por completo a su estado normal. Seguía teniendo la mano derecha extendida, sosteniendo el arroz. Para asombro general, la paloma volvió a picotear los granos restantes. Cuando hubo acabado, Amma cerró su mano y la retiró con estas palabras: "Esto es todo. Ahora, vuela". El pájaro alzó el vuelo inmediatamente. Los *brahmacharis* presentes se quedaron atónitos de admiración y maravilla. Uno de ellos comentó: "Este pájaro ha debido ser un *sadhak* o un devoto de Amma en su vida anterior". Se volvió hacia Amma y preguntó: "¿Amma, tengo razón?"

Amma sonrió y dijo: "¿Quién sabe? Tal vez sea así". Después de una breve pausa, continuó: "Algunos *avadhuts* y *tapasvis* pueden adoptar la forma que deseen. Esa podría ser la de uno de ellos que ha venido a vernos a todos juntos".

Otro *brahmachari* señaló: "Amma, si hubiera venido para vernos a todos, la paloma se habría posado sobre cada uno de nosotros. (Todos rieron). Pero se ha quedado junto a ti sin moverse ni un milímetro. Y no sólo eso, sino que no ha dado muestras de conocer a ninguno de nosotros, salvo a ti. (Todos reían cada vez más). "Eso quiere decir que te conoce. Nosotros, pobres criaturas, estamos excluidas, pues sólo ha venido a verte a ti, ¡no a nosotros!"

24 de marzo de 1984

Hoy algunas personas del este de Kerala han venido a ver a Amma y a visitar el ashram por vez primera. Estaban muy interesadas en encontrarse con Amma y conocer el ashram. Como eran sinceras y no tenían ideas preconcebidas, Amma contestó a sus preguntas con gran entusiasmo.

Pregunta: Amma, deseamos vivamente aprender más sobre el ashram. Cada uno dice una cosa sobre él. Al venir hacia aquí, hemos oído en el cruce de Vallickavu a unos cuantos que hablaban mal del ashram. No parecían ser muy creyentes.

Amma: Hijos míos, la mayoría de ellos creen en Dios. Van al templo y cumplen con el ritual. Una vez al mes, organizan en sus casas sesiones de lectura del Bhagavatam y del Ramayama. Pero estos hijos no saben lo que es un ashram y no comprenden demasiado el sannyasa. No conocen nada de los principios profundos de la religión y de la espiritualidad. Tienen conceptos erróneos. (Algunos jóvenes llegaron entonces y tomaron asiento). Por ese motivo Amma no los censura. Los aldeanos dicen que debe haber un fraude con todos estos extranjeros que vienen al ashram. Se preguntan cómo pueden venir todas estas personas sin que el ashram haga ninguna publicidad. (Con una sonrisa) Amma diría que es Dios, el ladrón. Él es el responsable del fraude. Él es el que hace todo esto. Se preguntan cómo hemos atraído a las personas por medios distintos al tipo de publicidad que ellos conocen de papel y tinta. Ellos sólo conocen aquello que su intelecto puede percibir y comprender. No saben nada del plano que está más allá del intelecto humano y no quieren hacer ni un mínimo esfuerzo por adquirir alguna noción. Utilizan un método fácil para evitar las ideas sobre espiritualidad al criticarlas y rechazarlas sin tratar de conocerlas mejor. No pueden concebir nada más allá de este mundo físico. Todo su saber queda encerrado en los límites de su percepción. No se les puede censurar, pues la naturaleza humana es así.

El ashram, un lugar para los tyagis (renunciantes)

La Santa Madre continuó.

Amma: Ellos dicen que este es un lugar para aquellos que buscan el placer. Que vengan a verlo y, entonces, entenderán que es un lugar para los tyagis, y no para los bhogis. Ya sabéis lo placentera que es la vida de estos hijos que vienen de occidente. Pero, una vez que vienen aquí y siguen las normas del ashram, abandonan sus malos hábitos y sus antiguas formas de ser. Son felices y se contentan con arroz hervido como único alimento, y aceptan dormir en chozas de hojas de cocotero. Como los otros residentes, se acuestan incluso en el suelo. Hacen sinceramente su sadhana y están contentos. De hecho, su renuncia es auténtica, pues lo tenían todo, el confort y los placeres materiales. Vivían rodeados de todo eso. Si lo desearan, podrían regresar y volverse a sumergir en su mundo de confort. Amma no insiste nunca para que alguien siga este camino. Sin embargo, ellos han renunciado a los objetos de placer y han elegido llevar esta dura vida. Vosotros no miráis la televisión porque quizás no tengáis ninguna. La verdadera renuncia se da cuando os abstenéis de mirarla a pesar de tenerla.

Hubo un tiempo en que no había nada en el ashram. Amma presta mucha atención para que nada se pida o se busque. Hasta ahora no ha habido ningún problema. Amma no duda en que todo lo conseguido es obra de Dios. Si debéis morir de hambre, eso también será su voluntad. Es lo que Amma intenta enseñar aquí. Amma quiere ser un ejemplo para sus hijos. Ella no irá tras los faldones de los ricos. Si Amma no da ejemplo, mañana serán sus hijos los que vayan corriendo tras aquellos que tienen dinero. Amma se inclina ante un carácter noble, pero no ante la riqueza.

Cinco o seis *saippu makkal* (hijos extranjeros) han venido hasta aquí. Todos son muy ricos, pero Amma no quiere su dinero. Amma les dijo: "Depositad el dinero a vuestro nombre". ¿Sabéis por qué? Porque si ellos lo trajeran aquí, puede despertarse en sus mentes cierto egoísmo pensando que es su dinero el que se está gastando. Queremos evitar esa situación. Los hijos que residen aquí se preguntan cómo vamos a vivir, pero Amma les dice que Dios cuidará de todo. Sí, Él cuida de todo ahora y continuará haciéndolo realmente en el futuro. Aunque haya cien hijos aquí, deben vivir juntos como una sola familia. El amor y el respeto mutuo deben ser el elemento primordial. Es lo que Amma desea. Nadie debe ser molestado aquí. Una parte de lo que poseemos también se les da a las personas que vienen del exterior. No los vemos distintos de nosotros. Si no hay nada más, comeremos hojas pues también alimentan. Algunas hojas contienen muchas vitaminas. Las hojas que no usamos aquí, se usan en otros lugares, ¿no es así?

Si se presenta una situación en la que debemos vivir comiendo hojas, los hijos que vivan aquí también estarán preparados para hacerlo. Este es un lugar para los *tyagis*. Hijos míos, sólo los *tyagis* serán bienaventurados. Por tanto, este lugar no es para aquellos que buscan placer. Es posible que la comida servida aquí carezca de sal o de otros condimentos, pero no puede ser de otra forma. Antes de venir, todos tomaban sabrosas comidas. De ahora en adelante, que vivan renunciando al sabor. Renunciar al sabor les ayudará a conseguir el sabor supremo, el sabor del Atman.

Hijos míos, las personas que critican al ashram no pueden ser de otro modo, porque esa es su naturaleza. De noche, las ranas croan y los grillos cantan. Nadie permanece despierto diciendo: "No consigo dormir con este ruido". Esa es la naturaleza propia de estos animales, son así y no pueden ser de otro modo. De igual modo, las personas que critican al ashram no pueden actuar de forma contraria a su naturaleza. Ignorad sus palabras y rogad por sus almas.

Pregunta: Amma, cuando vemos el sufrimiento del mundo, algunas veces pensamos que Dios es muy cruel.

Amma: Es lo que dice todo el mundo. Nuestro sufrimiento está creado por nuestras propias acciones. Somos nosotros los únicos responsables. Dios no es de ningún modo responsable. Es necesario poseer algo de discernimiento para comprenderlo. Supón que te encolerizas con tu esposa y la abofeteas. Después de eso, tu mente se verá alterada. Te sientes muy triste por haber golpeado a tu esposa y, ciertamente, sufres. Pero, ¿de dónde procede la ira? Procede de ti, ¿no es cierto? ¿Por qué te has encolerizado? Tal vez porque ella no te ha traído el café a la hora. Tu deseo de beber café a la hora acostumbrada no se ha visto satisfecho, y te has alterado. Toda esta situación es debida a tu apego al café. Cuando el deseo no se satisface en el momento esperado, pierdes tu capacidad de discernimiento y tu equilibrio mental, y de ese modo has llegado a abofetear a tu esposa. Si analizamos así las cosas, percibiremos que todos nuestros problemas y sufrimientos se dan porque carecemos de discernimiento y perdemos el control de nuestra mente.

Hijos míos, Dios no es cruel. Él es la misma compasión. ¿Acaso alguien llama verdaderamente a Dios? Nadie dice: "¡Oh! Señor, sólo te quiero a ti" Más bien, decimos: "¡Oh!, Señor, dame esto, dame aquello". Es así como rezamos. Sólo queremos satisfacer nuestros deseos. No rezamos para que venga a residir en nuestros corazones. Meditamos y nos acordamos de aquello que necesitamos, pero no de Dios. Luego nos quejamos: "He rezado a Dios durante los últimos sesenta años, y ni siquiera se ha dignado a mirarme una sola vez". Si al menos se dijera eso después de acordarse de Él, nuestra queja tendría entonces sentido. Amma escribió que Dios no causa sufrimiento, que Dios da prosperidad, riqueza, belleza, vitalidad y amor. Él no produce dolor. No digas nunca que Él es la causa del sufrimiento.

Si alguien reza a Dios con devoción y sólo por devoción, no sufrirá. Amma puede garantizarlo. Si sucediera lo contrario, Amma está dispuesta a probar que esa persona no sufrirá nada, que estará siempre en estado de dicha. Esta afirmación de Amma no se fundamenta en el ego, sino en su experiencia.

No nos ponemos en manos de Dios. Le hacemos sugerencias y le decimos lo que queremos: *"Dámelo, Si no me lo das, no te haré esta ofrenda"*. No son oraciones lo que hacemos, sino sugerencias, peticiones o advertencias. Intentad llamarlo realmente al menos cinco minutos cada día. Entonces comprobaréis que Él no causa ningún sufrimiento.

Hijos míos, el sufrimiento surge cuando el deseo está presente. Incluso antes de la Creación, Él había dicho: "Estaréis siempre en la dicha divina si seguís este camino. Si tomáis el otro camino, sólo conseguiréis sufrimiento". Hijos míos, habéis caído en el foso por haber desobedecido estas palabras, y ahora decís que habéis sido empujados. Dios nos había hablado de dos caminos. De vosotros depende la elección. Si queréis alcanzar la dicha eterna e infinita, el camino hacia Dios es accesible, pero hay que trabajar duro. Si sólo estáis interesados en las alegrías momentáneas, entonces tenéis abierto el camino del mundo. También deberéis realizar esfuerzos, pero menos que para alcanzar a Dios. Un futuro rey debe poseer buenas cualidades y talento. De igual modo, para llegar a ser el hijo querido de Dios y el rey del universo, es indispensable la pureza interior, y eso supone una lucha constante. Pero para disfrutar de los objetos creados por Él, que le pertenecen, sólo se requiere un pequeño esfuerzo.

Pregunta: ¿Por qué hay dos caminos? ¿No bastaría con el camino de la felicidad? ¿Por qué Dios ha introducido la vía del sufrimiento?

Amma: ¿Qué quieres decir? ¿Qué basta con la felicidad y no es necesario el sufrimiento? Todo está presente en la creación. Hasta una pequeña aguja y una brizna de hierba tienen su razón de ser. Nada es innecesario. Observa atentamente. Es el sufrimiento el que ayuda a nuestro crecimiento. Los seres humanos no trabajan ni progresan, si no hay sufrimiento. El miedo al sufrimiento y al dolor nos hace trabajar. Si sólo hubiera existido la felicidad, las personas no tendrían miedo a nada, lo que habría conducido a la pereza y a abandonarse. La pereza y el abandonarse no pueden conducir más que a la ruina total.

Es vuestra mente la que crea el sufrimiento, no Dios. La creación debe incluirlo todo, tanto lo bueno como lo malo. Lo uno sin lo otro no constituyen la creación. Nuestro deber es actuar comprendiendo el lugar y la importancia de cada objeto. Cada cosa ocupa su propio lugar en la vida. Dad sencillamente a las cosas el lugar que les corresponde y la importancia que les es debida, ni más ni menos, y todo irá bien.

Aunque Dios hubiera creado un mundo hecho solo de felicidad, los seres humanos lo habrían transformado en un infierno por sus excesos. Además, para comprender y realizar la grandeza y la belleza de la bondad, el mal también es necesario. Sin elementos de comparación, ¿cómo se puede conocer algo en particular? Para comprender y apreciar la belleza, debemos ser capaces de reconocer la fealdad.

Dios nos ha dado instrucciones claras sobre la vía del gozo y la del sufrimiento. ¿Acaso no podemos evitar caer en los mismos errores, escuchando sus consejos?

Hijos míos, es como si preguntáramos por qué Dios ha creado el fuego, que es peligroso. No lo ha creado para quemar las casas y matar a las personas, sino para que se puedan cocinar los alimentos y se utilice de forma correcta. Si nos servimos de él para dañar a los demás, ¿vamos a acusar a Dios? Somos nosotros los que hemos creado el mal y lo hemos convertido en un infierno.

Hay un niño y hay un fuego. Un niño puede quemarse con el fuego. Pero Dios ha dado al niño una madre para advertirle de los peligros de jugar con el fuego. No podemos decir que el fuego no debería existir a causa de los numerosos niños que habitan en el mundo. ¿Cómo haríamos para cocinar nuestra comida? No podemos decir nunca que es necesario eliminar la corriente eléctrica en una casa bajo el pretexto de que alguien podría electrocutarse. Sin electricidad, ¿cómo vamos a hacer funcionar las máquinas y las industrias? Ningún padre ni madre dirá: "Como tenemos un bebé, no vamos a encender fuego en nuestra casa". Si se produce un incendio, el padre o la madre dados por Dios cuidarán del hijo. Cuando crezca, poseerá suficiente capacidad de discernimiento para saber que el fuego es peligroso, y lo utilizará con precaución. Y si, una vez adulto, salta deliberadamente al fuego, ¿deberemos culpar a Dios? Dios no ha creado el fuego para que nadie salte en él y se queme. Él lo ha creado para cocinar y ser de utilidad. El fuego en sí mismo no está destinado a ser utilizado con fines perjudiciales. Lo que importa no es el objeto en sí mismo, sino la forma como es utilizado. Un objeto en sí mismo no es peligroso, pero la forma en que se utiliza puede hacer que sea peligroso. Vuestra madre os ha dicho muchas veces que el fuego quema y os ha advertido para que no os acerquéis a él. Pero si la desobedecéis, ¿de quién es la culpa?

Por ese motivo se dice que se deberían estudiar los textos sagrados desde la más tierna infancia y ponerse bajo la tutela de un Gurú para ser guiados por el camino. Hoy la gente no quiere saber nada de todo esto. Creen que lo saben todo. Nadie quiere un Gurú, y nadie quiere ser un discípulo. Como resultado, sufrimos.

Lo que respiramos es *"soham"* (yo soy). ¿Lo hemos realmente entendido y realizado, aunque sólo haya sido una vez? ¡Qué estupendo sería si verdaderamente lo intentáramos oír! El Señor nos repite con fuerza y sin cesar: "¡Tú eres Eso! ¡Tú eres Eso! Intentad oírlo. Estad vigilantes y atentos. Esto es lo que siempre estáis recitando con cada respiración: "¡Yo soy Eso! ¡Yo soy Eso!" Intentad escucharlo. Pero nadie presta atención al Señor. ¡Qué curioso!

Pregunta: ¿Por qué no se puede oír su voz?

Amma: No es imposible oírla. Hijos míos, si sembráis, recolectaréis; si lo intentáis, lo conseguiréis. Lo importante es intentarlo y oírlo. Si permanecéis sentados sin más y preguntándoos por qué no oís la voz de Dios, ¿quién va a ayudaros a percibir ese Sonido, si no hacéis el mínimo esfuerzo para escucharlo y conocerlo?

Un perro no tiene ninguna capacidad de discernimiento. Sabemos que tenemos que andar con cuidado cuando nos encontramos a un perro en nuestro camino. Si actuamos de modo imprudente y somos mordidos por él, ¿vamos a acusar a Dios?

Dos de los visitantes eran buenos cantantes de *bhajans*. Amma les dijo: "Hijos míos, por favor, cantad algunos *bhajans*". Cantaron *Matru vatsalya todenne*.

¡Oh Madre!, aunque estás aquí para protegerme
Con todo el amor y el afecto de una madre,
Aunque permanezca despierto sin parpadear,
Se siguen produciendo muchos robos
En la casa de la mente. Por ese motivo
¡Oh Madre!, estoy preocupado.

¡Oh Madre!, destructora de todas las aflicciones,
Aunque todos los días hago votos
Para seguir constantemente con mis plegarias
Sin ninguna pausa,
¡Oh Madre!, sé que si me llego a olvidar
es porque se trata de una de tus pruebas.

Cantaron llenos de amor y de intensa devoción. Amma estaba sentada en un estado de total absorción. Continuaron cantando. El siguiente *bhajan* era *Pirayentu chaitu*.

¡Oh Madre!, ¿qué error he cometido?
¿Qué error ha cometido tu pobre hijo?

No deseo demasiadas cosas,
Solamente la felicidad de tu visión
¿Por qué tú, Diosa y Madre del mundo,
Has creado los obstáculos incluso para eso?

¡Oh Madre!,
Este desdichado ha venido a buscar refugio,
Este hijo desafortunado y desamparado.
¡Oh Madre amante!,

Muéstrate compasiva y sálvame.
Mi refugio, mi refugio son tus Pies Sagrados,
Salvo tú, no existe otro lugar de refugio.

Dame la fuerza
Para postrarme a tus Pies de Loto.
Bendito sea aquel que te implora,
¡Oh tú, llena de compasión!

El silencio prevaleció durante algún tiempo tras concluir el canto. Amma abrió lentamente los ojos. Ante ella estaba sentada una joven que preparaba su licenciatura en filosofía. Amma se dirigió a ella con la mirada.

Amma: Hija mía, junto a la carretera hay un cartel que anuncia una joyería. No conseguirás oro pidiéndoselo al cartel. Tendrás que ir a la joyería. No alcanzarás la meta aprendiendo filosofía. También necesitas practicar sadhana. Sin sadhana, irás por todas partes proclamando: "Yo soy Brahman".

Balu-mon (mi hijo Balu) tiene una licenciatura en filosofía. Después de practicar *sadhana* durante muchos años, Amma le pidió que obtuviera la licenciatura en filosofía. Primero *sadhana*, y después filosofía. Los *rishis* escribieron únicamente tras haber tenido la experiencia de lo Divino, y no al revés. No se trató de un mero ejercicio intelectual. En consecuencia, hijos míos, no actuéis o simuléis ser como Brahman tras leer algunos libros. No es suficiente pasearse explicando por todas partes lo que los *rishis* han realizado. Debéis realizar la experiencia por vosotros mismos gracias a una *sadhana*. Continuaréis cotorreando después de haber leído libros si no hacéis ninguna *sadhana*.

La filosofía sola secará vuestro corazón. La *bhakti* es necesaria. Amma no ha permitido nunca a estos hijos del ashram estudiar los *Upanishads* desde el principio. Amma quería que ellos cultivaran y desarrollaran primero la *bhakti*. Después de algunos años de prácticas devocionales, Amma les ha autorizado a estudiar los *Upanishads*.

La fe es necesaria. Si la fe viene, le sigue la libertad. La fe total es la Liberación. Sólo a través de la Realización, desaparecerán totalmente las dudas. Para eso, hace falta un Gurú.

La joven: Amma, me gustaría permanecer aquí, en presencia de Amma, durante dos o tres días, pero mis padres no están de acuerdo.

Amma: Hija mía, Dios concederá, sin ninguna duda, su favor a los deseos puros e inocentes. Dios te ayudará ciertamente si tienes un deseo sincero. Dos niños, de los que uno era la hermana del Brahmachari Srikumar y el otro el hijo de su tío, rezaban cada día: "¡Oh! Amma, queremos permanecer contigo durante tres días. Amma, ¿no satisfarás nuestro deseo?" Así, los dos niños rezaban y lloraban mirando cada día la foto de Amma. Ningún familiar los trajo aquí, pero los niños continuaron sus rezos. Un día por alguna razón, el padre de Srikumar vino al ashram, acompañado de estos niños. Tenía previsto regresar inmediatamente a su casa con ellos, pero contrariamente a su proyecto, debió volver a Kollam urgentemente. Antes de partir, confió a Srikumar el cuidado de llevar a los niños a casa aquella misma tarde. Hubo un gran aguacero cuando Srikumar se dirigía hacia el embarcadero con los niños. No encontrando ninguna barca para atravesar el río, regresaron al ashram. No era la estación de las lluvias, pero llovió sin embargo todo el día, tanto que no pudieron partir. Lo intentaron de nuevo al día siguiente, pero fue imposible a causa de una huelga general en todo Kerala. Los niños se habían ausentado de su casa desde hacía dos días, los padres vinieron a buscarlos al tercero. Todos ellos abandonaron el ashram al día siguiente, pues se quedaron para el Devi Bhava darshan. Así, estos niños permanecieron con Amma durante tres días, tal como habían pedido en sus plegarias.

Un día, durante la estancia de estos niños en el ashram, Amma estaba estirada con los ojos cerrados, como si durmiera.

Entonces oyó a uno de los niños decir al otro: "Eh, Amma oye lo que le decimos en nuestros rezos. Ha oído lo que le pedimos cuando estábamos en casa. Ayer Amma hizo que lloviera y hoy ha creado la huelga". Estos sucesos prueban que Dios oye la llamada de los niños llenos de devoción e inocencia. Las plegarias inocentes reciben siempre una respuesta. Si los niños expresan un deseo, la Naturaleza lo capta inmediatamente y lo realiza. Nosotros también deberíamos alcanzar ese estado.

Cuando alguien está en el estado de *jivanmukti*, no tiene apegos. Como los niños pequeños, pueden pedir una cosa y abandonarla a continuación. Un *jivanmukta* testimonia amor hacia todo lo que le rodea, sin estar apegado a nada. Se extiende sobre un colchón un momento, y a continuación puede estirarse en el agua sucia. Puede vivir en una gran casa, pero no le importará y aceptará con agrado irse a vivir a la selva virgen. En ese estado de *jivanmukti*, el amor por los objetos sólo es aparente. Cuando tal persona expresa un deseo, en realidad está ofreciendo a los demás una oportunidad de servicio.

Este estado debe venir. Los niños lo tienen en cierta medida. Por eso nos atraen y nos fascinan con sus sonrisas y sus juegos. No hay *maya* en ellos; su inocencia es lo que nos atrae. La diferencia entre un ser Auto-Realizado y un niño es que el Ser Auto-Realizado no tiene el más mínimo resto de *vasanas* en él. Las ha eliminado todas por medio de severas austeridades. En el niño, los *vasanas* están en un estado latente. Se manifiestan a medida que el niño crece. La atracción que sentimos por los niños desaparece a medida que se hacen mayores.

El Gurú

Pregunta: Amma, ¿quién es un Gurú?, ¿quién es un discípulo?

Amma permaneció silenciosa como si no hubiera oído la pregunta. ¿Quién sabe por qué?

Un devoto intervino: La respuesta a tu pregunta aquí, en presencia de Amma, es muy clara. Amma habla y nosotros escuchamos atentamente. Incluso grandes eruditos vienen a oír lo que ella dice. Si uno de nosotros se sienta y se pone a hablar, ni siquiera un niño vendrá a oírlo. Aquel que conoce el Ser y es capaz de disipar la ignorancia de los otros es un Gurú. Aquel que escucha con fe, sentado cerca del Gurú, que se somete completamente y se deja disciplinar por él, es un discípulo. Eso en el plano empírico, y no en el plano en que se experimenta que todo es el Absoluto, sarvam brahmamayam. Cuando se alcanza este último plano, ya no hay más Gurú ni discípulo. El Gurú y el discípulo existen antes de que se alcance la meta. Cuando se piensa "¿Quién es el Gurú y quién es el discípulo?", es porque hay alguien que se lo plantea.

Amma tomó entonces la palabra.

Amma: Un verdadero Gurú es aquel que está dotado de todas las cualidades divinas, como la imparcialidad, el amor universal, la renuncia, la compasión, la paciencia, la tolerancia y la resistencia. Ejerce un control total sobre su mente. Es como un enorme navío que puede transportar miles de pasajeros. Su sola presencia produce una sensación de protección y seguridad, y la confianza de que el discípulo alcanzará la meta. Como la luna, su presencia es refrescante, apacigua y cautiva los corazones, pero al mismo tiempo, también es explosiva, luminosa y brillante como el sol. En su actitud hacia el discípulo, un Gurú es dulce como una flor y duro como un diamante. Es más sencillo que el más sencillo de los seres, y más humilde que el más humilde. Hasta su silencio constituye una enseñanza. Un discípulo verdadero es aquel que puede impregnarse de la vida y de las enseñanzas del Gurú, y caminar fielmente tras sus huellas. Cuando conoce y comprende la naturaleza real de Gran Maestro, el corazón de un verdadero discípulo se somete espontáneamente y se deja disciplinar voluntariamente por él.

No es posible ir muy lejos en el camino espiritual sin un Gurú. Es necesario un guía para viajar por tierras extrañas. Un *sadhak*, a través de austeridades, quizá tenga éxito en liberarse de sus vasanas más grandes sin la ayuda de un Maestro Perfecto, pero la ayuda de un *Satgurú* y su gracias son necesarios para eliminar las vasanas más sutiles y poder abandonar su individualidad. Un día, uno de mis hijos, que suele venir por aquí, le dijo abiertamente a uno de los *brahmacharis* que él había seguido una práctica espiritual durante los últimos treinta y cinco años, y sin embargo nunca había tenido una experiencia profunda. Le dijo también que sabía que su problema era no era otro que la duda de aceptar la disciplina de un Satguru. Todavía persistían sus *vasanas* más sutiles después de treinta y cinco años de austeridades severas. Es un hijo muy sincero y asiduo, pero no ha tenido ninguna experiencia auténtica. Es lo que les ocurre a las personas que no pueden someterse.

Una vez aceptáis la dirección de un Maestro Perfecto, no tenéis más que obedecer sus palabras y realizar vuestro *sadhana* sin flaquear. Si vuestra sumisión es total y estáis determinados a alcanzar la meta, él trabajará sobre vuestro ego, profunda y superficialmente, y os hará atravesar el océano de la trasmigración. Es muy difícil deshacerse del ego sutil sólo a través vuestros esfuerzos personales. La orientación de un *Satgurú* hará que el ego emerja poco a poco y lo eliminará. Un Maestro Perfecto trabaja permanentemente sobre el ego del discípulo. Pero no empezará hasta que el discípulo esté listo.

Amma no insiste en que todo el mundo siga estos pasos. Pero si la voluntad del Señor es la de que alguno esté aquí, que así sea. Si, por el contrario, es la de estar en otra parte, que así sea. En presencia de un *Satgurú* la *sadhana* se torna más fácil y fluida.

La mente debe volverse kashaya (ocre)

na karmaṇā na prajayā dhanena
tyāgenaike amritatvam ānaśuḥ

"Ni por la acción, ni por la descendencia, ni por la riqueza, sino sólo por la renuncia se puede alcanzar la inmortalidad".
— Kaivalya Upanishad-

Pregunta: Amma, ¿has iniciado a algunas personas en la sannyasa y les has dado prendas de color ocre?

Amma: ¡Sannyasa! ¡Qué fácilmente se pronuncia este nombre! Pero, ¿has reflexionado en su significado profundo? Contiene la totalidad de la espiritualidad. Nadie puede dar la renuncia. Hace falta alcanzarla o realizarla. Es también un estado que penetra en nosotros por sí mismo y que se vuelve completamente natural y espontáneo. Uno fluye simplemente como el río, sopla como el viento y brilla como el sol. Es a la vez lo que hay que alcanzar y lo que hay que recibir. Para alcanzar una cosa, es necesario el esfuerzo personal. Recibir implica que alguien da lo que se recibe. El estado de sannyasa es algo que se debe alcanzar por el esfuerzo personal y a la vez que nos es dado, espontánea y simultáneamente, por el Gurú. La única meta de la vida espiritual es renunciar a todo lo que no es nuestro y volver hacia lo que realmente somos. El verdadero sannyasa es la renuncia a todos los deseos y a todas las acciones engendradas por el deseo. De hecho, es la mente la que debe volverse kashaya (azafrán, el color de la ropa que visten los sannyasines). El sannyasa es puramente subjetivo, y no objetivo. Es un estado de la mente en el que ésta se torna completamente tranquila y calmada ante cualquier circunstancia. En ese estado de renuncia, lo que nos llena interiormente se expresará de igual forma al exterior.

Llevar los hábitos naranjas exteriormente tiene un significado. Nos ayuda a acordarnos del Estado Supremo. Es un buen medio de recordar que nuestro cuerpo y nuestra mente estén siempre en alerta y vigilantes. Aquel que vista el kashaya vacilará antes de cometer cualquier error. Eso nos recuerda nuestra meta. El verdadero kashaya tiene el color del fuego, lo que representa la destrucción de la conciencia del cuerpo y el despertar de la Conciencia de Dios. Su significado es que el cuerpo arde en el Fuego del Conocimiento. Por tanto, se supone que un sannyasin es una Encarnación del Conocimiento Puro. Llega a ser la personificación de todas las grandes cualidades. Debe encarnarlas tanto en sus palabras como en sus acciones, en cada uno de los actos que realiza. Esto surge de forma espontánea en aquel que ha alcanzado este estado, mientras que en los demás constituye una práctica, así, deben hacer un esfuerzo sincero y deliberado para moverse y actuar de acuerdo con estos principios, hasta que resulte natural en ellos.

Los grandes sabios y santos del pasado y los que han seguido sus huellas, concedían poca importancia al hábito y al nombre de sannyasa. Eran los únicos cuyas mentes se habían vuelto kashaya. Lo esencial es conocer Eso (Brahman) a través de la austeridad, y no paseándose por ahí con el hábito ocre pronunciando discursos tras estudiar las escrituras. Si no seguís los principios que profesáis, las personas que os escuchen pueden hacer una valoración incorrecta de la espiritualidad y los maestros espirituales. Los Gurús y los sabios han dicho: "Tapah, tapah" (austeridades), y sólo tras experimentarlo han dicho: "Soham" (yo soy Eso). No lo dicen antes de experimentarlo. ¡Cuántos años han pasado haciendo austeridades (tapas)! (Bromeando) Y nosotros, después de haber aprendido las primeras letras, decimos "¡No más sadhana! No es necesario hacer nada. Yo soy Eso". Hemos renunciado a todos estos grandes ejemplos de nuestros antepasados y actuamos como nos gusta. ¡Qué gran renuncia! (Risas)

El siguiente paso consiste en plantearse quién es el Gurú y quién es el discípulo, y continuar de ese modo. (Las risas aumentaron). Los rishis vivían en un plano elevado, no eran conscientes de su cuerpo físico aunque los golpearan duramente o les cortaran las manos. Si llegaban a tomar conciencia de su condición externa, lo único que hacían era devolver amor y compasión a aquellos que los habían torturado. Tal era su permanencia en esa Realidad. Mientras que si a nosotros alguien nos mira de reojo, enseguida respondemos con hostilidad: "¡Eh, tú! ¿Por qué me miras así?" En esos momentos se aleja de nosotros el estado de Brahmanishtatvam (el estado de permanencia en Brahman). El Brahman desaparece. Esas personas dicen que son Brahman y se preguntan quién es el Gurú. ¡Qué maravilla! (Amma se puso a reír a carcajadas).

El joven que había hecho la pregunta "¿Quien es el Gurú, quien es el discípulo?" estaba aturdido.

Amma continuó: Amma no quiere hacer afirmaciones sobre la iniciación de personas en el sannyasa y tampoco desea anunciar a quién va a otorgar el título y la ropa ocre. Que luchen y veré cuántos salen victoriosos, y si eso se produce, tanto mejor que así sea. Amma no quiere hacer declaraciones.

El ashram es un estupendo campo de batalla. Quienquiera que venga a este campo deberá luchar. Algunos resultarán heridos, mientras otros se retirarán y huirán. Amma espera ver cuántos alcanzan la victoria.

Pregunta: Amma, ¿qué se necesita en esta época?

Amma: Indudablemente, autodisciplina. Cada uno de nosotros debe hacerse consciente de la urgencia de ello. No se trata sólo de una necesidad, sino una necesidad imperiosa que debe ser practicada por todos los individuos. Dedicamos nuestro tiempo a embellecer el cuerpo y los objetos del mundo exterior, mientras que la mente permanece confusa. Haced esta limpieza y embellecimiento por dentro. Dejad de estar tensos por las situaciones externas. Cuando una persona está limpia interiormente, todo se armoniza automáticamente en el exterior. Dejad de dar tanta importancia a los objetos externos.

Todos los problemas, tanto nacionales como internacionales, se deben a una falta de disciplina.

Mirad a los brahmanes (la casta de sacerdotes) del pasado. Desde la infancia, meditaban en Dios. No estaban jamás en mala compañía. Había en aquel tiempo un sistema de unidad familiar. Vivían todos juntos y trabajaban en los templos. Pasaban su vida aprendiendo, comprendiendo y realizando los principios esenciales. Sus hijos también estaban llenos de vitalidad y resplandor. Nadie podía engañarlos ni hacerlos caer en asuntos triviales. Sin embargo, no se puede esperar que suceda lo mismo en el futuro. En nuestros días, muchos jóvenes estudiantes son adictos a la marihuana y otras drogas. La falta de disciplina hace que estos muchachos sean esclavos de estas sustancias tan peligrosas. La autodisciplina es necesaria en cualquier actividad y en todos los individuos.

(Volviéndose hacia la muchacha que preparaba una licenciatura de filosofía) Hija mía, cada vez que tengas ocasión, habla de espiritualidad con tus amigos. De cada diez personas que escuchen, es posible que al menos una se interese y cambie. Tal vez se vuelva espiritual y medite en Dios.

Después Amma se detuvo. Como era un poco más de la una, llamó a un brahmachari y le pidió que llevara a todo el mundo a comer. Amma se levantó y los visitantes hicieron lo mismo. Ella los miró sonriendo y les dijo en un tono de súplica: "Hijos míos, por favor, comed todos antes de partir. No os vayáis sin comer".

Después de pronunciar aquellas palabras, salió saludando a todos. Algunos brahmacharis la siguieron, pero ella les dijo: "Amma quiere estar un rato sola".

31 de marzo de 1984

Este día Amma y los residentes del ashram fueron a casa del Brahmachari Srikumar. Si se la invita, Amma visita de vez en cuando las familias de los *brahmacharis* y los devotos. Esas ocasiones eran celebradas como una fiesta por toda la familia. La casa de Srikumar estaba llena de personas, tanto de devotos como de vecinos. Amma se dirigió a cada uno de ellos prodigando palabras de consuelo.

Los niños siempre se sienten muy atraídos por Amma. Allí, además, todos los niños, tanto de la casa de Srikumar como de las vecinas, se apretujaban alrededor de Amma y le impedían el paso. Cuando Amma vio a los niños tan alegremente reunidos alrededor de ella, vaciló antes de entrar en la habitación que le habían preparado. Srikumar le rogó a Amma: "Amma, las personas esperan el *bhajan* a las seis, y la hora se acerca. Por favor, Amma, ¿te importaría entrar en la habitación y prepararte?"

Amma, como una niña pequeña, contestó: "No, no iré. Voy a quedarme aquí con ellos. (Volviéndose hacia los niños) ¿De acuerdo, niños?" Todos respondieron a una: "¡Sí!, ¡sí!"

Amma pidió a los niños cantar un *bhajan*. *Takkali*, la hija de la hermana mayor de Srikumar, condujo el canto: *Amma Amma Taye...*

¡Oh Madre, Madre!, querida Madre Divina
Diosa del Universo,
Tú nutres a todas las criaturas,
Tú eres el Supremo Poder Primordial.

Todo en este mundo se produce
A causa de tu juego Divino.

Todos los niños respondieron en coro a la solista. Pronto, Amma se puso a cantar con ellos. Parecía otra niña, jugando, cantando y danzando con los pequeños. De repente uno de ellos preguntó a Amma en voz alta: "Amma, ¿tú eres Dios?"

Amma rió a carcajadas y miró al niño. Era un pequeño de apenas cinco años. Amma lo tomó en sus brazos y le preguntó: "¿Quién te ha dicho que Amma es Dios?" El niño, señalando a Takkali con el dedo, respondió: Shija chechi (mi hermana mayor Shija).

Amma lo besó en las dos mejillas y contestó: "Vosotros sí que sois el Dios de Amma".

Todos los devotos observaban la escena con placer. Permanecían de pie y ajenos a sí mismos. Después, la abuela de Srikumar, de casi setenta y cinco años, se acercó a Amma. Colocando sus manos alrededor de la cintura de Amma, le dijo con una voz muy dulce, como de una niña: "Ahora, querida Amma, ven por favor a la habitación. Toma una ducha y come alguna cosa, y después ya regresarás". La anciana acarició a Amma y le dio unos delicados golpecitos, después repitió: "Por favor, ven".

Amma le sonrió. La anciana también tenía el aspecto de una niña. Era muy inocente y Amma no pudo rechazar su petición. Amma le besó el rostro y entró con ella en la habitación. Antes de desaparecer, Amma se volvió y dijo a los niños: "¡No os vayáis, hijos míos! Amma volverá pronto y jugaremos juntos".

Algunos minutos más tarde, Amma salió de la habitación dispuesta para el *bhajan* de la tarde. Su apariencia había cambiado. Ya no era la misma Amma alegre. Los niños, la rodearon nuevamente, pero Amma se dirigió directamente al pequeño templo familiar y entró sin apenas lanzarles una mirada.

Estos cambios de humor de Amma siempre han sido un misterio, incluso para los que están muy cerca de ella. Y este misterio se hace cada vez más profundo a medida que aumenta el tiempo que uno está con ella. Algunos minutos antes reía, jugaba y cantaba con los niños. Era ella misma convertida en niña y se podía ver su gran inocencia. Incluso había prometido a los niños que volvería a jugar con ellos en cuanto regresara. Si la anciana no se hubiera acercado, Amma habría seguido jugando con los niños. En aquel momento, Amma tenía su ánimo próximo a los niños, y sin embargo, ahora, cuando se habían vuelto a reunir en torno a ella, no les había dedicado ni siquiera una mirada. La facilidad con la que retira su atención de una persona o de un objeto está más allá de nuestra comprensión; infinitos son sus estados de espíritu.

Los cantos empezaron hacia las siete. Ganaban en amplitud a medida que Amma derramaba una corriente de devoción y de inspiración en sus cantos que conmovían el alma. La atmósfera estaba saturada de un intenso fervor devocional, que alcanzó su apogeo cuando Amma cantó *Kamesha Vamakshi*.

Saludos a Shakti (Energía Divina)
La Gran Diosa
Accesible por la devoción
Saludos a la que todo lo impregna
La Esencia Una y Verdadera,
La Conciencia Infinita y Perfecta.

Protégenos,
Tú que estás sentada sobre la pierna izquierda del Señor Shiva,
Que satisfaces todos los deseos,
Que brillas a través de cada objeto, animado o inanimado,
¡Oh mi Kamala!, tú que reinas sobre todo.

Llenos de gozo, los devotos cantaban con una devoción desbordante. Todos parecían transportados al *Devi Loka* (mundo de Devi). Amma continuó llevándolos más y más hacia la absorción en el Ser.

Después Amma perdió toda conciencia del mundo exterior y se quedó inmóvil. Su brazo izquierdo estaba a medio doblar con la palma completamente abierta. Los dedos de su mano derecha formaban un *mudra* divino. Lágrimas de éxtasis llenaban sus ojos y rodaban a lo largo de sus mejillas.

Balu la relevó como solista. Rao, Venu, Paï y Srikumar le acompañaron. Los devotos reanudaron el canto con un amor y una devoción intensos. Cantaron durante mucho tiempo el mismo *bhajan* hasta que Amma volvió al plano de conciencia normal.

El *bhajan* y el arati terminaron poco después de las nueve y media. Amma se dirigió hacia el lado este de la casa de Srikumar, hacia un lugar que parecía un pequeño *tapovanam* (lugar adecuado para la práctica de austeridades) y allí desapareció en la oscuridad. Gayatri la siguió sin hacer ruido. El padre de Srikumar empezó a inquietarse pero los *brahmacharis* lo tranquilizaron.

Por todas partes reinaba el silencio. La noche parecía la larga cabellera oscura y rizada de Mahakali, creando así un ambiente que imponía respeto. Esas noches son sagradas para las almas puras que las utilizan para fijar completamente su mente en el Supremo. Las estrellas centelleaban en el cielo de terciopelo negro.

Los devotos esperaban que Amma regresara para tener su *darshan* antes de partir. Hacia las diez, Amma emergió de las tinieblas, seguida de Gayatri. Ésta explicó más tarde que Amma había permanecido estirada sobre la arena, mirando fijamente el cielo y riendo, de vez en cuando, de una forma extraña e inimitable. También emitía ciertos sonidos que no se parecían a ningún lenguaje conocido. Gayatri añadió que le había parecido oír a Amma hablar a alguien con voz suave.

Escondida tras el velo de *maya* se encuentra su verdadera naturaleza, inaccesible e impenetrable para los seres humanos limitados. Cuando Amma se eleva muy alto, hacia el plano de Conciencia Infinita, nosotros mortales, para los que ese mundo resulta totalmente extraño e inhabitual, no podemos más que observar su forma humana con respeto y admiración, incapaces de comprender ni una fracción infinitesimal de su Estado Supremo.

Un día, un *brahmachari* le dijo a Amma: "Madre, mi única pena es ser totalmente incapaz de comprenderte, así como tus estados de espíritu. ¿Cuándo y cómo seré capaz de comprenderlo? Inmediatamente surgió la respuesta: "Sólo cuando te vuelvas yo".

A las once en punto

Amma dio su *darshan* a cada uno. A las diez y cincuenta minutos Amma se levantó de pronto y dijo que quería dirigirse a casa de cierto devoto. Parecía tener prisa. Sin añadir una palabra, salió de la casa y todos la siguieron. Estaba muy oscuro y el camino que conducía a la carretera era bastante estrecho, pero eso no le impidió caminar de forma rápida hasta el coche. El padre de Srikumar corrió tras ella con una linterna en la mano y logró alcanzarla con dificultad. Amma subió al vehículo y pidió al conductor que lo pusiera en marcha. Éste le preguntó: "¿Hacia dónde vamos?" Mientras tanto Gayatri, algunos *brahmacharis* y los padres de Srikumar habían logrado sentarse en el vehículo. Amma contestó al conductor: "A la casa de mi hijo Madhavan Naïr".

El conductor se mostró de nuevo confuso: "No sé quien es". Comprendiendo adónde quería dirigirse Amma, el padre de Srikumar dio al conductor las indicaciones necesarias y se pusieron en marcha. Amma parecía agitada. Aunque la casa no estaba muy alejada, ella apresuraba sin cesar al conductor: "¡Rápido! ¡Ve más rápido!" Todos estaban sorprendidos al ver a Amma mostrar tanta excitación y prisa.

En unos cinco minutos, llegaron ante el patio de la casa. Un hombre esperaba en el exterior. Como un loco, se precipitó hacia Amma, se echó a sus pies y lloró como un niño. Era el mismo Madhavan Naïr. No paraba de decir: "¡Compasión! ¡Compasión! ¡Qué compasión!" Muy afectuosamente, Amma lo levantó, lo acarició y reconfortó. El devoto y su esposa lavaron ceremoniosamente los pies de Amma y la condujeron al interior de la vivienda. Mientras Amma entraba en la casa, el reloj sonó once veces. Madhavan Naïr estalló de nuevo en sollozos como si algo volviera a su memoria. Amma fue a su oratorio familiar e hizo una pequeña *puja*.

Los *brahmacharis* cantaron *Arariyunnu nin maha vaibhavam*.

¿Quién conoce tu grandeza?
¡Oh tú! que eres el substrato
De este mundo ilusorio.
Miles y miles de seres vivos
Buscan tu divina y radiante sonrisa.
¿Quién conoce tú grandeza?
¡Oh Madre!, ¿quién sabe?

Como la naturaleza de la vida,
Como la vitalidad de la misma vida
Como aquel que se deleita
Al expresar compasión
Existiendo como amor ilimitado,
¡Oh Diosa!, que eres el néctar gozoso de la vida,
¿Quién sabe?

¡Oh tú!, que eres venerada por los tapasvis
¡Oh tú!, que destruyes la aflicción,
¡Oh tú!, cuya mente se inclina
A bendecir a los ascetas,

¡Oh tú!, que eres eternamente joven,
¡Oh tú!, que eres la belleza de la mente,
Por favor, ven, ¡oh Diosa, te lo ruego, ven!
¿Quién sabe?

Los miembros de la familia no podían contener su emoción. Todos se echaron a llorar, provocando a su vez lágrimas en los ojos de los demás.

Los acontecimientos se habían desarrollado como un drama divino. Nosotros estábamos de espectadores, mirando sin comprender el verdadero significado. He aquí lo que de hecho había sucedido.

El Señor Madhavan Naïr era un devoto de Amma y tenía la suerte de haber sido iniciado por ella. En otras dos ocasiones, cuando Amma había visitado la casa de Srikumar, había rogado que también fuera a su casa a purificarla. Por alguna razón desconocida, su voto no se había cumplido. En esta ocasión, nada más saber que Amma iba a ir a casa de Srikumar, Madhavan Naïr renovó su plegaria a Amma. Ella había aceptado ir en cuanto tuviera tiempo. Lleno de esperanza y con el corazón alegre, había redecorado su oratorio y esperado todo el día hasta que Amma llegara. Había dicho a su esposa y a sus hijos: "Nadie debe comer hoy hasta que Amma venga". Había transcurrido el día sin ninguna novedad y, avanzada la noche, salió de la casa. Allí fuera permaneció de pie, inmóvil, esperando a Amma. Con voz firme; dijo: "Esperaré hasta las once. Si ella no viene." Se detuvo y se quedó allí inmóvil. El tiempo transcurrió lentamente. En el reloj sonaron las nueve y media, las diez, las diez y media, las diez y cuarenta y cinco. Diez minutos antes de las once, el corazón del devoto se puso a latir, estaba tan agitado como un pez fuera del agua. Se preguntó: "¿No vendrá Amma?" Su deseo se volvió cada vez más intenso. De lo más profundo de su corazón se elevó un murmullo: "Sí, ella vendrá, mi Madre vendrá" En ese momento preciso, divisó los faros del vehículo. Éste llegó y se detuvo ante su casa. Madhavan Naïr no pudo contener su emoción. Se precipitó hacia Amma y cayó a sus pies, llorando como un niño y repitiendo en voz alta: "¡Oh Amma, qué compasión, qué compasión!" Y cuando ella entró en su casa, ¡eran exactamente las once! He aquí toda la historia.

1 de abril de 1984

Era una mañana muy tranquila y silenciosa, y el sol se elevaba lentamente en el horizonte. Brahmachari Unnikrishnan realizaba la *puja* al *pitham* sobre el que Amma se sentaba durante el *Devi Bhava*. Acchamma, la abuela paterna de Amma, de ochenta años, estaba sentada delante del templo y preparaba las guirnaldas y los pétalos de flores para el *Devi Bhava* de la tarde. El tintineo de la campana del templo se mezclaba con el sonido de las olas del océano, añadiendo un encanto particular y un carácter sagrado a la serenidad de la atmósfera.

El desayuno se sirvió a las nueve y media. Consistía en *kanji* (arroz servido con su agua de cocción) con sal, sin nada más, ni incluso condimentos. Era el alimento habitual de la mañana. Con respecto a la comida, Amma dice:

Amma: Tomadla si queréis (la comida). Estamos en un ashram, un lugar para los *tyagis* (renunciantes) y no para los *bhogis* (aquellos que buscan el placer de los sentidos). Si queréis buena y sabrosa comida, seguid en vuestras casas. El sabor es bueno para la lengua, no para el corazón. Amma no insiste. Seguid este consejo sólo si queréis alcanzar la meta. En caso contrario, podéis hacer lo que queráis. Aquellos que no tienen *vairagya* (desapego) no pueden vivir aquí en el ashram.

Los visitantes

El inspector de policía de Kollam vino al ashram en busca de información sobre el *Vedanta Vidyalaya* dirigido por el ashram, y sobre los extranjeros que residían aquí. Tomó nota de todo lo que necesitaba. Sentía cierta simpatía por las actividades de Amma y apreciaba mucho el ambiente tranquilo del ashram. Quería ver a Amma y esperó a que regresara.

Un grupo de diez adeptos al *Siddha Veda* (una vía espiritual establecida por Swami Sivananda Paramahamsa, el Gurú de Swami Nityananda) llegó a mediodía. El grupo estaba formado por mujeres y hombres. Habían asistido a una conferencia en una ciudad próxima y, tras oír hablar de Amma en esa ciudad, habían decidido venir a verla. Se pusieron a cocinar su propia comida, una mezcla de arroz y lentejas verdes. En el grupo se encontraba un joven que se paseaba con un aire de orgullo mezclado de desprecio.

Antes de la llegada de los adeptos al *Siddha Veda*, un importante grupo de devotos de Tamil Nadu había hecho acto de presencia. El ashram estaba lleno de gente. Sólo había unos pocos *brahmacharis* y tuvieron que esforzarse para dar de comer a todos los devotos y encontrar un lugar donde guardar los equipajes. Hacia las tres de la tarde regresó Amma de casa de Srikumar. Iba acompañada de algunos *brahmacharis* y su presencia derramaba felicidad espiritual. Oleadas de entusiasmo ondeaban por todas partes. Al mismo tiempo, como inspirados por un poder invisible, los movimientos de todo el mundo parecían controlados automáticamente. Era imposible que alguien actuase de otra forma. La simple presencia de Amma llenaba la atmósfera de una especial vibración de paz y tranquilidad. Era tan evidente y clara, que todos podían experimentarlo.

Amma se dirigió directamente hacia la cabaña y empezó a dar *darshan* a aquella multitud. Como era domingo, había más gente que de costumbre. En casa de los padres de Srikumar, había estado rodeada de adultos y niños hasta el último minuto. Cuando al fin terminó el *darshan*, hacia la una de la madrugada, se dirigió a su dormitorio sin mostrar la más mínima señal de impaciencia o cansancio en su rostro.

Uno de los hijos espirituales de Amma, Gangadharan (conocido más tarde bajo el nombre de Sarvatma) comentó un día lo siguiente: "Jesús fue crucificado una sola vez, pero aquí Amma crucifica su cuerpo cada instante por el bien del mundo. Esta auto-crucifixión no puede ser comprendida más que por otra persona como ella".

El grupo del *Siddha Veda* observaba en silencio. No hacían cola para el *darshan*; pero, de pronto, Amma llamó a una de las mujeres que iba con ellos y le preguntó:

Amma: ¿Tú no eres la esposa de S? ¿Qué le ocurrió a tu esposo cuando se presentó en la oficina sin camisa? (Los adeptos del Siddha Veda no llevan nunca camisa) ¿No tuvo problemas? Tú no estás en buena armonía con tu esposo, ¿no es cierto? Amma sabe que tenéis muchos conflictos en vuestra vida familiar. Puede que estos problemas familiares sean la voluntad de Dios para que os acerquéis más a vuestro Gurú.

La dama estaba asombrada al escuchar todos aquellos detalles de su vida privada. Se trataba de su primer encuentro con Amma, pues nunca antes había estado con ella. Se emocionó mucho y se puso a llorar.

Después Amma llamó al joven que parecía muy soberbio y que miraba todo con desprecio. El joven pareció sorprendido cuando Amma le hizo de repente una señal para que se aproximase. Se volvió y miró hacia atrás pensando que Amma llamaba a algún otro devoto de la cola. Amma le dijo entonces en voz alta: "No, no, eres tú, hijo mío. Ven". El joven, incapaz de salir de su sorpresa, avanzó lentamente hacia Amma.

Amma lo recibió como suele hacer con los demás. Él se sentó junto a Amma, observando su rostro. Colocando Amma su mano izquierda sobre su hombro, le habló suavemente, esbozando una sonrisa.

Amma: Hijo mío, ¿qué quieres realizar? ¿Isvara (Dios) o icha (mosca)? Si es Dios, entonces el ego debe morir. ¿Conoces tú la naturaleza de una icha? Vuela de aquí para allá, se posa sobre las cosas podridas o estropeadas, disemina toda clase de enfermedades contagiosas, y finalmente muere atrapada en el almíbar o la melaza. De la misma forma, una persona inflada de ego se arruina a sí misma y arruina igualmente a los demás.

Por tanto, debes decidir si quieres realizar a Dios o el ego. El ego no es un adorno para nadie, ya sea una persona espiritual o mundana. Es siempre la misma cosa fea a los ojos de los demás. Nosotros mismos deberíamos ser conscientes de esa fealdad. Después resulta fácil eliminarlo. Hijo mío, aquí Amma no hace ninguna distinción. Ella acepta a todo el mundo de la misma forma. Que sea una persona comprometida en la vía del *Siddha Veda* o que no lo esté, todas son iguales para Amma. En cualquier caso, el ego es el peor enemigo, sea cual sea la vía seguida. Es la primera cosa que debe ser arrancada. Amma sabe que te esfuerzas, pero todavía debes volverte más consciente e intentar, al menos, no expresarlo de forma externa. Piensas que tu vía es la única verdadera y menosprecias las otras vías y a sus adeptos. Hijo mío, esta apariencia exterior que adoptas no es la adecuada. Trabaja para adquirir la belleza interior, y se embellecerá automáticamente tu aspecto exterior.

El joven se quedó sin palabras. Se volvió muy humilde. Más tarde señaló: "Nunca antes había encontrado a alguien que pudiera leer en mi mente de forma tan clara y precisa. Ella "ha desinflado" mi ego tan fácilmente como si hubiera pinchado un globo".

La experiencia vivida por estas dos personas parecía haber convencido a todo el grupo de adeptos del *Siddha Veda*. Entonces se unieron al resto de devotos en la cola para recibir el *darshan*. Amma se dirigió a ellos.

Amma: La unión de jivatman y Paramatman constituye la meta. Es gozoso, hijos míos, ver que practicáis sadhana siguiendo las instrucciones de vuestro Gurú. Es una rara bendición poder dedicarlo todo a la Realización del Ser. Hijos míos, Amma está verdaderamente contenta de veros a todos juntos.

La mujer que Amma había llamado primero permanecía de pie llorando. Amma la llamó nuevamente, secó sus lágrimas y la reconfortó suavemente con estas palabras.

Amma: No te preocupes, hija mía. Todo es para mejor. Consigue más fuerza para afrontar los obstáculos que puedan surgir en tu camino espiritual. No podemos cambiar las situaciones de la vida, pero podemos cambiar nuestra actitud hacia ellas. Inténtalo, Amma está contigo.

Amma habló a continuación con los devotos que venían de Tamil Nadu. Estaban muy exaltados y todos querían estar en primera fila.

Sin ir un momento a su dormitorio, Amma fue directamente desde la cabaña hasta la terraza del templo para empezar el *bhajan* a las cinco. Nada más empezar el canto, Amma se elevó hacia las alturas de la devoción y amor supremos, llevándose con ella el corazón de los devotos. Amma y los *brahmacharis* cantaron *Karunya Varidhe Krishna*, uno de los *bhajans* favoritos de muchas personas.

¡Oh Krishna!, Océano de Compasión,
La sed de vivir no hace más que crecer,
No hay paz para la mente
Y, ¡ay!, la confusión me invade.

Perdona todos mis errores,
Y seca el sudor de mi frente,
¡Oh Kanna! No tengo más apoyo
Que tus adorables Pies de Loto.

¡Oh Krishna! Mi garganta se seca,
Mi vista disminuye, mis pies están cansados,
Y caigo sobre el suelo,
¡Oh Krishna!

Después del *bhajan*, cuando empezó el *Devi Bhava*, los seguidores del *Siddha Veda* reunieron sus pertenencias y se prepararon para abandonar el ashram. Parece que es contrario a su regla ir al *Devi Bhava darshan*. Pero, de repente, las dos personas que habían tenido una experiencia personal con Amma insistieron para ir al *Devi Bhava darshan* y recibir su bendición. El resto del grupo tuvo que aceptar y esperó a que ellos dos se presentaran ante Amma.

El *Devi Bhava* se acabó a las tres y media de la madrugada. Amma, como de costumbre, fue hacia los devotos para asegurarse de que todos tuvieran una esterilla y un lugar donde dormir. Muchos de ellos preferían dormir en la arena. Un devoto dijo: "Amma, es para nosotros una rara bendición y una gran ocasión que podamos dormir sobre esta fina arena. Posiblemente no tengamos esta suerte en el futuro. Este lugar estará cubierto de grandes edificios y de casas para los devotos".

Al día siguiente, en el curso de una discusión sobre la vía del *Siddha Veda*, Amma explicó: "Los hijos del *Siddha Veda* vinieron con la determinación de no acudir ninguno de ellos al *Devi Bhava darshan*. Así pues, Amma también decidió que, al menos, uno de ellos vendría. Y al final acudieron dos". (Todos rieron).

Un devoto: Amma es la mayor bromista del mundo.

Amma: Las bromas de Amma no van encaminadas a obtener ningún beneficio para ella, sino para haceros ganar algo. Amma no bromea más que en presencia del ego y el egoísmo. Ella corre allí donde se encuentran la inocencia y la aceptación. Dejad un pequeño espacio a Dios, basta con un poco. Él fluirá en vosotros. Estamos tan completamente cerrados que ni siquiera hay una pequeña brecha del espesor de un cabello para permitir que Dios eche un vistazo. El trabajo de Amma es crear ese espacio, y hacerlo tan grande como pueda.

Es maravilloso observar la forma en la que Amma actúa y cómo trata a las personas que vienen a verla al ashram. Con cada uno se comporta de una forma única. La mente de los devotos es un libro abierto para Amma.

El tema de conversación varió en aquel momento. Alguien hizo una pregunta sobre Dattan el leproso. Amma había lamido y aspirado cada día el pus de sus llagas de lepra. Para todos había resultado un espectáculo terrible. Uno de los *brahmacharis* preguntó a Amma qué sentía cuando veía a Dattan. Amma contestó:

Amma: Amma lo ve de la misma forma que te ve a ti o a cualquier otro. Él también es mi hijo. ¿Cómo va a sentir asco o repulsión una madre al ver a su hijo, por muy enfermo que esté? De hecho, Amma siente mucha compasión y amor por él. El corazón de Amma se deshace cuando lo ve.

Pregunta: Su enfermedad, ¿no es el resultado de las acciones realizadas en su vida anterior?

Amma: ¿Por qué piensas semejantes cosas? Si Amma dijera que sí, entonces preguntarías qué tipo de faltas cometió. Si Amma te las describiera, ibas a pensar: "Déjale pues atravesar esta experiencia, puesto que ha cometido muchas faltas en su vida anterior".

En ese caso, tú mismo llegarías a desarrollar una aversión hacia él y lo considerarías como un pecador. Eso cerraría tu corazón, impidiendo que se expanda y derrame amor. Si Amma te contestara negativamente, esta respuesta sería entonces contraria a las Escrituras pues cada uno de nosotros experimenta el fruto de sus acciones pasadas. En consecuencia, olvida todo eso. Lo correcto es pensar y actuar con la siguiente actitud: "Si su karma es lo que le hace sufrir de esa manera, entonces mi karma y mi *dharma* es amarlo y servirle". Si reflexionas sin tener compasión, te "limitas" a ti mismo. Tu camino es volverte cada vez más expansivo.

El corazón de un *sadhak* debería fluir por igual hacia todos. No debería pensar en las faltas o los fracasos, sino en la victoria y la bondad. Tú podrías decir: "Estamos en la etapa de la práctica espiritual o *sadhana*. No somos más que *sadhaks* y por tanto podemos equivocarnos y caer". Ni se te ocurra pensar así. Debes conseguir que tu mente sea cada vez más fuerte para luchar contra los obstáculos y salir victorioso.

Hijos míos, dejad que vuestra mente se abra completamente para contener el amor con toda su fragancia y belleza. El odio y la aversión no harán más que volverla fea. El amor hacia todos otorga la verdadera belleza, realzando a la vez al que da y al que recibe.

Pregunta: Amma, ¿por qué recibes a Dattan en último lugar?

Amma: Porque una vez que Amma llama a este hijo, el pus, la sangre y las otras impurezas de su cuerpo caen sobre el sari de Amma. Los microbios que provienen de sus llagas también se encuentran sobre el cuerpo de Amma puesto que lame sus llagas durante el Devi Bhava. Amma lo recibe al final del darshan para evitar que los microbios no se transmitan a los otros devotos. Además, si Amma lo recibiera al principio o a la mitad, los devotos que no han acudido todavía a Amma no serían capaces de abrir su corazón, pues sentirían aversión hacia su lepra. No se beneficiarían del darshan salvo que acudieran a Amma con el corazón completamente abierto. Por tanto, sólo por el bien de sus hijos, Amma lo llama al final.

2 de abril de 1984

Desde la mañana, Amma se sujetaba la frente repitiendo que sentía un terrible dolor de cabeza. Algunos de los nuevos *brahmacharis* le ofrecieron diferentes remedios como Amritamjan o Vicks Vaporub. Alguno preguntó: "Amma, ¿quieres que te traiga algún analgésico? Amma lo rehusó todo y, con una sonrisa dijo: "Este sufrimiento no se irá de esa forma. Los medicamentos no pueden ni curarlo ni aliviarlo".

Los *brahmacharis* más antiguos y los devotos íntimos comprendieron el sentido de lo que Amma decía. Cada vez que Amma asumía la enfermedad de una persona, cualquiera que sea, su cuerpo debía sufrirla. Era bastante habitual. Este dolor de cabeza debía seguramente proceder de una razón parecida. Sin embargo, a pesar de su sufrimiento, Amma continuó hablando con los devotos sobre diferentes temas espirituales.

Un devoto hizo una pregunta relativa al despertar de la *kundalini*.

Amma: En nuestros días, hablar de la kundalini y de su despertar se ha vuelto de moda. Otra palabra empleada a menudo es yoga. Se contentan hablando de estas cosas. Dejemos que hagan, al menos, el esfuerzo para comprender el verdadero sentido de estas palabras. Su verdadero significado sólo puede alcanzarse a través de la sadhana y la experiencia. Una vez empecéis a tener una experiencia real; es decir, que penetréis más profundamente en vuestro propio ser, dejaréis de hablar sobre ello. Las olas se producen allí donde el agua es poco profunda, no en la profundidad del mar. A medida que buceéis más y más profundo en las regiones sutiles de la espiritualidad, las olas del pensamiento lentamente terminarán. Allí no hay más que silencio.

Después de todo, ¿qué sentido tiene preocuparse por el despertar de la *kundalini* y otras cuestiones parecidas? Algunas personas se dedican a visitar *sannyasines* y Gurús para preguntar si su *kundalini* está despierta o no. Otros buscan un Gurú para lograrlo mediante un toque. Hijos míos, no perdáis el tiempo haciendo estas preguntas. Haced vuestra *sadhana* sinceramente, con amor y devoción. Después seguirá vuestro progreso. Pero si estáis siempre inquietándoos respecto al despertar de la *kundalini*, vuestra mente se irá deteriorando y eso afectará a vuestro crecimiento espiritual.

Un *brahmachari* trajo un plato de arroz y de legumbres para Amma, pero ella no se lo comió. Un devoto padre de familia, de unos sesenta años, permanecía sentado sin ir a comer. Amma se dio cuenta y dijo: "¡Ven!, Amma te va a dar de comer". Lo condujo a la cocina y le dio de comer con sus propias manos. Mientras tragaba cada bocado de arroz que Amma le ponía en la boca, rodaban lágrimas de una alegría indecible a lo largo de sus mejillas.

El intelecto humano apenas puede comprender cómo una aldeana de aspecto corriente y de unos treinta años desempeña el papel de madre de un hombre de sesenta años. Toda explicación dada por el intelecto será o una interpretación errónea, o bien una interpretación repleta de razonamiento y lógica. Para encontrar un sentido no debemos situarnos en el plano del intelecto, sino en el plano de la experiencia, que sólo puede ser conocida a través del corazón.

El dolor de cabeza de Amma continuaba. Quería estar sola un momento, y fue a estirarse al sur del ashram cerca de la laguna. Nadie fue a molestarla.

A las tres y media, la biblioteca fue acondicionada para proyectar una película de Amma a algunos devotos venidos de fuera. Con el entusiasmo y la curiosidad de una niña, Amma también acudió y se sentó entre los demás. Al ver la gordura de su propio cuerpo en la película, ella gritó: "¡Oh mirad! ¡Un demonio!," y se puso a reír. Ella comentó: "¿Cómo voy a acabar si continúo engordando así?" y se rió de nuevo.

La película mostraba la celebración del treinta aniversario de Amma con la recitación de los Nombres Divinos y el ritual de la *pada puja* (ceremonia en la que son lavados los pies de la Santa Madre). Al ver a sus hijos beber el agua sagrada que había servido para lavarle los pies, Amma exclamó: "¿Qué son estas tonterías? ¿Van a obtener la Realización lavando los pies y bebiéndose el agua? Lo que se necesita es tener humildad".

El dolor de cabeza de Amma persistía. Tras cerrar la puerta con llave, Amma se quedó sola en la cabaña. A las cinco volvió a salir, con aspecto descansado. El dolor de cabeza ya había pasado y se encontraba de buen humor.

Igual que los niños guardan en su bolsillo un puñado de cacahuetes y van mordisqueando unos pocos de vez en cuando, Amma consume poco a poco la reserva de enfermedades que asume de sus devotos. En un momento dado, parece sufrir un intenso dolor y, al instante siguiente, desaparece por completo. Se levanta sin más y se va como si nada hubiera sucedido.

A veces se la ve sufrir terriblemente, incapaz incluso de sentarse sin ayuda, pero al minuto siguiente, cuando un devoto o un aspirante viene a verla, Amma se levanta de repente, con su energía habitual, y conversa durante un largo rato con esa persona.

Este día llegó un devoto muy divertido y habló con Amma abiertamente. De vez en cuando decía palabras graciosas y Amma se reía de buena gana. En un momento dado, abrió completamente la boca, dispuesto a imitar a otra persona. En una fracción de segundo, Amma cogió un puñado de arena y la lanzó en su boca antes de que pudiera cerrarla. Todo ocurrió con la rapidez de un rayo. El devoto se levantó de un salto y empezó a escupir la arena. Mientras lo hacía, expresaba su gran alegría, riendo y diciendo: "¡Esto es lo que ella hace con charlatanes como yo!" Al ver cómo escupía la arena, Amma reía a carcajadas.

El devoto fue a enjuagarse la boca y poco después regresó al lado de Amma. Dijo a los otros devotos: "¡Qué imbécil soy! ¡Tenía que haberme tragado esta arena! ¡Quién sabe lo que contenía! Era *prasad*. Si me la hubiera tragado, tal vez hubiera alcanzado la Realización. Reflexionamos siempre después del golpe". Suspiró un momento y se detuvo. Muchos devotos congregados alrededor de Amma habían sido testigos de esta escena, así como casi todos los *brahmacharis*.

Este devoto tenía cerca de sesenta años, era un cantante de música clásica y Amma le pidió que cantara una canción. Marcó con su voz el ritmo que abría el canto, acompañado de gracias y gestos, generando de nuevo una situación divertida que hizo reír a todos, incluida Amma. El *bhajan* de la tarde empezó a las seis y media. Amma también estaba allí. Caía una lluvia torrencial acompañada de truenos y relámpagos. El ruido continuo de las olas del mar batiendo contra la arena durante la tormenta producía un sonido monótono que procedía del oeste. El *bhajan* proseguía mientras Amma, en un estado de absorción espiritual, se balanceaba de un lado a otro cantando. El ruido de la lluvia servía de acompañamiento de fondo al *bhajan Amma Bhagavati Nitya Kanye Devi.*

> *¡Oh Madre Divina!, Virgen Eterna,*
> *Me inclino ante ti,*
> *Para obtener tu mirada llena de gracia.*
>
> *¡Oh Maya!, Madre del Universo,*
> *¡Oh Pura Conciencia-Gozo!,*
>
> *¡Oh Gran Diosa!, ante ti me inclino,*
> *¡Oh fuente de todos los mantras en los cuatro Vedas!*

Yo me inclino ante ti, una y otra vez.
¡Oh tú!, el loro en el nido de Omkara
Me inclino ante Tus Pies Sagrados

¡Oh tú!, que resides
En el rostro de loto del Señor Brama.
¡Oh Esencia de los cuatro Vedas!,
Ante ti me inclino.

De repente la voz de Amma resonó, ahogando la música "¿Quién es este hijo?" El *bhajan* se detuvo bruscamente. Se produjo un gran silencio. Nadie comprendía por qué Amma hacía esta pregunta. Todos pensaron que habían hecho algo mal cuando Amma preguntó de nuevo:

Amma: ¿Quién canta a contratiempo? No carguéis con una falta grave haciendo eso. Perder un tiempo cuando se canta bhajans causará un daño. Si no cantáis con concentración, perderéis el talam (ritmo). Numerosos seres celestes y seres sutiles escuchan cuando cantamos. Cada instrumento tiene un devata (semi-dios). Ese devata nos maldecirá si no tocamos el talam correctamente.

Este es otro ejemplo de la disciplina que nos enseña Amma, utilizando cada situación para que sus hijos comprendan la necesidad de estar siempre atentos a las acciones que realizan, incluso cuando tocan un instrumento musical.

El *bhajan* continuó:

¡Oh Diosa del mundo!, es sólo tu juego
Crear el mundo y salvarlo aniquilándolo.

¡Oh Mente de la mente!, ¡oh Madre adorada!,
No soy más que un gusano en tu juego.

> *¡Oh tú! que eres misericordiosa con los afligidos,*
> *Que lo haces todo, sin hacer nada,*
> *Me inclino ante ti*
>
> *¡Oh Kali de tez negra!,*
> *Tú que has destruido al demonio Mahisha,*
> *Shankari cuyos ojos son como pétalos de loto,*
> *Me inclino ante ti*
>
> *¡Oh tú que eres siempre joven! Tú que destruyes el dolor,*
> *¡Oh tú, la Gran Alma!, Bhaskari, ante ti me inclino.*

Los cantos prosiguieron hasta las ocho y cuarto, terminando con el *arati*. Amma permanecía en su lugar, apoyada al muro y con los ojos cerrados, mientras los devotos y los residentes se postraban ante ella uno a uno. Siempre en estado de éxtasis, seguía cantando de vez en cuando algún *kirtan*. La beatitud interior en la que estaba bañada se manifestaba exteriormente a través de sus carcajadas.

Al cabo de un momento, se estiró colocando la cabeza en las rodillas de un niño de apenas siete años. Después recobró su estado normal y se puso a mimar al niño. Amma le pidió que cantara. El niño aceptó y se puso a cantar *Kanna Ni Yenne*.

> *¡Oh Krishna!, ¿me has olvidado?*
> *¡Oh, tú, de color de una nube de tormenta!,*
> *¿Me has olvidado?*
> *No viéndote, aumenta mi dolor*
> *Y mi corazón es incapaz de comprender nada.*

Amma parecía muy absorta en el canto y la devoción del inocente niño. Una bella sonrisa iluminó su rostro. Cuando el niño acabó de cantar, preguntó: "Hijo mío, ¿conoces *Manasa Vacha*?" "Sí", respondió él. "Entonces canta," le dijo ella. El niño apenas pudo cantar las cuatro primeras estrofas. Se detuvo y dijo suavemente a Amma: "Es todo lo que sé" Amma continuó cantando el *bhajan* celebrando al Divino, mientras los devotos y los residentes seguían congregados alrededor de ella, testigos de los diferentes estados que atravesaba.

En mis pensamientos, palabras y obras,
Me acuerdo de ti sin cesar.
Entonces ¿por qué tardas
En concederme tu misericordia,
¡Oh Madre Bien Amada!

Los años han pasado,
Pero, sin embargo, mi mente no tiene paz.
¡Oh Madre Querida!, concédeme algún alivio.

Mi mente oscila como un barco en medio de la tormenta,
¡Oh Madre!, dame un poco de paz mental
Temo volverme loco.

Estoy fatigado, Madre, esto es insoportable.
No quiero semejante vida.
No puedo soportar tus pruebas
¡Oh Madre!, ¡no las puedo soportar más!

Soy un pobre mendigo,
No tengo a nadie más que a ti, Madre.
Por favor, detén estas pruebas.
Tiéndeme la mano y álzame hasta ti.

De repente, Amma se levantó y fue hacia la cocina. Era la hora de la cena. Amma sirvió ella misma arroz hervido a todos sus hijos. Después de comer, los *brahmacharis* pidieron permiso para hacer su *sadhana*. Nadie quería irse mientras Amma estuviera allí, pero ella no les permitía permanecer a su lado durante las horas en las que debían cumplir con sus prácticas espirituales.

El silencio de la noche reinaba alrededor. Ningún sonido venía a romperlo, excepto la llamada estrepitosa de las olas del océano. Los *brahmacharis* meditaban en la sala reservada a ese efecto o bajo el porche. Algunos estaban sentados fuera, bajo los cocoteros. A las once, una vez terminada su *sadhana*, los residentes fueron a acostarse para empezar de nuevo a las cuatro de la madrugada del día siguiente.

La atmósfera del ashram estaba completamente serena. Se oía un ruiseñor cantar una melodía evocadora. Al cabo de un tiempo el pájaro también dejó de cantar. Las estrellas brillaban en el profundo cielo de terciopelo negro. De pronto, desgarrando la calma de la noche, la voz de Amma se alzó desde su dormitorio. Ella cantaba *Anandamayi Brahmamayi*.

> *¡Oh, tú, la Bienaventurada!, ¡Oh, tú, la Absoluta!,*
> *¡Oh, tú, la Bienaventurada!, ¡Oh, tú, la Absoluta!,*
> *Cuya forma es de una belleza sin igual,*
> *¡Oh, tú, la Bienaventurada!, ¡Oh, tú, la Absoluta!*

Su voz tenía un tono patético poco habitual. Algunos *brahmacharis* se despertaron al oír el canto y se sentaron delante de sus chozas para escuchar a Amma en silencio. El canto tenía suficiente poder para hacerlos deslizar sin esfuerzo en un estado meditativo, atrapados en la conmovedora y hechizante melodía *Aradharangal* (segunda estrofa del mismo canto).

> *Atravesando los seis centros místicos, los yoguis*
> *Llegan a conocerte, a ti, el inestimable tesoro.*
> *Tu Gloria, ¡Oh Poder Infinito!,*
> *Sólo está ligeramente revelada.*

Las olas del océano servían de música de acompañamiento. El canto desgarrador de Amma llenaba la atmósfera de un fervor divino. La brisa dulce y fresca respondía al canto pues transportaba con reverencia las vibraciones hasta lo más profundo de esa noche encantada.

Amma dejó de cantar. El silencio se mantuvo un breve instante. Fue nuevamente roto por el tintineo rítmico de las tobilleras de Amma. Debía estar danzando, sin duda, inmersa en una danza extática, olvidada de sí misma y del mundo exterior. Sola en un universo más allá del nuestro, al que nadie más tenía acceso. Cada uno de los *brahmacharis* que se habían despertado tenía la impresión de que ella danzaba en su propio corazón. Tristes de no poder ver danzar a su Madre Bienamada con las tobilleras, pero imaginándola y visualizándola en su mente. Pensando en cómo debía deslizar sus Pies Sagrados con pasos embelesados en una danza mística de Devi, permanecían cerca de sus chozas, con la mirada fija, vuelta hacia el dormitorio de Amma.

Al fin, el sonido de las campanillas se detuvo. Los residentes esperaron algunos minutos por si se oía otro canto u otros tintineos de campanillas. Pero ningún otro sonido llegó del dormitorio de Amma, y todos volvieron a acostarse mientras el reloj marcaba la medianoche.

3 de abril de 1984

El reloj del comedor dio diez campanadas. Una niña vestida de blanco preparaba la pasta de sándalo para la *puja* de la mañana. Como de costumbre, Acchamma estaba ocupada en su tarea cotidiana, la de preparar las guirnaldas. Esta mujer de ochenta años se levanta cada mañana a las tres y media, toma una ducha fría, hace su recitación cotidiana de los Nombres Divinos, canta algunos *bhajans* y, luego, va a recoger las flores para la *puja* en el templo y las guirnaldas para las imágenes de la Diosa y de Amma.

Es tan anciana que no puede caminar erguida, y siempre va inclinada hacia delante. Sin embargo, su determinación aventaja, con gran diferencia, a su edad.

En un lado del ashram, se oía a los *brahmacharis* recitar el *Lalita Sahasranama*. Durante la *puja*, el tintineo de la campana resonaba en el ambiente. Una música alegre se elevaba desde una de las cabañas. Markus, un devoto alemán muy trabajador, tocaba la flauta.

Esta mañana, un *brahmachari* ha ido al dormitorio de Amma y se ha quejado de la persistencia de sus *vasanas*, a pesar de sus largos años de prácticas espirituales. Acusaba a Amma de no concederle su gracia y llegó a decirle que si no le eliminaba pronto sus *vasanas*, se suicidaría.

Sin apartar su mirada, Amma permaneció un momento silenciosa. Cuando se hubo calmado un poco, ella lo llamó para que se acercara y le dijo afectuosamente.

Amma: Hijo mío, ¿sabes cuánta energía has derrochado esta mañana? Amma aprecia tu determinación y tu sed de realizar a Dios. Sientes la urgencia y eso es una buena señal, pero la cualidad más importante que un *sadhak* debe tener para alcanzar la meta es la paciencia. Un verdadero *sadhak* no se impacientará nunca. Hijo mío, ¿sabías que nuestros ancestros, los grandes santos y los sabios del pasado practicaban durante años austeridades con el fin de realizar a Dios? Nunca se impacientaban. Si lo hubieran estado, no habrían podido conseguirlo. Si la impaciencia hubiera gobernado su vida, el resultado habría sido una pérdida de tiempo y de energía.

Hasta para la realización de metas materiales efímeras, hace falta mucha paciencia y esfuerzo personal. ¡Qué decir entonces de la realización espiritual, que es la única cosa que otorga la felicidad eterna y la inmortalidad!

Imagina que alguien deseara visitar un país extranjero, por ejemplo Estados Unidos de América. Debe primero hacer una solicitud de pasaporte, y esperar a continuación pacientemente que le sea emitido. No lo conseguirá en un día ni en dos, pues estas cuestiones administrativas llevan su tiempo. Antes que le sea entregado el pasaporte, tendrá que superar numerosos trámites. Una vez lo haya recibido, debe obtener un visado. Además, debe encontrar a alguien que lo avale. Todas estas cuestiones tardan su tiempo. No se debe perder la paciencia y decir: "¡No, no! ¡Tengo que ir a Estados Unidos ahora mismo! ¿Por qué no es posible? Hoy mismo tengo que conseguir la visa y el avalista, si no lo consigo me suicidaré!" Y si la persona pierde la paciencia y se suicida a los pocos días de iniciarse el procedimiento, ¿qué resultado va a obtener? Lo único que va a conseguir es su muerte. Nada más va a ocurrir. No importa el número de nacimientos que se hayan alcanzado, si no se tiene paciencia no es posible la Realización de Dios. Para satisfacer tu deseo, debes actuar lentamente, con constancia. Ser paciente, estar atento y ser sincero. Si todo se desarrolla normalmente, alcanzarás tu meta. Si pierdes la paciencia, todo se vendrá abajo. No alcanzarás la meta mostrándote impaciente, porque tu mente estará agitada y dispersa. Y de ese modo, pierdes toda la concentración y la energía necesarias para alcanzar la meta. Con esfuerzos constantes y pacientes, puedes poco a poco progresar firmemente.

Hijo mío, la Gracia no es algo que puedes arrancar de Dios o del Gurú. La Gracia se derrama espontáneamente hacia el discípulo. Nadie puede decir cuándo, dónde y cómo llega. No puedes ejercer ningún control sobre ella. Pero sí puedes y debes actuar. El resto depende de la Gracia. Llega sin más cuando el Gurú percibe que el discípulo está maduro y preparado. Y para eso hace falta paciencia. Debes realizar el esfuerzo sin pensar en el resultado. Y cuando sea el momento, el Gurú te la concederá. No pierdas el tiempo preocupándote.

Los *vasanas* no pueden ser eliminados tan fácilmente. Hijo mío, ¿desde cuándo practicas meditación?

Amma se detuvo, esperando una respuesta. El *brahmachari* dijo suavemente: "Desde hace dos años". Amma preguntó: "¿Y meditas constantemente? ¿Cuántas horas le dedicas? ¿Siete u ocho horas como mucho?" El *brahmachari* no dijo una sola palabra. Amma parecía tener algo preparado en su mente y siguió preguntando: "¿Qué edad tienes ahora?" El *brahmachari* empezó a sentirse avergonzado de hablar, como si sospechara algo. Sin embargo, contestó: "Veintiocho años". Amma continuó preguntándole: "¿Meditabas o recitabas los Nombres Divinos antes de estar con Amma?" "No", admitió.

Amma: Muy bien, ahora escucha, hijo mío, no has practicado meditación más que durante dos años, y has estado en este mundo veintiséis años antes de sentirte atraído por la espiritualidad. Y eso por lo que respecta a esta vida, pues nadie sabe cuántos nacimientos has realizado anteriormente y qué debilidades has tenido. Y ahora manifiestas que todas estas tendencias acumuladas tendrían que haber desaparecido en estos dos últimos años. No sólo eso, sino que aquí no estas constantemente ocupado en eliminar tus *vasanas*. Quizá meditas siete u ocho horas diarias, pero ¿qué grado de concentración alcanzas? Digamos que obtienes un minuto de concentración por cada hora de práctica. De ser así, no llegaría ni a diez minutos de concentración diarios. Resulta evidente que no te empeñas constantemente en la eliminación de tus *vasanas*. Además, hijo mío, cuando vivías en el mundo, dedicabas todo tu tiempo a divertirte y a satisfacer tus deseos. Ahora cuéntale a Amma si te parecen fundadas tus reivindicaciones.

El *brahmachari* se quedó completamente en silencio. Palidecía mientras permanecía sentado cabizbajo. Amma lo abrazó y consoló.

Amma: No te preocupes, hijo mío. Amma sólo quería que fueras consciente de que se requiere una larga práctica y paciencia. Al menos eres consciente de que esos *vasanas* existen y que deben ser eliminados. Eso muestra que ya has evolucionado. Esta concienciación en sí misma es importante. Las personas mundanas ni siquiera saben que poseen terribles *vasanas*. Están completamente inmersas en ellas. Si os comparáis con esas personas, estáis mucho más evolucionados. Hijos míos, sed felices. ¿Por qué estáis tan preocupados cuando Amma está aquí para cuidaros?"

A las diez y media Amma fue a la cabaña y empezó el *darshan*. Un devoto hizo una pregunta sobre el culto a los diferentes *devatas*. Amma respondió:

Amma: Aunque los *devatas* sean superiores a los seres humanos, dependen de los humanos para su subsistencia. Por eso encontramos, en los *Puranas* y en las epopeyas, historias de *devas* que crean obstáculos a los que hacen penitencia. Una vez que un ser humano alcanza el estado de "no-acción", estos *devas* no reciben su parte, que se obtiene principalmente a través de varios rituales y oblaciones. Cuando un ser humano evoluciona hasta el estado de *sannyasa*, renuncia a todas las acciones, incluso a los rituales y oblaciones. Así los *devas* pierden lo que solían recibir de ese individuo. La acción sólo tiene sentido para los seres humanos mortales, no para los que se elevan hasta el estado de inmortalidad. Eso significa que las acciones no pueden atar a una persona así. También trabaja, pero renuncia a su fruto; es decir, que renuncia a la acción en sí misma. Estar desapegado de una acción que hacéis, significa que no la estáis haciendo, que vuestra mente no está identificada con la acción. En consecuencia, no hay nadie para dar o recibir y, como resultado, los *devas* pierden su parte.

Los *devas* no quieren que eso ocurra, y por eso crean obstáculos a los que practican austeridades para realizar el Ser.

Hay diversos aspectos de divinidad que son potentes dentro de nosotros. Cuando actuamos de forma buena y sabia, la bondad presente en nosotros despierta y nos conduce hacia el progreso y la prosperidad. Pero entonces, mientras persistimos en nuestro esfuerzo, intentando concentrar toda nuestra atención en el Ser Supremo, esta bondad en sí misma se vuelve un obstáculo pues, para alcanzar la Realidad Ultima, es decir la Auto-Realización, debemos trascenderlo todo, incluso la bondad. La bondad también es una esclavitud. Estos grandes ideales también existen como pensamientos, y para alcanzar el estado de no-acción, el estado de renuncia completa, todos los pensamientos deben cesar. La mente debe desaparecer. Si la mente tiene que desaparecer, todos los pensamientos también deben disolverse, pues la mente no es nada más que pensamientos. Cuando intentamos obtener ese estado sin pensamiento, esos mismos buenos pensamientos crearan obstáculos. Incluso los buenos pensamientos intentarán hacernos retroceder hacia viejo estado de acción. No pueden existir sin vuestra cooperación, sin que actuéis. Las acciones – hacer el bien, cumplir las ceremonias sagradas – son el alimento para estos buenos pensamientos; es lo que les permite existir.

Los rituales y las ceremonias ayudan a limpiar y a purificar la mente. Gracias a los rituales y a las diversas prácticas religiosas, la mente, llena de toda clase de malos pensamientos, se vuelve buena y virtuosa. Cuando hayáis obtenido eso, no os detengáis, continuad y trascended también este estado. Si os apegáis a la bondad y a la virtud, llegarán a convertirse en hábitos y, en consecuencia, en *vasanas*. Ya sea bueno o malo, un *vasana* es un obstáculo en el camino hacia la Perfección. Así pues, no perdáis mucho tiempo en los buenos pensamientos; trascendedlos. Sólo si vais más allá de todo bien y todo mal alcanzaréis el estado en el que no hay bien ni mal, sufrimiento ni alegría, éxito ni fracaso; sino el estado en el que siempre sois Eso. Solamente Eso. Poco importa si estáis sujetos por una cadena de oro o una de acero. La esclavitud es la esclavitud cualquiera que sea el lazo que os ata. Así, pues, para calmar completamente la mente, también hay que trascender la bondad. Los buenos o malos pensamientos siempre crearán olas en la mente, perturbando su tranquilidad.

Un devoto: La cuestión es renunciar a todas las acciones y pensamientos egocéntricos, ¿no es así, Amma?

Amma: Tienes razón, hijo mío, Todo pensamiento y acción que alimente el ego no debería ser aceptado. Las buenas acciones y pensamientos también os atarán si actuáis y pensáis con una actitud de "yo" y "lo mío". Por eso se dice que hace falta acercarse a un Maestro Perfecto. Sólo él puede ayudaros a liberaros de ese sentimiento de "yo" y "lo mío". Es un sentimiento muy sutil y fuerte. Los *vasanas* sutiles son más poderosos que los superficiales. Las cosas sutiles también son más penetrantes. Cuando el hielo se derrite, se convierte en agua que es más sutil, más poderosa y más penetrante. El agua, una vez calentada y hervida, se transforma en vapor, que es todavía mucho más sutil, más poderoso y penetrante. El vapor es tan poderoso que llega a utilizarse para accionar enormes máquinas. El poder del agua, una vez convertida en energía eléctrica, se vuelve aún más sutil, poderoso y penetrante. Sucede lo mismo con la mente y los pensamientos que conforman la mente, se tornan más fuertes y penetrantes a medida que se hacen más sutiles, El esfuerzo humano solo no basta para arrancar las tendencias sutiles profundamente enraizadas. La Gracia de Dios o del Gurú es absolutamente indispensable; solo ella puede conducir a la mente hasta el estado más sutil, allí donde no hay más pensamientos ni mente. En ese estado de sutileza suprema, la mente se transforma en la más poderosa fuente de inextinguible energía. En ese estado, se convierte en una energía que en sí misma todo lo impregna. Supone la muerte total del ego, que no regresará más.

Todo el mundo estaba asombrado y siguió sentado durante un buen rato. Miraban a Amma con humildad y reverencia. Parecía como si todos fueran conscientes de la gran dimensión espiritual y de la omnisciencia de Amma. Las mayores explicaciones científicas sobre las más altas verdades filosóficas, expuestas por Amma en un lenguaje accesible y lúcido, llenaron sus corazones de inmenso gozo y profunda inspiración. Su simplicidad e inocencia también se reflejaban plenamente en sus palabras.

Una aldeana de aspecto sencillo, que no había acabado su escolarización normal, que no había estudiado los textos preliminares de la espiritualidad ni solía leer nada, hablaba como un gran sabio y se había convertido en la Maestra de eruditos y personas muy instruidas. ¿No es un fenómeno extraordinario? Aquellos que tengan ojos, lo verán. Aquellos que tengan oídos, lo oirán. Aquellos que tengan corazón, lo sabrán.

Amma se detuvo un momento. Cerró los ojos y fue transportada durante unos instantes a otro universo. Luego, murmurando "¡Shiva, Shiva!" y haciendo girar en el aire el índice de su mano derecha, volvió a abrir los ojos.

Un devoto: Brahmachari Balu me ha contado una anécdota que muestra cómo la desobediencia y el ego ante el Gurú pueden conducir al desastre.

Amma: (con la curiosidad de una niña:) ¿De qué se trata? ¿Qué es lo que te ha contado?

El devoto: Me ha hablado de un muchacho llamado Hari que visitaba a menudo el ashram y seguía una *sadhana* de acuerdo con tus instrucciones. Un día, no quiso comer porque estaba encolerizado contigo, pues no habías aceptado que te acompañara en uno de tus viajes. Para consolarlo y conseguir que comiera, le ofreciste una banana. Él no la quiso aceptar. Con el amor y el afecto de una madre, se la ofreciste varias veces para que la aceptara y se la comiera. Pero no aceptó de ninguna manera, diciendo: "¡No, no la quiero!" De pronto la expresión de tu rostro cambió y te pusiste muy seria. Tiraste la banana bien lejos al tiempo que decías: "Se ha ido tu último fruto, Hijo mío. Ese era tu último fruto". Brahmachari Balu me ha dicho que desde aquel momento, el muchacho no ha sido capaz de meditar, ni siquiera un segundo. Y ahora va de aquí para allá malgastando su tiempo y su energía. Ha abandonado la vida espiritual y lleva una vida mundana con toda clase de problemas.

Amma: Normalmente, Amma no dice esas cosas. A pesar de que Amma se había mostrado muy humilde, él no quería obedecer aquel día, y las palabras salieron solas. Ni siquiera Amma podía detenerlas. Puede que fuera su destino. Dios no tolera el ego. Hijos míos, el ego puede causar grandes desastres.

Eran las cuatro de la tarde. Amma quería escuchar una canción titulada *Saranagati* (Acógeme, ¡oh Madre!) Se trajo un magnetófono y sonó la canción. Había sido interpretada por un residente con un coro de acompañamiento. La cabaña estaba llena de devotos y Amma se quedó completamente absorta en el canto:

> *¡Oh Madre inmortal!, que eres Shakti,*
> *La encarnación misma de la Energía,*
> *Que resides en la esencia de todos los seres,*
> *Que eres la Personificación del buen augurio,*
> *Y que posees el máximo grado de Pureza,*
> *Ante tus pies sagrados, me postro.*

Al cabo de un momento, Amma se levantó y salió. Se paseó un rato por el cocotal y, más tarde, dijo: "Amma no podía escuchar el canto con todo su corazón puesto en él. Si lo hubiera hecho, habría perdido el control de sí misma, y no era lo que deseaba en ese momento. Había muchas personas en la cabaña que no conocían nada de estas cosas y, por ese motivo, Amma se ha levantado y ha salido". El canto había terminado y era la hora de los *bhajans*.

Uno a uno, los residentes y los devotos fueron tomando asiento delante del templo. Un devoto siguió en la cabaña, en meditación. Amma entró de pronto y le preguntó: "Hijo mío, ¿todavía sigues aquí?" Ella se sentó sobre la cama y el devoto se postró completamente estirado. Después tomó los pies de Amma y los puso sobre su cabeza. Con los ojos llenos de lágrimas, imploró: "Amma, me basta con tus pies. No quiero nada más. ¡Oh Amma, no me hagas jugar en este mundo de la pluralidad!"

Amma lo oyó atentamente. Le dirigió una mirada llena de compasión y acarició a su hijo con amor y afecto. "Ven, hijo mío, es la hora de los *bhajans*" le dijo Amma mientras salía y se dirigía hacia el templo.

Los *bhajans* empezaron como de costumbre a las seis y media. Amma tocaba el *ganjira* (un pequeño tambor de una sola cabeza). Al cabo de unos minutos, dejó el *ganjira*, tomó los címbalos y se puso a tocarlos. Parecía que estuviera luchando por mantener su espíritu aquí bajo. También dejó los címbalos y se puso a cantar. Se generaron olas de gozo incondicional, que se irradiaban por todas partes, mientras cantaba *Manase Nin Svantamayi*:

Recuerda, ¡Oh mente!, esta verdad suprema:
¡Nadie te pertenece!

A causa de tus acciones insensatas,
Vagas en el océano de este mundo.

Aunque la gente te honre
Llamándote "¡Señor, Señor!"
Sólo será por poco tiempo.

*Tu cuerpo, tanto tiempo honrado,
Será abandonado cuando la vida se vaya.*

*¿Por qué amor has estado luchando
Todo este tiempo, sin preocuparte de tu vida?
Hasta ella tendrá miedo de tu cadáver
Y no te acompañará.*

*Preso como estás en la trampa sutil de Maya,
No olvides el Sagrado Nombre
De la Divina Madre.*

*El Señor atraerá hacia Él las almas
Impregnadas de devoción
Como un imán atrae el metal.*

*Posición, prestigio y riqueza son efímeros,
La única Realidad es la Madre Universal.*

*Renunciando a todos los deseos,
Dancemos en esta dicha
Cantando el Nombre de la Madre Kali.*

Cantar con Amma, especialmente de noche, es una experiencia llena de gozo que abre el corazón y lo eleva a un plano superior de devoción. En las poderosas alas espirituales de Amma, los devotos y residentes vuelan alto cada noche durante los *bhajans*, absorbiendo el gozo divino de la devoción suprema. Cada momento es una experiencia que pone el corazón en contacto con un nuevo tesoro espiritual. Así ha sucedido esta noche. Todos cantaron olvidándose de sí mismos.

4 de abril de 1984

Nadie sabe cuándo Amma va a salir de su dormitorio o va a volver. Nadie puede predecir lo que Amma va a decir o hacer. Puede que estemos convencidos de que Amma va a hacer algo en cierto momento; pero, en lugar de eso, hace algo totalmente inesperado y de una manera diferente, que nunca podríamos haber imaginado.

El día y la noche son idénticos para ella. Aquello que se proponga, Amma lo hará con independencia de la hora y del lugar. Ella es imprevisible e irresistible. Nadie puede decir cómo Amma va a manejar una situación determinada. Podemos hacernos una idea o especular sobre ella, pero todo se viene abajo cuando observamos cómo maneja las cosas. Nosotros no vemos más que el presente, lo que sucede ahora, en este mismo momento; pero Amma ve a través de todo. Su mirada lo penetra todo, penetra en todas las experiencias y acontecimientos, y va más allá, hacia un futuro lejano. Cuando nosotros sólo somos conscientes de los aspectos superficiales de una cosa, su mirada penetra en sus rincones más ocultos y saca a relucir los aspectos más sutiles.

Este día, una familia de cinco personas del norte de Kerala había venido a ver a Amma. Ella no había llegado todavía a la cabaña. Uno de los residentes se acercó a ellos al ver que era la primera vez que visitaban el ashram y tal vez desearan alguna información. Los saludó con las manos unidas y les preguntó educadamente: "¿De dónde vienen? ¿Es la primera vez que visitan el ashram?"

El hombre que parecía ser el padre de familia, tomó la palabra: "Venimos del norte de Kerala. Es nuestra primera visita y no conocemos las costumbres del ashram. ¿Es posible entrevistarse con Amma?"

"Por supuesto, podéis hacerlo, pero Amma no ha salido todavía. Seguro que viene más tarde, pero no podemos asegurar cuándo". El residente desenrolló una esterilla ante el templo y les rogó que se sentaran hasta la llegada de Amma. No eran más que las nueve de la mañana. El padre de familia no estaba muy convencido y, dirigiéndose al residente, le preguntó: "Perdóneme, ¿pero está seguro de que Amma vendrá hoy?" El residente lo tranquilizó: "No os inquietéis, vendrá después".

A las nueve y media, en lugar de ir a la cabaña, Amma fue directamente al templo a donde la esperaba aquella familia. Era como si Amma supiera que los recién llegados se encontraban allí. Se levantaron y permanecieron respetuosamente en pie cuando llegó Amma al porche del templo. El residente, que estaba todavía por allí, se postró ante Amma. Al ver aquel gesto, los visitantes, que se habían preguntado cómo rendir homenaje a Amma, hicieron lo mismo. Amma dijo: "De hecho, Amma había previsto venir a ver a los devotos después del mediodía. Pero, de pronto, cambió de opinión y decidió venir ahora". El padre de familia dijo: "Tenemos suerte" Todos seguían de pie y Amma les rogó que tomaran asiento. El padre de familia presentó a los miembros de su familia a Amma: "Han venido conmigo mi esposa, mi hijo, mi hija y mi nuera. Desde hace dos meses teníamos previsto venir a ver a Amma, pero cada vez por diversas razones hemos ido aplazando nuestra visita. Aunque no hayamos podido venir antes, todos hemos estado pensado en ti casi cada día".

Amma cerró los ojos un momento. Después llamó a la muchacha, que era la menor, y le pidió que pusiera su cabeza en el regazo de Amma. La muchacha se puso a llorar. Los otros miembros de la familia lloraban en silencio.

Amma levantó a la muchacha, secó sus lágrimas y luego le pidió que volviera a poner la cabeza en su regazo. Amma continuó dándole golpecitos suaves en la espalda mientras los otros se secaban las lágrimas. Amma dijo al padre con una voz suave: "Ha sido bastante desafortunado que haya visto los resultados de los análisis y descubierto que tenía leucemia". Los tres se quedaron visiblemente afectados por el impacto de aquella frase. Estaban sorprendidos de ver que Amma había llamado a la muchacha sin que le hubieran dado el menor indicio sobre su terrible enfermedad. Incapaz de controlar sus sentimientos, como lo revelaba su voz trémula, el padre dijo: "Pero nosotros no te hemos dicho que tuviera leucemia ni tampoco cómo se había enterado. Así que tú lo sabes todo". El resto de la familia sentía lo mismo que él, y una ola de emoción los sacudió de nuevo.

Amma dijo tranquilamente: "¡Olvidad todo eso y secad vuestras lágrimas! No es correcto perder el control emocional ante ella. Vuestra hija necesita ahora fuerza y valor para afrontar la situación. Si dejáis que fluyan vuestras emociones ante ella, se volverá débil, tanto mental como físicamente.

Después de haber recuperado su serenidad, trataron con Amma sobre lo que debían hacer por su hija única, llamada Salini. Ésta todavía seguía con la cabeza apoyada en el regazo de Amma, mientras recibía sus caricias por la espalda. La madre de Salini dijo: "Aunque sea estudiante de medicina, siente un gran respeto por la divinidad. Cada mañana hace una *puja* a la Madre Durga. Incluso en su actual estado, no deja de hacerlo. Pero, Amma, mira su destino. Dios le ha dado esta terrible enfermedad y, por desgracia, tal como has dicho, ha visto además los resultados de los análisis que nosotros queríamos ocultarle. Amma, imagina la angustia mental de una muchacha que sabe que sufre leucemia".

En ese momento, la muchacha levantó la cabeza del regazo de Amma y, mirando fijamente su rostro, le dijo: "Amma, no estoy en un estado de angustia mental como dicen. Lloro porque estoy en presencia de Amma, y es algo que he estado anhelando".

La Santa Madre le acarició afectuosamente la frente y mostró mucho amor y ternura por Salini.

Amma: De hecho, su presencia aquí es debida a su sankalpa. Dios no abandona nunca a sus devotos sinceros.

El padre: Amma, sin que nadie lo haya mencionado, has descubierto la enfermedad que sufre. Tú lo sabes todo, Amma. Creo que es su devoción por Durga la que hoy nos ha conducido hasta aquí y, sin la menor exageración, creo que está en este momento sobre el regazo de la Madre Durga. Amma, te lo ruego, sálvala. Sólo tú puedes hacerlo.

Después de haber expresado su plegaria, se postró completamente ante Amma y estalló en sollozos. Durante todo aquel tiempo, la muchacha seguía confortablemente con la cabeza sobre el regazo de Amma. Cuando oyó a su padre llorar, levantó la cabeza y le dijo: "Papá, estamos a los pies de Amma, déjala actuar a su manera. Por favor, no le digas que haga esto o aquello otro".

La Santa Madre miró el rostro de Salini, apreciando su actitud. Después pidió a un *brahmachari* que estaba de pie junto a ella que le trajera ceniza sagrada. Cuando se la hubo dado, Amma se la colocó un momento bajo su nariz, impregnándola así de su pura energía vital. A continuación aplicó un poco de ceniza sobre la frente de la muchacha y dio el resto a su madre pidiéndole que se la aplicara cada día sobre el pecho de su hija. Amma le dijo a Salini que también podía tragar un poco de aquella ceniza por la mañana y por la noche. Amma reconfortó a la familia, diciéndoles que no se preocuparan, que Amma cuidaría de su hija. A continuación Salini se levantó para partir, pero antes de hacerlo Amma llamó a toda la familia y les renovó sus señales de afecto.

Después de dejarlos, Amma fue a sentarse ante la sala de meditación. Los *brahmacharis* y algunos devotos padres de familia se sentaron a su alrededor.

Un brahmachari: Amma, ¿va a curarse esta muchacha? ¿Vas a hacer un sankalpa para salvarla?

Amma: No es vuestro trabajo ocuparos de eso. Vuestro trabajo es hacer sadhana. ¿Por qué os interesáis por estas cosas? Todo sucederá como deba suceder. (Volviéndose hacia los devotos) No obstante, a Amma le ha gustado la actitud de esta muchacha. Se enfrenta a la muerte y, aún así, aconseja a su padre: "Deja a Amma actuar a su modo. Por favor, no le digas que haga esto o aquello". Tiene una fe muy firme y conoce el principio auténtico de la espiritualidad. Hijos míos, esta es una buena lección para vosotros. Así es como debemos refugiarnos en Dios. Se debería rezar de este modo: ¡Oh Señor, que sea lo que tú quieras, y no dejes que yo sugiera nada! ¡Que se haga tu voluntad!" De algún modo, Amma siente que su enfermedad será curada gracias a su puro sankalpa y a su actitud correcta.

[Nota: Esta afirmación se reveló cierta y los análisis realizados después de su visita a Amma probaron que las células leucémicas de su sangre habían desaparecido completamente. Poco a poco Salini recobró la salud y volvió a la normalidad. En el transcurso de su siguiente visita a Amma, la familia contó que después de haberla conocido, su hija había dejado todos los medicamentos a excepción de la ceniza sagrada que Amma le había dado, pues creía firmemente que era el mejor remedio para curar su enfermedad. El padre de Salini dijo: "Incluso tuvimos mucho miedo pensando lo que podría suceder si dejaba todos los medicamentos que habían mantenido su cuerpo y su vida. Pero su determinación era muy fuerte. Finalmente, Amma la ha salvado".]

Un brahmachari: Amma, ¿qué ocurre en samadhi?

Amma: No pasa nada. Todos los acontecimientos se detienen en samadhi. Eso es lo que ocurre en ese estado.

Al mediodía Amma subió a su dormitorio. Cuando llegó allí un pariente de la familia de Amma se presentó para hacerle una simple visita. Era de mediana edad y no conocía nada sobre espiritualidad. Consideraba que Amma no era más que una muchacha corriente que formaba parte de su familia. Anteriormente, había sido muy contrario a los *Bhavas* divinos de Amma. Ahora, se contentaba con protestar. Tras presentarse como uno de los miembros mayores de la familia, siguió a Amma hasta su dormitorio, a donde entró mirándolo todo con aire de autosuficiencia. Luego, tomó un taburete y se sentó orgullosamente cruzando las piernas, manteniendo el pie derecho sobre la rodilla izquierda. Esta forma de sentarse era muy irrespetuosa y egocéntrica, y a los que estaban en la habitación les parecía intolerable. Sin embargo, no podían intervenir en presencia de Amma.

Amma se adapta a todas las situaciones sin el menor esfuerzo. Ante cualquier circunstancia, ella se conforma fácilmente y se sitúa en el nivel en el que puede ser comprendida por su interlocutor. Es lo que se estaba produciendo en aquel momento. Amma conversó con este hombre, creando en él la impresión de que no era más que una muchacha corriente que se interesaba por los asuntos de la familia. Era apasionante observar con qué diplomacia y, al mismo tiempo, con qué naturalidad Amma mezclaba en la conversación las actividades del ashram y los principios en los que se había fundado. Él estaba tan cautivado en *maya* que se limitaba a mover la cabeza afirmando lo que Amma decía mientras seguía sentado en la misma posición, con arrogancia. Sin embargo, esta actitud no duró mucho tiempo Descendió lentamente su pierna, después se puso a frotarla con sus manos. Su rostro mostraba igualmente señales muy claras de sentir un intenso dolor en una de sus piernas. Como seguía dándose masajes, Amma le preguntó: "¿Qué te ocurre?"

Con evidente dolor, contestó: "No sé cómo, pero de repente ha empezado a dolerme la pierna". Amma mostró su afecto hacia él, pero el dolor no desapareció, sino más bien aumentó. Incapaz de soportarlo, tuvo que dejar el dormitorio cojeando, sostenido por dos personas, una a cada lado. Esta salida no tenía nada que ver con el aspecto soberbio que había mostrado al entrar. Parecía como si el dolor mental de los devotos presentes se hubiera transmitido a su pierna.

Amma se levantó para ir a tomar una ducha, como si no supiera nada de lo que acababa de pasar. Eran las dos y media de la tarde y, hasta entonces, Amma no había tomado siquiera un vaso de agua. Este hecho era, sin embargo, habitual. Ella apenas se preocupa de sus propias necesidades. Algunas veces, no come ni aunque le sirvan comida a su hora. Por otra parte, es difícil que así sea, pues sus horarios de comida cambian sin cesar. Su desayuno se limita a uno o dos sorbos de té. A menudo, lo que debería ser una comida y una cena se convierten en una cena y un desayuno, por llamarlos de algún modo. En ciertas ocasiones se muestra testaruda como una niña inocente y rechaza la comida si le es servida con retraso. Pero lo hace sólo para dar una lección de *sraddha* (cumplimiento fiel del deber que uno tiene, entendiendo las necesidades de la situación) a los *brahmacharis*.

Por la noche, Amma se dirigió a la playa, acompañada de dos profesores universitarios, dos niños y dos *brahmacharis*. Allí, a la orilla del mar, se sentó inmóvil frente al océano. El vasto océano azul, símbolo del infinito, con sus incesantes olas de cambiante tamaño, constituía un espectáculo magnífico, que evocaba la paz y la tranquilidad en la mente de un *sadhak*. Aunque la naturaleza del océano esté compuesta de interminables olas, el simple hecho de contemplarlas nos puede ayudar a sublimar las olas de los pensamientos de la mente.

El sol de poniente, irradiando rayos dorados, brillaba al oeste sobre el horizonte. Sus rayos se reflejaban en las aguas del océano y coloreaban esta parte del mar de un oro rojo brillante. Como si desearan adornar la silueta ya radiante de Amma, los rayos bañaban igualmente su rostro, acentuando su sonrisa eternamente gozosa. Estaba el sol poniéndose sobre el horizonte y estaba la

Madre, el Sol del Conocimiento brillante sobre el horizonte de la espiritualidad.

Amma dio los siguientes consejos a los que la acompañaban.

Amma: Deberíais meditar imaginando en el mar un peñasco saliendo del agua o un loto completamente abierto. Después, sentad encima a vuestra Divinidad Bienamada. También podéis considerar al océano como si fuera el mundo, en el que vibra el jivatman de las olas. Y más allá de todo eso, imaginad la forma de Devi sentada en silencio sobre un loto, permaneciendo completamente inmóvil como conciencia-testigo. Y meditad en ella.

Después de la meditación, Amma se volvió como una niña. Empezó a jugar y a cavar agujeros en la orilla con sus manos. Luego llamó a uno de los dos niños y cubrió sus pies con arena. Después de eso, dibujó en la arena un triángulo, simbolizando *shakti* (la energía, el poder de la serpiente) y colocó en su centro una pequeña piedra representando el *bindu* (el punto central). Luego se puso a recitar la *archana*, utilizando arena en lugar de pétalos de flores, que normalmente son ofrecidos saliendo del corazón. Una de las niñas se unió a ella.

Al rato, Amma se puso a jugar con las olas, adentrándose en el mar. Formó una copa con sus manos para llenarlas de agua y la vertió sobre los niños, los cuales se fueron gritando hacia la orilla. Amma se rió al ver aquel espectáculo. En un momento dado, volvió a tomar agua en sus manos y la vertió sobre su propia cabeza. Hizo varias veces el mismo gesto llamando en voz alta "¡Eh, Shivane!."

Uno puede preguntarse si esta persona que se divierte como una niña pequeña, es la misma que protege a millares de personas que se acercan a sus pies en busca de consuelo y socorro. ¿Es la que dirige una institución espiritual? ¿Es el Gurú y la Madre Espiritual de miles de personas que vienen de todas partes del mundo? Estos diferentes aspectos de Amma resultan increíbles e incomprensibles, aunque uno los vea con sus propios ojos.

Al volver de la playa, Amma se dirigió directamente al huerto para coger algunas hortalizas. Ahora parecía, más bien, una madre de familia preocupada por las cosas necesarias para la cocina.

Chakka Kali

El crepúsculo se acercaba. Después de estar en el huerto, Amma se dirigió lentamente hacia la entrada del templo, al mismo tiempo que se acercaba Harshan, el hijo de la hermana de Sugunanandan. Cojeaba. Este primo había sido el compañero de juegos preferido de Amma en su infancia, y se alegró al verlo. Enseguida, Amma cambió su temperamento y apareció de nuevo como el de una niña pequeña que quería jugar a *Chakka Kali* (un juego de niños parecido a la rayuela).

Trazó pues sobre la arena los cuadrados y empezó el juego. Los residentes del ashram y algunos devotos venidos de fuera se acercaron para ver a Amma jugar. Sentían una gran alegría al verla jugar. Amma jugaba igual que una niña que se identifica plenamente con su juego y sabe utilizar toda clase de estratagemas, dignas de una experta. Amma también se permitía jugar un poco a lo loco.

Siguiendo las reglas, Amma lanzó una piedra hacia uno de los cuadrados mientras decía: "¡Oh Shiva, haz que gane este juego!" Pero la piedra no cayó en el cuadrado que pretendía y Amma señaló con humor: "¡Oh Shiva, no has colaborado!" (Todos estallaron en risas). La piedra rebotó y se paró algo más lejos. "¡Ay!", dijo Amma y, con aspecto desesperado, se puso a un lado. Amma empezó a sofocarse de tanto saltar a la pata coja, pero no quería abandonar tan fácilmente y, como una niña determinada y testaruda, continuó jugando. Fue entonces cuando resonó el armonio y el *mridangam* (tambor de dos caras) desde el templo.

Amma corrió hacia el depósito de agua para lavarse las manos, las piernas y el rostro diciendo: "Es la hora del *bhajan*".

¿Cuál es este estado de *jivanmukti*? ¿Cómo podemos comprenderlo? ¿Qué sentido pueden tener estos diferentes cambios de temperamento? ¿Qué interpretación se puede dar a los estados de ánimo aparentemente extraños de estas Grandes Almas? Eso seguirá siendo un misterio hasta que hayamos alcanzado la Realización. Por fuera, Amma es sumamente compleja, pero su personalidad interior es completa y está perfectamente integrada. Ella utiliza esta complejidad exterior como un velo para cubrir su perfección interior. No es para impedirnos contemplar su verdadera naturaleza, sino para conducir nuestra mente a centrarse totalmente en ella, de modo que pueda trabajar sobre nosotros. Los juegos de un *Mahatma* tienen por única meta atraer a los devotos y unirlos a él. Cuando se enamoran y se sienten totalmente apegados a él, el *Mahatma* empieza a disciplinarlos a fin de hacerles conocer y realizar el Ser no-dual con el que él es uno. De otro modo, no seríamos capaces de impregnarnos de él, ni apreciarlo, aunque manifestara plenamente su verdadera naturaleza. En un verso de una de las composiciones escritas por Amma, *Omkara divya porule*, ella dice: *Piccha nadakkunnu makkal.*

Vuestros pasos son inseguros, queridos hijos,
Amma camina a vuestro lado
Para desarrollar en vosotros
La conciencia de la Eternidad.

¿Cuál era el sentido de los juegos de Krishna en Vrindaban? ¿A cuento de qué venía eso de ir a robar mantequilla a casa de las *gopis*, jugar con los *gopis* y *gopas*, e ir a apacentar las vacas? ¿A qué se debía todo esto? Estas travesuras de la infancia y estas diversiones, insignificantes y carentes de razón, ¿acaso eran meros juegos de un niño corriente? No, nada de eso. Constituían diferentes métodos para unir a los devotos a Krishna y transportarlos hacia la región más alta de la Conciencia Absoluta, en la que él estaba establecido. Pero esta meta no habría podido alcanzarse si él se hubiera quedado en el estado de Dicha Suprema, sin hablar ni jugar o sin mezclarse con las personas de Vrindaban y vivir con ellas. Ciertamente, ellos no lo habrían apreciado tal como lo hicieron. De la misma forma, Amma desciende a nuestro nivel de comprensión y actúa como una entre nosotros, manifestando poco a poco su Gloria, para que podamos sentirla y apreciarla. Gradualmente, nos será mucho más querida y, con el tiempo, el bien más preciado. Y así este amor culminará en una relación muy intensa e imposible de romper, que le permitirá conducirnos al estado de Realización. Amma dice: "Para atrapar a un ladrón, los policías se disfrazan a veces de ladrón y actúan como él. Una vez capturado el ladrón, los policías revelarán su identidad real. De forma parecida, Amma actúa como si fuera una entre nosotros a fin de atrapar al ladrón de vuestra mente y conduciros hacia Dios".

El *bhajan* empezó y Amma fue transportada a un estado de éxtasis. Levantando sus dos brazos hacia el cielo, llamó: "¡Amma, eh. Devi, mi Madre!" Alcanzando las más altas cumbres del Gozo espiritual, Amma cantó: *Amma Bhagavati Kali Mate*.

¡Oh Madre!, Suprema Diosa, Kali,
Hoy voy a atraparte y a devorarte.
Escucha lo que digo:
He nacido bajo la estrella de la muerte.

Un niño nacido bajo tal conjunción planetaria
Devora a su propia madre.
Entonces, devórame tú
O seré yo quien te devore hoy mismo.

*No estaré tranquila
Hasta que conozca tu elección.
Dado que eres negra,
Esta negrura va a fluir sobre mi cuerpo.*

*Cuando venga Kala, el Señor de la muerte,
Con su soga y su bastón,
E intente atraparme con su gancho,
Embadurnaré su rostro
Con la ceniza negra de mi cuerpo.*

*¿Cómo puedo yo, que llevo a Kali dentro de mí,
Ser atrapado por la muerte?
Recitando el nombre de Kali,
Yo me burlaré de Kala.*

Amma repitió el estribillo (los primeros versos) y el ritmo se aceleró hasta lo más alto. De pronto, Amma se levantó y danzó llena de dicha, sin perder el ritmo. Así continuó durante un tiempo. Después se dirigió hacia el cocotal y desapareció en las tinieblas. Todos se levantaron para verla mientras seguía el *bhajan* con el mismo ritmo trepidante. Nadie se acercó a Amma, pues todos sabían que había que dejarla sola cuando se encontraba en estos estados extáticos. En la oscuridad, se podía percibir su vestido blanco. Caminaba absorta, como ajena al mundo. Al ver que titubeaba, Gayatri y algunos *brahmacharis* se acercaron a ella y la vigilaron de cerca, pues temían que se golpeara contra algún cocotero. En un momento dado, se dejó caer en el suelo, aún húmedo por la lluvia, y rodó por tierra. Su infinito gozo interior se manifestaba a través de una risa alegre y continua. De tanto en cuanto, daba palmadas y elevaba sus manos hacia el cielo. Con los dedos unidos de cada una de sus manos formaba dos mudras divinos diferentes. Amma producía con su lengua un sonido parecido al que se hace, a veces, tras degustar un manjar muy sabroso. Amma estaba totalmente ajena a este mundo. En este maravilloso estado espiritual, permaneció un largo rato.

Uno se habría preguntado si era la misma persona la que se había divertido como una niña en la playa, la que después había jugado a *Chakka kali*, y la que ahora estaba totalmente extasiada de beatitud divina.

Lentamente, el cuerpo de Amma quedó inmóvil y permaneció estirada un rato. Gayatri se acercó y se aseguró de que hubiera recuperado su estado normal, después se sentó cerca de Amma. Los *brahmacharis* también se acercaron y se sentaron alrededor de ella. Algunos minutos más tarde Amma se irguió y tomó asiento.

Eran las diez menos cuarto de la noche. Los residentes y los devotos cenaron su ración de *kanji*. Amma fue a la cocina y se sentó en el mismo suelo. Allí tomó algunos sorbos de arroz de la cena que había enviado para ella una devota. Parecía que comía con el fin de satisfacer el deseo de aquella devota. Con el arroz sobrante de su cena, Amma alimentó con sus propias manos a todos sus hijos presentes en ese momento. Cuando terminó, Amma se estiró en la tierra colocando su cabeza sobre las rodillas de una niña que estaba sentada a su lado.

Markus, el devoto alemán, se encontraba en las proximidades. Amma le dijo: "Markus, arrulla como un palomo". Markus, que era un buen imitador, ejecutó el sonido. Después Amma le pidió: "Ahora, imita al cuervo". Así fue repitiendo distintos sonidos de animales, como el ladrido de un perro, el maullido de un gato, los aullidos de un chacal. Amma y los demás se mostraron muy contentos y rieron sin parar. Al oír a Markus hacer sus imitaciones, Harshan también se sintió inspirado y empezó a emitir sonidos. Las risas siguieron durante mucho tiempo.

Después de abandonar la cocina, Amma regresó al cocotal y se estiró sobre la arena húmeda hasta las diez y media. Parecía luchar para mantener su mente en este mundo. Ese mundo desconocido, al que nadie más puede acceder y donde ella estaba sola en todo momento, se encuentra más allá de este mundo plural de acontecimientos.

A través del silencio de la noche flotaba la dulce melodía procedente de la flauta de Markus. Hacia las once, Amma volvió a su dormitorio seguida de Gayatri y de Kunjumol. Así concluyó otro día con Amma.

5 de abril de 1984

Empieza un nuevo día. Cada día pasado con Amma tiene su propio encanto y esplendor. Un nuevo capítulo, único, empieza. Nunca resulta aburrido. Un sentimiento siempre fresco de encanto y de serenidad rodea a Amma, sin que importe el momento o el lugar. Cualquiera que se acerque a ella puede beber tanto como desee. Este océano de beatífico esplendor, de santidad, inmenso, infinito y profundo, está ahí para que lo disfrutemos y lo experimentemos. Amma nos invita llena de amor y desbordante compasión, abrazándonos a cada uno de nosotros. Corramos hacia ella y refugiémonos en este abrazo sincero de Belleza y Amor Divinos.

A las nueve de la mañana, Amma llamó a todos los *brahmacharis* y les pidió que subieran a su habitación. De vez en cuando los reúne y les da instrucciones generales relativas a su *sadhana*, su *seva* (la tarea que tiene asignada cada uno), su comportamiento hacia los demás, los principios espirituales de la vida en el ashram, o trata sobre otros temas pertinentes. En estas ocasiones, suele recalcar algún error reiterado cometido por algún residente.

La Madre se dirigió al grupo de *brahmacharis*.

Amma: Hijos míos, aquí tenéis todas las circunstancias propicias para que hagáis vuestra *sadhana* y continuéis vuestras prácticas espirituales sin el menor obstáculo. No todos tienen la misma suerte. Muchos querrían dedicar su vida a la espiritualidad, pero no tienen esa posibilidad. En cambio, vosotros disponéis de mucho tiempo para hacerlo. Utilizad al máximo esta oportunidad que os ofrece el Señor. Si no lo hacéis, faltáis a la gran tradición espiritual. Este ashram es el mejor lugar para todos vosotros para combatir y probar vuestra resistencia. Si ganáis la batalla aquí, podéis ir a cualquier lugar de este mundo sin tener miedo a nada. No obstante, tenéis que luchar mucho para lograrlo. Las reglas y las normas pueden pareceros difíciles de seguir, pero recordad que esta esclavitud que sentís ahora está destinada a liberaros completamente en el futuro. Si hubierais permanecido en el mundo, estaríais esclavizados por los objetos del mundo; esclavitud que os llevaría cada vez a más y más dolor. Pero la esclavitud que sentís aquí os ayudará a liberaros de toda esclavitud en el futuro. Aquellos que sienten un amor auténtico por Dios y están determinados a alcanzar su meta (*lakshya bodha*) no sentirán esta esclavitud. Para ellos, este es el mejor lugar para llevar una vida dichosa y feliz haciendo su *sadhana* y realizando servicio desinteresado a la sociedad y a la humanidad sufriente.

Mirad, hijos míos, Amma no os insiste para que sigáis aquí. La elección es vuestra. Por tanto, la cuestión es si queréis minimizar vuestros placeres por algún tiempo a fin de realizar la experiencia de la dicha eterna. O quizás no queráis minimizar vuestros placeres externos, sino disfrutarlos al máximo y sufrir. Tenéis libertad para hacer ambas cosas.

Algunos dicen: "Deja que disfrute ahora de los placeres del mundo y, cuando llegue su hora, ya me dedicaré a la espiritualidad". Hijos míos, no existe un momento oportuno para dedicarse a la vida espiritual. El factor decisivo es la determinación. Si esperáis a la vejez para dedicaros, tras disfrutar de todos los placeres del mundo, ese es el peor momento para hacer cualquier actividad espiritual. A edad avanzada, es posible que deseéis pensar en Dios, pero será demasiado tarde ya que la mente habrá perdido su flexibilidad. La mente se convertirá en un almacén del pasado, atestada de toda clase de pensamientos. En ese periodo, no podéis hacer más que permanecer tumbados y repasar los acontecimientos pasados rumiando como una vaca, por así decirlo. Simplemente, estaréis tumbados observando el pasado en la pantalla de vuestra mente. No seréis capaces de ver la forma del Señor porque vuestros ojos habrán perdido su capacidad de ver. No podréis cantar adecuadamente la gloria del Señor, pues la vejez habrá dañado vuestra garganta. No tendréis suficientes dientes para pronunciar correctamente las palabras de los himnos o de los cantos. Ni siquiera seréis capaces de oír los *bhajans* y otros himnos, pues vuestro oído se habrá deteriorado. Incluso ofrecer flores ante la imagen del Señor os resultará difícil porque vuestras manos temblaran a causa de la vejez. Y, sobre todo, vuestra mente se habrá convertido en un cubo de basura. Aunque queráis hacer alguna de estas cosas, vuestra mente os lo impedirá. Si, a pesar de todo, lográis realizar alguna acción durante este periodo de vuestra vida, la haréis de una forma mecánica. Vuestra mente no podrá cooperar en absoluto. Eso significa que no tendréis ninguna concentración, y ¿qué sentido tiene hacer una práctica espiritual sin concentración?

Algunos dicen que hay que consagrase al *sannyasa* después del *grahasthashrama*. ¿Quién es un verdadero *grahasthashrami*? Un verdadero *grahasthashrami* es aquel que sigue una vida de ashram incluso viviendo en su hogar; es decir, aquel que mantiene una vida muy disciplinada mientras vive con su familia. Muchos no son más que *grahasthas*, y no *grahasthashramis*. Este último es igual a un auténtico *sannyasin* si sigue una vida de auto sacrificio y amor. No es egoísta. No es de aquellos que están totalmente inmersos en la red de apegos y aversiones. Todo su apego es hacia Dios, y no hacia el mundo. Para él, el mundo es un medio de alcanzar a Dios. El mundo no le plantea ningún problema. Cualquiera que viva así, sea un *grahasthashrami* o no, puede alcanzar la Realización de Dios. Sin embargo, ¿cuántos llevan una vida así? Es difícil, en nuestros días, encontrar esos *grahasthashramis*.

Por tanto, hijos míos, esta es una oportunidad que os da Dios. Sois afortunados por haber optado por la vida espiritual en vuestra juventud. Además, Amma está con vosotros. Haced vuestra *sadhana* lo mejor que podáis y dejad el resto en manos de Dios. Intentad observar y descubrir cuáles son vuestras capacidades. Si consideráis que es difícil continuar aquí, hijos míos, tenéis libertad para abandonar el ashram. Pero Amma no permitirá que nadie actúe y se comporte contra los principios de la espiritualidad mientras esté aquí. Una vida espiritual verdadera no puede lograrse siguiendo una vida de placeres. Depende por completo de la renuncia y la austeridad.

Hubo un silencio total durante algún tiempo. Todos mantenían sus ojos fijos en Amma. Ella los miró y les dedicó una sonrisa llena de compasión, tranquilizando sus corazones y sus almas. Amma se levantó y se dirigió hacia los *brahmacharis* puestos en pie. Fue dando unos golpecitos afectuosos en el hombro de cada uno de sus hijos y acarició sus frentes con ternura. Su sonrisa y ese afectuoso toque sobre cada uno de ellos, los llenó de dicha. El sentimiento de alegría interior era bastante evidente en sus rostros. Más tarde, Amma llamó a Gayatri y le pidió que trajera algo para distribuir como *prasadam* entre sus hijos. Gayatri regresó con bananas. Amma dio un trozo de *prasadam* a cada uno, después se lavó las manos con agua traída por Gayatri y se dispuso a abandonar el dormitorio. Una vez en la puerta, Amma dijo con una voz muy humilde: "Perdonad a Amma si ha dicho inadvertidamente algo que haya herido a sus hijos".

Esta humildad de Amma hace que sus hijos siempre sean conscientes de la necesidad de ser humilde en la vida espiritual. Es así como enseña a sus hijos. Después de decir algo no se va sin más, sino que da algún ejemplo poniendo en práctica lo que dice. No se contenta hablando de amor y de auto sacrificio, prefiere experimentarlo en sí misma. Su ejemplo constituye una gran fuente de inspiración para los que se acercan a ella.

Aunque Amma haya mostrado su humildad a través de la simple declaración anterior, la verdad es que hasta las reprimendas más severas de Amma tienen una dulzura en sí mismas. Además, las supuestas "reprimendas" de Amma no son meras amonestaciones, sino verdaderos *satsangs* (enseñanzas espirituales). No obstante, si alguien se siente afectado y sufre, la simple caricia y la mirada llena de compasión de Amma hacen que se evapore su dolor, igual que se deshace un trozo de hielo bajo el sol. A veces reprende a alguien por cometer reiteradamente la misma falta. A través de sus palabras y actitud, Amma le hace comprender que está muy enfadada con el fin de que no se olvide nunca y no cometa el mismo error. La persona que ha recibido la reprimenda se sentirá afectada a veces por haber sido amonestada por Amma. En ese caso, la medicina de Amma también tiene un increíble poder para curar su mente herida. Es bien sencillo. Al cabo de un rato o tal vez de unas horas (es muy raro que transcurran días), Amma se dirigirá hacia esa persona y le sonreirá, tocará su hombro o le dará algunos golpecitos en la espalda. Le dirá afectuosamente: "Hija mía", "hijo mío" o "mi niño". Y de esa forma maravillosa desaparecerá su dolor mental y dejará de sentirse apesadumbrado. Pero no sólo eso, sino que llegará a sentirse inmensamente dichoso.

Un *sannyasin* muy conocido vino un día al ashram. Su intención era la de visitar a Amma, pasar algunas horas en el ashram y marcharse. Pero una vez recibido el *darshan* de Amma, no pudo irse. Pospuso su viaje para el día siguiente. Pero cuando llegó el momento, volvió a posponer su marcha. En presencia de Amma se comportaba como un niño de dos años. Irresistiblemente atraído por ella, se sintió muy apegado. Si Amma no lo miraba, él no comía. Si no le dirigía alguna palabra se retiraba a un rincón y lloraba como un niño. Se comportaba como alguien que hubiera perdido el alma, como si hubiera enloquecido. Así era la intensidad de su amor por Amma.

Un día, Amma conversaba con algunos *brahmacharis* de los asuntos del ashram. El *sannyasin* entró sin pedir permiso. Lo había hecho anteriormente de forma reiterada, pero Amma no había intervenido. Esta vez, sin embargo, dijo en un tono muy serio y severo: "*Swami*, por favor, sal de la habitación. ¿No sabes que es descortés entrar sin permiso?" El *swami* palideció y salió inmediatamente. Más tarde, Amma lo encontró llorando sentado ante el templo. Amma se acercó y le habló de nuevo sin mostrarle afecto.

Amma: *Swami-mon* (hijo mío), mira aquí, eres un *sannyasin*. No deberías mostrarte mentalmente débil de esta manera. Las personas como tú deberían servir de ejemplo a estos *brahmacharis*, ya sea a través de las palabras o de los actos. Puede que todo el mundo te grite, murmure, te insulte, invente historias sobre ti o te critique, pero un verdadero *sannyasin* permanece impasible. Ni siquiera una simple ola se agitará en la mente de un *sannyasin* auténtico. Su actitud será inquebrantable. Todas las críticas y los insultos se harán añicos cuando choquen con la fuerza de su mente. Mira las ropas ocres que vistes. Significa que has ido más allá de la conciencia del cuerpo. Y, aunque no hubieras alcanzado ese estado, a fin de dar ejemplo a los demás, un *sannyasin* no debe mostrar debilidad mental. Debería ser como un león, y no como un cordero.

La voz de Amma era muy poderosa y su semblante muy serio. Tras hablarle de aquel modo, se alejó sin añadir una sola palabra. El *swami* se sentía totalmente turbado. Carecía del suficiente auto control para soportar las palabras de Amma. Se puso a llorar como un niño. El *brahmachari* que había traducido las palabras de Amma intentó consolarlo, pero no pudo.

Pasó una hora y el *swami* seguía sentado en el mismo lugar. Amma pasó de nuevo por delante del templo y se aproximó al *swami*. Esta vez, le sonrió, le frotó el pecho y le dijo solo esta frase: "Hijo mío, después de todo, Amma es tu Madre, ¿no es cierto?" Sin añadir una palabra, Amma regresó a su dormitorio. El *brahmachari* presente observó el rostro del *swami* y en él se revelaba que el *swami* había entrado en un estado de dicha total, en éxtasis. No podía hablar. Una gran sonrisa iluminaba su rostro y, mientras ponía respetuosamente la mano en su corazón acariciando el lugar donde Amma le había dado la gracia de su toque mágico, dijo: "¿Qué es esto? ¿Qué ocurre? Toda esta pesadez ha desaparecido. Me siento muy ligero y sosegado. Quiero que me toque una vez más, quiero que me toque otra vez" Repitió esta última frase muchas veces. Era evidente que su corazón se sentía colmado. Este toque curativo para la agonía mental es un "milagro" que resulta familiar entre los devotos de Amma.

Después de la reunión con los *brahmacharis*, Amma descendió las escaleras. Eran ahora cerca de la diez y media de la mañana y Amma se dirigió hacia la terraza frontal del templo, donde un devoto hacía la lectura del *Srimad Bhagavatam*. Amma se quedó sentada allí algún tiempo. Acchamma, la abuela, estaba en un rincón preparando guirnaldas y escuchando a la vez. El devoto leía un fragmento en el que se describían los juegos de niño de Sri Krishna. Acchamma parecía sentir un gran placer mientras oía cómo Krishna robaba la mantequilla y la leche de las casas de las *gopis*. Acchamma reía a carcajadas enseñando sus encías desdentadas, e hizo este comentario: "¡Pequeño ladrón!" Amma le dirigió una mirada que parecía decirle cuánto apreciaba esta devoción y fe tan inocentes".

En aquel momento se presentó un grupo de una veintena de jóvenes que venían a visitar el ashram y querían conocer a Amma. Fueron conducidos a una pequeña sala, en el lado sur del templo, donde los *brahmacharis* estudiaban las Escrituras. Se desplegaron unas esterillas sobre el suelo para sentarse y todos esperaron a que llegase Amma. Estos jóvenes estaban realizando un cursillo de formación sobre cómo extraer gas de combustión a partir de boñigas de vaca.

Amma vino pronto y se sentó frente a ellos en otra estera. Después se percató de que algunos jóvenes estaban sentados en el mismo suelo, y exclamó: "¡Hijos míos!, ¿no tenéis estera para sentaros? No os quedéis ahí sobre este cemento helado. No es bueno". Amma se levantó, tomó la estera sobre la que estaba sentada y se dirigió al lugar donde se encontraban los que no tenían. Los jóvenes se sintieron apurados y, al mismo tiempo, asombrados por la humildad y la forma natural con la que Amma los trataba. Se levantaron y dijeron: "No, Amma, no. Vamos a sentarnos sobre el suelo. Por favor, siéntate tú sobre la estera". Amma respondió: "No, hijos míos, Amma ya está acostumbrada. Puede sentarse y estar en cualquier lugar". Mientras tanto, alguien trajo una estera suplementaria. Amma pidió a un *brahmachari* que la extendiera para ella. Como aquella estera no estaba en muy buen estado, el *brahmachari* se quedó vacilando. Quería dársela a los visitantes y recuperar la de Amma, pues se trataba de una estera especial que tenía asignada. Amma comprendió lo que pasaba por su cabeza y le dijo con severidad: "¿No me has entendido? Extiende esta estera para mí" El *brahmachari* obedeció con aire desconcertado. Amma hizo sentarse a los jóvenes en su estera y ella se sentó en la que acababan de traer.

Cuando todos estuvieron instalados, Amma preguntó: "Hijos míos, ¿estáis todos interesados en la espiritualidad?" Muchos respondieron afirmativamente. Amma hizo una descripción del ashram y de los principios que representa. Después, para concluir, dio la siguiente explicación.

Amma: No es para que se queden aquí de forma permanente por lo que Amma se ocupa de la formación de estos hijos. Un día u otro, deberán salir y servir al mundo sin esperar nada a cambio. El deseo de Amma es ofrecer al mundo unos verdaderos servidores. De momento, no se les puede dejar partir. Necesitan ser formados. Necesitan fuerza mental y equilibrio para superar las diferentes situaciones con las que tienen que enfrentarse en el mundo. Amma considera que estos hijos amarán y servirán de forma desinteresada a las personas que viven en el calor agobiante de los problemas del mundo; y por eso los ama.

Uno de los jóvenes: ¿No están el *grahasthashrama* (la segunda etapa de la vida, cuando se es cabeza de familia) y el *vanaprastha* (la tercera etapa de la vida, en la que se parte al bosque para realizar las austeridades) antes del *sannyasa*? ¿No es el *sannyasa* la etapa final de la vida? ¿Por qué estos jóvenes deben ahora renunciar a todo a su edad?

Amma: Hijos míos, en otro tiempo, cualquiera que fuera el camino elegido por un individuo, sólo era un medio para alcanzar a Dios. Incluso la vida de pareja se consideraba como otra vía hacia Dios. Mantenían esta pureza a lo largo de toda su vida. Antes de casarse, la mayoría de las personas pasaban diez o doce años con un Gurú para aprender y practicar la espiritualidad. Luego, después de salir de la Gurukula (la ermita del Gurú), entraban en la etapa siguiente de la vida. Algunos continuaban en la vía del *brahmacharya* y luego se convertían en *sannyasines*, y aquellos que deseaban llevar una vida familiar se casaban y se convertían en *grahasthashramis*. Todo depende de la madurez mental de cada uno y de la disposición espiritual heredada del nacimiento anterior.

Consideremos el caso de los que estudian música en una escuela de música. Todos prenden las mismas lecciones, impartidas por el mismo profesor. Dedican también el mismo tiempo al estudio, pero sólo algunos llegarán a convertirse más tarde en auténticos maestros. ¿Por qué? Todo depende de la naturaleza predominante o en la tendencia innata que uno tenga. A ese tipo de gente, les basta un pequeño empujón para conseguirlo. Un simple toque es suficiente para encarrilarlos por el buen camino.

El uso de la fuerza, de la fuerza externa, impedirá el crecimiento espontáneo de una persona. Por supuesto que hay que corregir a aquel que se desvía del buen camino. Amma habla de los que tienen ciertos talentos e inclinaciones hacia una profesión o actividad en particular. A esas personas habría que facilitarles las circunstancias necesarias para su crecimiento interno. Por ejemplo, si alguien muestra un gran interés por la pintura, se le debería animar a que aprenda. Los padres o los maestros no deberían forzarlo para que se convierta en músico. Si se le inscribe a la fuerza en una academia de música, será un fracaso. No puede llegar a ser un buen músico porque su tendencia innata es la de ser pintor. Los *vasanas* de cada persona son diferentes. Por ese motivo una persona se hace ingeniero, médico, actor o músico. De la misma forma, los que poseen una inclinación espiritual se convertirán en buscadores de la verdad. Si forzáis a esa persona para que sea abogado u otra cosa por la que no se sienta inclinado, no llegará a conseguirlo. No será natural para ella.

No se consigue el título nada más inscribiros en un conservatorio, ni la vida espiritual se completa porque vengáis a vivir al ashram. Sólo una práctica constante, unida a un entusiasmo e interés máximo, os ayudarán a alcanzar la meta. Así pues, hijos míos; no sois vosotros ni Amma la que decide en qué se va a convertir una persona, el factor decisivo radica en sus tendencias acumuladas.

Amma ha pedido muchas veces a sus hijos del ashram que regresen a sus casas y busquen un trabajo, pero no han querido irse. Por tanto, Amma piensa que están predestinados a ser renunciantes. A partir del momento en el que se han refugiado y se han puesto en manos de Amma, su deber es cuidarlos. En la antigüedad, los *grahasthashramis* tenían uno o dos hijos. Cuando los hijos eran capaces de desenvolverse solos, el esposo y la esposa entraban en la tercera etapa de la vida, el *vanaprastha*, tras confiar a sus hijos, de forma apropiada, las responsabilidades familiares o las obligaciones oficiales. Durante ese período, se sometían a severas austeridades y alcanzaban la cuarta etapa de la vida, el *sannyasa*, el estado sin deseo. Todo lo que habían hecho previamente, mientras vivían en el mundo, iba encaminado a alcanzar esa meta. Su vida entera era una preparación para el porvenir. Hijos míos ¿es así como se vive hoy en día? ¿Es posible alcanzar ese estado viviendo en casa? Todos tenemos nuestra forma de vida, pero la actitud con la que nos aproximamos a nuestra meta es el factor decisivo.

¿Existe el amor desinteresado en la vida mundana? ¿Qué beneficios obtiene el mundo de las personas egoístas? ¡Cuán superior es el beneficio que recibe el mundo de un *brahmachari* auténtico, dedicado al servicio desinteresado, que el que le reporta una persona que sólo se preocupa de sí misma! Si lo observáis con perspicacia e imparcialidad, veréis que las personas establecidas en *brahmacharya* son verdaderamente beneficiosas al mundo.

Si existe un buen ashram, las personas que viven en el mundo, es decir los *grahasthas*, recibirán consuelo y ayuda. Los *tapasvis* y los *brahmacharis* siempre son benefactores del mundo.

Hijos míos, preguntáis por qué deberían renunciar a todo ahora. La espiritualidad no es algo que se deba iniciar cuando seáis viejos y carezcáis de fuerza. No seréis capaces de dedicaros a hacer alguna práctica espiritual pues os sentiréis mental, física e intelectualmente débiles. Deberíais empezar cuando sois jóvenes y vuestros sentidos funcionan bien. La vejez es la etapa más desordenada de la vida, cuando apenas se puede hacer nada creativo.

Pregunta: ¿No tienen los hijos un deber hacia sus padres?

Amma: ¿Qué deber, hijos míos? Servir al mundo es el deber más grande y más importante. Este mundo es la familia más extensa. Dios es nuestro auténtico Padre y Madre. Nuestro verdadero deber hacia Él es servir y amar desinteresadamente a los pobres y necesitados. La familia formada por un marido, una esposa y dos hijos, es la fracción más pequeña de esta gran familia. Ocuparse de esta pequeña fracción no es nada. Es una forma de limitarse. De otro lado, amando y sirviendo a la familia del mundo, la que llamamos "familia" también recibirá una parte de nuestro servicio desinteresado. Si sólo nos ocupamos de nuestra familia próxima, ni ellos ni el mundo se beneficiarán. Lo que Amma quiere decir es que, al margen de lo que sirváis o améis a vuestra familia, no conseguiréis más que insatisfacción y disgustos. Sin embargo, es a través de un auténtico servicio al mundo, cuando la familia también recibe un beneficio verdadero. Los *sannyasines* cumplen con este deber mucho mejor que los *grahasthas*.

Además, las familias de los *brahmacharis* que viven aquí tienen suficiente dinero para vivir. Tienen otras hermanas y hermanos para cuidar de sus padres. Por tanto, ¿es necesario que sigan en casa únicamente para ganar dinero? No conocemos a nadie que se haya llevado consigo sus bienes materiales al morir.

Hijos, escuchad, hace dos días una persona vino al ashram y le contó su vida a Amma. Era un hombre muy rico, un millonario. Sufría de una úlcera maligna en el pie, gravemente infectada. El pus y la sangre supuraban continuamente. No podía ni siquiera levantarse de la cama. No tenía a nadie que se ocupase de él. Hasta sus propios hijos y esposa lo habían abandonado. Entonces decidió donar una parte de sus bienes a una institución caritativa. Al enterarse de esta noticia, se reunieron sus hijos y obtuvieron la declaración de un doctor certificando que su padre estaba loco. Después lo hicieron encerrar en un hospital psiquiátrico y, como se resistía, lo apalearon gravemente. Este hombre, que era millonario, se ha quedado sin nada. Está completamente hundido. Cuando explicaba su historia a Amma, no hacía más que llorar. Este es el tipo de amor que tienen las personas mundanas. Los *brahmacharis* que viven aquí intentan conocer el Ser sin seguir el camino mundano.

Los jóvenes tenían un aspecto feliz. Se levantaron para partir. Repentinamente, Amma se dirigió hacia la primera fila y se acercó a un joven. Lo cogió de la mano y le preguntó: "¿Quieres decirle algo a Amma?"

El joven parecía asombrado. Ante los demás dijo, en un tono en el que se percibía su asombro: "Amma, es ciertamente sorprendente saber que has adivinado el deseo de mi corazón. Atravieso un momento muy difícil y deseaba compartir mis problemas para que me aconsejaras. Amma, ¿me permites que hable contigo unos minutos?"

Amma lo condujo hacia el cocotal y, una vez sentados a la sombra, conversó con él. Mientras hablaba con Amma, uno de sus amigos conversaba con Brahmachari Paï a quien reveló: "De hecho, cuando veníamos hacia el ashram, me dijo que quería hablar con Amma si era posible. Tiene muchos problemas. Resulta sorprendente que Amma lo haya adivinado tan claramente. No comprendo cómo ha podido suceder".

Paï contestó: "No puede ser de otro modo; esa es la respuesta. Amma es como un espejo. Nuestras plegarias sinceras se reflejan sencillamente en ella". El joven dijo: "De todos modos, nos hemos quedado muy impresionados".

Amma acabó de hablar con el joven, y éste se unió al grupo con el rostro sonriente. En ese momento llegaron tres mujeres cristianas para ver a Amma. Una de ellas había visitado el ashram en muchas ocasiones y había tenido diversas experiencias. Hoy venía acompañada de dos amigas. Se trataba de una madre y su hija. La madre explicó su historia a Amma. Tenía cuatro hijos, incluida la hija que le acompañaba. Su esposo la había abandonado y vivía con otra mujer. Sollozando y derramando abundantes lágrimas, la mujer le rogó a Amma que restableciera el orden en su familia. "Si no, me suicidaré", dijo ella.

Los jóvenes, que estaban a punto de partir, fueron testigos de esta escena. Amma les había hablado precisamente de la naturaleza de los lazos familiares momentos antes. Ahora veían un ejemplo con sus propios ojos, como si todo hubiera sido dispuesto expresamente para ellos.

Amma: Hija mía, ¿alguna vez vuelve a casa?

La mujer: Sí, precisamente vino ayer, pero no le hablé.

Amma: No, no, hija mía, no debes reaccionar así. Debes hablarle y ser cariñosa con él. De otro modo, aumentará su enemistad.

Amma la consoló y le secó las lágrimas con sus propias manos. Su hija también lloraba. Amma acarició afectuosamente la cabeza de la niña y dijo: "Hija mía, no llores. Si lloras, tu mamá se sentirá muy triste y mentalmente débil. Deberías intentar consolarla". Amma penetró en el templo y volvió con *prasadam* para ellas. Cuando se lo dio a la madre, la consoló de nuevo. La hija tenía una quemadura infectada en el pie. Amma le limpió la herida y le hizo una cura.

Unos minutos antes de que partieran, llegaron los pescadores. Esperaron a que Amma acabara de hablar con la madre y la niña. Después, Amma se volvió hacia ellos. Como no habían atrapado peces desde hacía muchos días, habían venido a pedir la bendición de Amma. Ella les dio algunas hojas de tulasi, tras insuflar en ellas su pura energía vital. Se fueron felices, pues sabían por experiencia cómo utilizarlas.

Amma vive siguiendo fielmente su propia palabra: "Amma es la servidora de todos". Sirve siempre a todos los que vienen a ella, sin hacer ninguna distinción. No pide nada, ni nosotros podemos corresponder. La deuda hacia el Gurú, se mantiene siempre como deuda. Nadie puede reembolsarla. Todo lo que podemos hacer es seguir sinceramente los pasos del Gurú y aplicar, en nuestra propia vida, sus principios vitales. A este respecto, Amma suele hacer la siguiente afirmación.

Amma: Una persona puede decir: "Dios y yo somos Uno," pero no puede decir: "Yo y mi Gurú somos Uno". El Gurú está más allá de todo, incluso de la Trinidad. Amma hace que sus hijos sigan una vida basada en los principios espirituales. Los anima a que se acuerden de Dios y, de ese modo, a llevar una vida de servicio desinteresado y amor.

¿Cuántas personas, que antes vivían de un modo totalmente egoísta, han embellecido su vida con la fragancia del altruismo y el amor hacia la humanidad, a través del toque de Gracia de Amma? Ella nos lo dice claramente.

Amma: Amma quiere que todos trabajen duro para alcanzar el gozo espiritual. No desea que derrochen su tiempo ociosamente en nombre de la espiritualidad. Aunque vienen a Amma por razones diversas, ella hará que de una forma u otra se acuerden de Dios. No quiere que sus hijos reciten el Nombre del Señor moviendo simplemente los labios. Amma desea que lo reciten con el corazón y que lo vivan en Nombre del Señor. La devoción no consiste en hacer el *pradakshina* (circunvalación) alrededor del templo recitando "¡Krishna, Krishna!" y, a continuación, rechazar al pobre mendigo que pide limosna en la puerta. La compasión y el amor que mostráis hacia el mendigo es la verdadera devoción hacia Dios. Eso es lo que Amma quiere que sus hijos hagan.

La campana sonó; era la hora de la comida. La hermana mayor de Amma, Kasturi, llegó acompañada de sus dos hijos, Shivan y Vishnu. Quería que Amma diese a su hijo Vishnu su primer alimento sólido. Se encendió una lámpara de aceite y, a los pocos minutos, Amma se sentó en la terraza ante el templo con Vishnu sobre sus rodillas. Le aplicó la ceniza sagrada sobre la frente, el pecho y los hombros del niño. A continuación derramó algunos pétalos de flores sobre la cabeza del niño, e hizo pasar ante él alcanfor encendido. Durante todo ese tiempo, Amma lo mantuvo sobre sus rodillas. Después, le dio de comer con sus propias manos. El niño lucía una gran sonrisa. Se tragó con placer algunos granos de arroz que Amma le había dado. Levantando una de sus manos, el niño cogió el collar de rudraksha de Amma, se agarró a él y se quedó mirando fijamente a Amma mientras mantenía la misma gran sonrisa en su rostro.

Amma: ¡Eh!, pequeño, ¿qué quieres?, ¿el rudraksha, el arroz o las dos cosas a la vez?

Todos los presentes comprendieron que Amma preguntaba al niño si quería seguir una vida espiritual, una vida mundana, o volverse un *grahasthashrami*. Parecía dispuesta a concederle lo uno o lo otro, si se lo hubiera pedido. De un modo sutil, tal vez el niño le dio una respuesta, y quizás ella le concedió lo que pedía. ¿Quién sabe?

6 de abril de 1984

Esta mañana, un *brahmachari* explicó una experiencia que había tenido la mañana anterior. Amma le había pedido que intensificara su *sadhana*, que se levantara a las dos de la madrugada para meditar y hacer sus otras prácticas espirituales hasta las seis. Estaba feliz de poder hacerlo.

Amma: Al principio, tal vez te resulte difícil levantarte a esa hora de la madrugada, pero una vez habituado te será fácil.

El *brahmachari* no sabía si sería capaz de hacerlo. Miró entonces el rostro de Amma y le pidió en un tono suplicante: Amma, no tengo la fuerza necesaria para hacerlo. Por favor, concédeme tu Gracia para que pueda seguir tus instrucciones sin flaquear". Amma lo animó y luego añadió: "Hijo mío, no temas si no te despiertas a las dos de la madrugada. Mañana, Amma te llamará a las dos". El pensó que Amma iría a su dormitorio a las dos de la madrugada y lo despertaría. Pero, de pronto, se dio cuenta de que era un jueves, día en el que Amma pasa toda la noche en *Devi Bhava*. Desfilaron muchos pensamientos por su mente. Se preguntaba de qué forma Amma lo despertaría. "¿Vendrá a mi dormitorio en *Devi Bhava* o enviará a alguien a llamarme? ¿Quizás termine el *Devi Bhava* antes de las dos y venga entonces a despertarme?" Como era un día de gran afluencia de personas que venían a adorar a Amma como la Madre Divina, el *brahmachari* no tuvo ocasión de hablar con Amma para clarificar este punto.

Aunque su fe en Amma y en su palabra eran inquebrantables, cediendo a la naturaleza humana y a su tendencia a dudar, el *brahmachari* pidió prestado el despertador de otro residente y puso la alarma a las dos, antes de acostarse a las once. El *Devi Bhava* todavía seguía y, por la multitud que esperaba para recibir el *darshan* de Amma, calculó que duraría fácilmente hasta las tres y media o las cuatro. Una vez más, dirigió a Amma una plegaria sincera y se durmió apaciblemente.

El *brahmachari* se despertó con la sensación repentina de que algo le caía en el rostro. En ese mismo momento, sonó la alarma y se sobresaltó. Encendió la luz y se puso a buscar lo que le había caído encima. Quedó atónito al ver el objeto. Se trataba de una pequeña foto de Amma enmarcada, que tenía enganchada entre las hojas de cocotero que formaban las paredes de la cabaña. El *brahmachari* dormía con la cabeza casi tocando la pared. En aquel momento, eran exactamente las dos de la madrugada. Así empezó el primer día de su nueva *sadhana*, a las dos de la mañana, tal como Amma le había pedido. Se asombraba cada vez más al pensar en la forma en la que Amma lo había despertado. Había cumplido su promesa y estaba claro que sólo Amma le había despertado haciendo caer su propia foto sobre el rostro. El *Devi*

Bhava continuaba. El *brahmachari* tenía prisa por compartir su experiencia con los demás. Más tarde se quedó un poco triste cuando Amma le dijo: "Hijo mío, si hubieras creído en las palabras de Amma, no habrías puesto el despertador, pues Amma habría venido en persona, en medio del *Devi Bhava*. Al poner el despertador, has dado muestra de un pensamiento dual y de una fe incompleta".

Este día, Amma pidió a todos los residentes que fueran a la sala de meditación. Amma abordó diferentes temas. La reunión era, fundamentalmente, para fijar el horario de las tareas cotidianas de los residentes.

Amma: Hijos míos, para obtener el máximo beneficio de una acción, es absolutamente necesario el amor por esa acción. Sin este factor de amor, vuestras acciones resultarán incompletas. La meditación debe ser realizada con amor. La recitación del Gita también debería ser hecha con amor. Cumplir una acción sin amor es una falta grave. De la misma forma, también es grave hacer un trabajo sin convencimiento. Ya sea meditación u cualquier otra actividad, si ésta se hace con una actitud negativa, el ashram sufrirá las consecuencias negativas. El deber de cada uno es realizar la acción. El interés y la intensidad que pongáis en ella, mostrará la sinceridad y el amor que sentís por el ashram y por Amma.

Incluso para disfrutar del tabaco, hace falta amor. Si alguien no siente amor por el tabaco, no tendrá ningún placer cuando fume. Algunos se tapan la nariz y salen corriendo de los lugares donde se fuma. Otros tosen y vomitan si sienten el olor del tabaco. Sin embargo, a los que les gusta disfrutan fumando e inhalando todo el aroma que pueden. El amor por un objeto o acción es el factor más importante que os incita a actuar. El desagrado o la falta de amor os impiden actuar o a mostrar menos interés por el cumplimiento de una acción.

Hijos míos, deberíais desarrollar esta actitud de amor hacia vuestra *sadhana*. Vuestra actitud debería ser: "No es suficiente, no basta con eso. Debería hacer más". Abandonad esa otra forma de pensar que dice: "Ojalá fueran mejores las circunstancias". No perdáis vuestro tiempo paseando y hablando inútilmente. Haced vuestra *sadhana* puntualmente y de forma sincera. Ese es ahora vuestro deber. Estad preparados para emprender con amor toda actividad para el bien de los demás. No digáis: "Sólo voy a hacer este trabajo y no aquel otro, pues éste me gusta más". Esta actitud no le conviene a un buscador espiritual. Emprender o hacer un trabajo que os guste, no es una gran cosa. Cualquiera puede hacer algo que le guste. No hay ninguna grandeza en eso. Por ejemplo, os gusta la jardinería pero no os gusta sacar el estiércol de vaca y limpiar el establo. Os gusta cocinar pero no os gusta lavar la vajilla. Os gusta servir la comida pero no os gusta limpiar los restos. Una persona mundana puede tener esta actitud, pero no la debería tener un buscador espiritual. Éste debería cumplir toda acción con ecuanimidad, dejando atrás sus preferencias personales. Os gusta y acariciáis a un niño encantador, pero sentís aversión hacia un niño feo nacido en una casta baja. Estas distinciones son comunes entre la gente mundana, pues viven en el plano de la atracción y la repulsión. Recordad que la única meta de vuestra vida es trascender las distinciones entre lo que os gusta y lo que os disgusta.

Estar dispuesto a hacer con buena voluntad cualquier trabajo, en todo momento y circunstancia, es una señal de espiritualidad. Los seres espirituales lo hacen con amor y sinceridad, sin esperar nada. Por eso siempre hay un encanto y belleza en todo lo que hacen los seres espirituales. Les gusta hacer el trabajo porque, en sí mismo, les da una alegría infinita. Sin embargo, cuando sólo nos preocupamos por el resultado, la tarea pierde toda su belleza. El factor del amor está ausente en nuestras acciones.

A continuación Amma se centró en el horario de las actividades cotidianas de los residentes. En ese momento vio que un *brahmachari* movía innecesariamente las piernas.

Amma: Ese es un signo de agitación mental y de impaciencia. Un sadhak debería aprender a sentarse sin mover las manos ni las piernas inútilmente. Es un hábito. También debería dejar de mirar a derecha e izquierda sin motivo. Esos movimientos los hacen aquellos que no tienen concentración. Seguramente habéis visto cómo algunos se muerden constantemente las uñas y otros no paran de dar vueltas al botón de su camisa. Se trata de casos que muestran una inquietud mental o impaciencia. Los aspirantes espirituales tienen que procurar vencer a la mente y sus hábitos. No deberían convertirse en sus esclavos.

La mayoría de las personas mundanas tienen la costumbre de mover innecesariamente las piernas cuando están sentadas. Un *sadhak* no debería hacerlo. Siempre que pueda, un buscador debería sentarse en *asana* (postura sentada de yoga) sobre el suelo. Sentaos en *asana* aunque tengáis la oportunidad de sentaros en una silla.

Antes de calmar vuestra mente, esforzaos por calmar vuestro cuerpo. Eso no quiere decir que dejéis pasar el tiempo sin hacer nada. No, no es esa la idea. Debéis evitar los movimientos innecesarios de vuestras manos, de vuestras piernas y de otras partes del cuerpo.

El estado divino de bienaventuranza

A las seis y media, los residentes comenzaron a cantar los *bhajans*. Después de algunos cantos. Brahmachari Balu empezó a cantar *Saranagati* (¡Oh Madre! sé mi refugio). Cuando Amma vino a unirse al canto, seguía el mismo *bhajan*, pues era largo. Entonces Amma dirigió el canto.

¡Oh Luz! que iluminas todo el Universo
Incluso el sol, la luna y las estrellas;
¡Oh Naturaleza primordial!,
Gobernante del Universo entero,
¡Oh Madre universal!, que eres la Encarnación
Del Amor puro y desinteresado,
Este indigente llora para obtener tu visión
Con el corazón lleno de intenso deseo.

Amma estaba más inmersa en la beatitud del Amor Divino que de costumbre. Se balanceaba con vigor a derecha e izquierda, delante y atrás. Una mezcla inexpresable e increíblemente bella de devoción y de amor supremo se manifestaba lentamente en Amma, envolviendo a cada uno de los presentes. Conducido por la voz divina de Amma, el canto tomaba alas. Se elevaba y se derramaba en un flujo interminable mientras Amma continuaba cantando:

¡Oh Madre!, el océano canta tu Gloria,
A través del eco de la Sílaba Sagrada
Om.
Una tras otra,
Cada ola danza alegremente
Sobre el ritmo del Pranava, el Sonido Primordial,
Om.

Con la voz cargada de emoción y el corazón lleno de anhelo, Amma invocaba: "Amma. Amma." Sus ojos miraban fijamente el cielo sobre ella, y hacia él tendía sus manos.

La llamada de Amma era tan auténtica y llena de amor que todos tenían la impresión de que la Misma Madre Divina estaba allí de pie ante la Santa Madre. Amma cantaba:

> *¡Oh Madre Divina!, estás más allá*
> *De las enseñanzas de los textos de Purushasuktha*
> *(Escrituras que glorifican al Ser Universal.*
> *¡Oh Madre!, estás más allá del Brahmasutra*
> *(Escrituras que glorifican a Brahman Absoluto)*
> *¡Oh Madre!, incluso trascendiendo los cuatro Vedas,*
> *¡Oh Madre!, solo tú te conoces completamente a ti misma.*

Amma empezó entonces a reír, expresando así su gozo interno. Aquella risa misteriosa persistió mientras los *brahmacharis* continuaron cantando. Amma daba palmadas como una niña pequeña e, inmediatamente levantaba las manos por encima de su cabeza. Después dejó de reír, pero mantuvo sus manos levantadas algún tiempo. Los dedos de cada mano formaban dos diferentes *mudras* divinos. Una luz de felicidad iluminaba su rostro. Al bajar sus manos, Amma se puso de nuevo a cantar:

> *¡Oh Madre!, mientras te busca, esta niña llora,*
> *Errando obre la orilla de más de un océano;*
> *¡Oh Madre!, Esta niña pregunta*
> *A cada partícula de arena dónde estás.*
> *¡Oh estrellas centelleantes en el vasto cielo azul!,*
> *¿Alguna de vosotras ha visto a mi Madre*
> *Pasar por este lugar?*

Amma cantó repetidamente estos versos. El velo que cubría su cabeza se había deslizado y Gayatri intentó volverlo a poner en su lugar. Los mechones de sus cabellos caían alrededor de su cuello y giraban suavemente mientras que su cabeza se balanceaba al ritmo de la música. Las lágrimas descendían a lo largo de sus mejillas. Elevando las manos, Amma volvió a llamar: "Amma. Amma. Amma." Continuó así hasta que estalló en sollozos pero, al instante, Amma inspiró larga y profundamente, y se quedó inmóvil.

Sus manos todavía formaban *mudras* divinos. Los *brahmacharis* continuaron cantando.

> *¿Oh mi Madre Bhairavi!, no hay orilla*
> *Donde no te haya buscado*
> *¡Oh Madre!, mi querida Madre,*
> *Beatitud Encarnada,*
> *No existe un solo momento*
> *En el que no te haya buscado.*
>
> *¡Oh mi Madre bienamada!, durante años y años*
> *Te has escondido de mí,*
> *De este pobre hijo que te pertenece.*
> *¡Oh tú, plena de compasión!*
> *¿Por qué demoras el momento*
> *De derramar tu Gracia sobre este hijo?*

A la luz de la lámpara de aceite, todo el mundo podía ver el rostro radiante de Amma. No había la menor señal de conciencia externa. Saturada de divinidad, la atmósfera suscitaba la meditación espontánea en la mente de todos los presentes, devotos y residentes. Se podía fácilmente adivinar que cantaban todos con la mente fija en el objeto de su meditación. Algunos cantaban con su mente totalmente concentrada en su Divinidad Bienamada, derramando lágrimas de gozo; mientras que otros permanecían sentados sin moverse, profundamente absortos en meditación. Procurando hacer descender nuevamente su mente al plano físico de conciencia, Amma cantó de nuevo:

> *¡Oh Madre!,*
> *En la punta de tus dedos giran centenas,*
> *Centenas no, millares de universos;*
> *¿No va a estar justificado que hagas,*

Girar sobre la punta de tus dedos
A esta pobre hija tuya?

Amma fue de nuevo transportada a su propio mundo de beatitud infinita. Perdió el control que le permitía permanecer en este plano físico y se levantó. Mientras caminaba en dirección al cocotal en un estado de éxtasis, se sumergió completamente en el océano de amor y devoción supremas. Tal era su estado de embriaguez divina. Maravillados, los *brahmacharis* y los devotos continuaron cantando y glorificando a la Madre Divina:

¡Oh Madre!, ven a mí;
Quédate ante mí hoy;
Quiero inundar tus pies sagrados con mis lágrimas
¡Oh Madre!, el sonido que resuena en mi corazón,
Esta melodía que se eleva de mi alma
Es la llamada de devoción y amor por ti
¡Oh Madre!, aparte de eso,
No necesito nada.

El *bhajan* se acabó con estos versos. Saboreando la experiencia de beatitud y fervor de pura devoción y amor, cada uno permanecía sentado, absorto en meditación. Un silencio total reinaba, el silencio de la paz interior. Esta atmósfera santificada permanecía suspendida en una inmovilidad sagrada mientras que la brisa fresca y dulce traía la llamada reiterativa del océano procedente del oeste.

Después del *arati*, los ojos y los corazones de cada uno partieron en busca de Amma. Manteniéndose a una distancia respetuosa, la vieron danzar en éxtasis. Amma parecía danzar alrededor de todo el ashram, aunque sólo danzaba en este lugar concreto del cocotal. Totalmente ajena a este mundo exterior en el que estamos, Amma se deleitaba en su flujo interno de esplendor místico.

Nosotros no podemos más que observar el exterior. Pero ¿qué vamos a decir y cómo se puede expresar este incomprensible y misterioso plano de conciencia?

yato vaco nivarttante aprāpya manasā saha

De donde regresan las palabras y la mente,
Incapaces de llegar Allí.
-Taittariya Upanishad

¿Cuántos comentarios, cuántas interpretaciones se han escrito sobre esta región desconocida, por parte de eruditos y filósofos? ¿Cuántos se seguirán escribiendo? Sin embargo, sigue siendo un misterio, no explicado ni revelado.

Se servía la cena. Algunos fueron en dirección a la cantina, dejando atrás a los que seguían, ajenos a sí mismos, bebiendo el néctar de esta escena maravillosa y extraña. Eran las diez y ya habían transcurrido casi dos horas. Amma seguía todavía en ese estado divino, pero los movimientos de su cuerpo iban disminuyendo. Los devotos y los residentes estaban ahora todos sentados. Algunos meditaban mientras otros miraban fijamente la silueta de Amma en el cocotal. Amma se tendió sobre la arena entre los cocoteros. Siguieron unos momentos de paz profunda, en un silencio total. Como si las estrellas centelleantes quisieran espiar esta escena celeste y encantada, echaban sus miradas a través de la cubierta formada por las hojas de los cocoteros. Transcurrió una media hora y la voz de Amma llenó nuevamente el aire y el corazón de los devotos con *Anandamayi Brahmamayi*.

¡Oh, tú, la Bienaventurada!, ¡Oh, tú, la Absoluta!
¡Oh, tú, la Bienaventurada!, ¡Oh, tú, la Absoluta!
Cuya forma es de una belleza sin igual,
¡Oh, tú, la Bienaventurada!, ¡Oh, tú, la Absoluta!

Los devotos siempre han encontrado este canto compuesto por Amma especialmente encantador. Se quedaron maravillados al oírla continuar con *A ra dharangal*.

> *Atravesando los seis centros místicos,*
> *Los yoguis buscan conocerte,*
> *Tesoro inestimable.*
> *Tu Gloria, ¡Oh Poder infinito!,*
> *Apenas está revelado.*

El canto llenaba la atmósfera. Parecía que Amma iba más allá y transcendía los seis *adharas* (los centros místicos), y luchaba con esfuerzo para mantener su mente en este mundo de pluralidad. Desde cualquier plano en el que actúe, toda acción y toda palabra de Amma encarna una enseñanza. Sucede lo mismo con sus cantos, pues sus hijos se impregnaban del lirismo de *Tripudium podiyayidum*.

> *¡Oh Madre!, que danzas sin cesar en la beatitud,*
> *Yo te saludo*
> *El Chidakasa,*
> *Donde se sienta el Loto de los mil pétalos,*
> *Y donde reside la Eterna Unión de Shiva-Shakti,*
> *Resplandece como un millón de soles brillantes,*
> *En el mismo momento en el que el estado de Tripudi*
> *(El observador, lo observado y el proceso de observar)*
> *Deja completamente de existir Ahí,*
> *En este Sahasrara, el Loto de los mil pétalos,*
> *¡Oh Madre!, que danzas sin cesar en la beatitud,*
> *Yo te saludo.*

7 de abril de 1984

Eran las tres de la tarde. Amma estaba sentada sobre su asiento en la cabaña. El perfume del incienso impregnaba la atmósfera. Detrás de Amma, sobre la pared de la cabaña, colgaba un gran velo amarillo dorado sobre el que estaba magníficamente bordado el *Gitopadesha* (ilustración conocida de Krishna de pie, cerca del carro, mientras instruye a Arjuna arrodillado). Algunos devotos, mujeres y hombres, estaban sentados en el suelo cerca de la cama. Querían estar tan cerca de Amma como fuera posible. Amma les hablaba, con esa sonrisa eternamente presente en su rostro.

Pregunta: Amma, ¿puede hacerse una *sadhana* repitiendo un *mantra* dado en un sueño?

Amma: Hijos míos, por lo general no es bueno hacer una *sadhana* repitiendo un *mantra* que se ha recibido en un sueño. El *mantra* puede ser una simple impresión de la mente y es posible que no os ayude a progresar espiritualmente. Como no habéis alcanzado el estado de Perfección, todo lo que oís y pensáis no es forzosamente la verdad. Sin embargo, podéis recitarlo después de verificarlo con un Gurú y obtenido su permiso. Si se recomiendan los *mantras* obtenidos en el sueño, muchas personas empezarán a utilizarlos, lo que aumentará las posibilidades de error y fracaso. Por tanto, es mejor no fiarse de los mantras recibidos durante el sueño.

Pregunta: Amma, ¿cuál es el significado de los *bijaksharas* (letras-semillas)?

Amma: Hijos míos, los *bijaksharas* simbolizan los poderes espirituales latentes en nosotros. Tienen un poder inmenso. Los grandes santos y los sabios, nuestros ancestros, los recibieron a través de revelaciones espirituales. Ellos no los crearon; existían ya. Lo mismo que las perlas y otros objetos preciosos estaban en el fondo del océano antes de que los seres humanos los descubrieran, estos mantras y estos *bijaksharas* estaban ya presentes en la naturaleza. Los *rishis* a través de muchas austeridades sintonizaron sus mentes con ese plano de conciencia. Así es como les fueron revelados estos *mantras* y estas letras semillas. Sus mentes se volvieron puras y claras como el cristal. En estas mentes puras brotó todo conocimiento. Cuando recitamos estos mantras con concentración, ese poder también se despierta en nosotros. Cada letra-semilla está regida por una divinidad. Esta divinidad o aspecto del poder espiritual será invocado en nosotros si lo repetimos con concentración.

La acción desinteresada

Pregunta: Amma, ¿qué es una acción desinteresada?

Amma: Una acción realizada con concentración sin ningún pensamiento sobre su resultado, es una acción desinteresada. Esas acciones son posibles cuando los frutos se ofrecen a un ideal más elevado. Llamamos a este ideal Dios porque sólo en Él podemos ver la perfección y el equilibrio de todos los principios esenciales de la vida. No podemos verlo en un ser humano limitado. Cuando realizamos sinceramente una acción por Dios; en realidad, nos sentimos inspirados por esos valores elevados. Amma no habla de las personas que veneran a Dios simplemente para satisfacer sus deseos. Al contrario, se trata de personas que buscan a Dios sinceramente por amor hacia Él, y no para obtener un beneficio. Esas personas están motivadas por el ideal. Trabajan sin más, porque trabajar por ese ideal les procura una alegría inmensa. Sucede lo mismo cuando nos sentimos realmente devotos de un Mahatma o un Maestro espiritual. Trabajamos para él y su institución espiritual, olvidándonos de nosotros mismos. No esperamos nada de este trabajo. ¿Por qué? Porque nos mueven los ideales espirituales en los que el Gurú vive constantemente. En este caso también se trata de una acción desinteresada. El que actúa con desinterés no se lamenta del pasado ni se preocupa del futuro. Está tranquilo y trabaja con concentración, amor y devoción. Su mente no está dividida, sino concentrada en un solo punto. De este estado de concentración obtiene una gran cantidad de energía. Solo esas personas pueden levantar y transformar la sociedad en su conjunto.

Recordad que cuando veneramos a un *Mahatma*, no es su cuerpo lo que veneramos o adoramos, sino los principios superiores que se manifiestan a través de él. Él mismo es una encarnación de esos ideales, y eso es lo que adoramos. El cuerpo no es más que algo secundario.

Recordad una vez más que Amma no se refiere a las personas que trabajan por el éxito de un culto en particular, de una fe, una secta, una comunidad o una nación. Su visión todavía es limitada comparada con el ideal más alto. Los trabajadores auténticos van más allá, no se ven afectados por tales limitaciones y son totalmente desinteresados. Trabajan simplemente por amor hacia los demás.

Pregunta: ¿Por qué dices que el cuerpo de un Mahatma no es más que algo secundario? ¿Significa que tiene poca importancia?

Amma: No. Hijos míos, no, ante todo, el soporte del cuerpo es necesario para que las cualidades superiores se manifiesten. Ellas no tienen forma propia. Ciertamente, el amor no tiene forma. Sólo cuando el amor se derrama constantemente a través de una persona, se puede decir que asume una forma que somos capaces de experimentar. En caso contrario, no lo podemos hacer. Incluso cuando el Mahatma abandona el cuerpo, las personas continúan venerando su forma durante mucho tiempo, simplemente porque a través de este cuerpo se han manifestado los grandes ideales, y él nos ha ayudado a realizar la experiencia. Es la grandeza del cuerpo de un Mahatma. Su cuerpo también es puro porque sufre una transformación y purificación a través de sus austeridades. Su ser entero es puro. No es como el cuerpo de un ser humano corriente.

Imaginad a dos hermanos gemelos. Ambos se parecen y todos los rasgos de sus cuerpos son tan semejantes que es muy difícil distinguirlos. Su altura, su peso, todo es parecido. Con el tiempo, uno se vuelve un gran santo dedicándose a hacer severas austeridades, mientras que el otro llega a ser un ser vicioso y malhechor, influenciado por malas compañías. Aunque sus cuerpos sean idénticos, las personas se acercarán a adorar al hermano santo y evitarán al otro. Incluso si este último fuera un ser humano normal, tampoco lo venerarían como al que es santo, si bien podrán sentir por él cierto respeto puesto que es el hermano gemelo de un gran santo. Sus cuerpos se parecen. Sin embargo, ¿por qué adoran al hermano santo y no al otro? Porque las personas perciben a Dios y experimentan las cualidades divinas como el amor, la ecuanimidad, la compasión y la renuncia en el hermano santo. No encuentran esas cualidades en el otro hermano. Así pues, las cualidades priman y el cuerpo no es más que secundario. No es que el cuerpo sea insignificante. No hay duda de que el cuerpo de un santo es igualmente divino. Su cuerpo también es poderoso porque a través de él se manifiesta, en toda su gloria y esplendor, la Energía Infinita. El cuerpo que los *Mahatmas* han elegido por propia voluntad, debe tener una fuerza extraordinaria para soportar el flujo constante de *Shakti* que se manifiesta a través de él.

Una bombilla de mil watios debe permitir que se transmita esa corriente a través de ella. No podemos decir sin más: "Carece de importancia, pues es la electricidad quien la hace brillar" Eso no tiene sentido. Sin la bombilla, no podemos experimentar la electricidad. Así el soporte, el cuerpo, es igualmente importante.

Pregunta: Amma, ¿cuál es el sentido de la meditación?

Amma: Hijos míos, la meditación sola es beneficiosa. ¿Sabéis cual es el papel de los eruditos que van por ahí sin hacer ninguna sadhana? ¿Habéis visto a esas personas que vigilan los bienes de otros, como un campo de arroz o la propiedad de un hombre rico?

Cuando esos guardias se dirigen a alguien, hacen ostentación y hablan como si todo les perteneciera. Los eruditos se comportan exactamente de la misma forma. Se pasean cotorreando, tras escuchar y leer verdades que otros comentan o han experimentado. No comprenden nada ni lo intentan. No saben que los que han experimentado este sabor no eran simples guardianes o porteros, sino los verdaderos propietarios. Los auténticos propietarios son aquellos que han logrado la riqueza interior a través de la meditación, y no por un simple conocimiento intelectual. Sin embargo, estos eruditos actúan igual que un loro o un magnetófono, son como simples porteros que pretenden ser los verdaderos propietarios. Un loro repetirá todo lo que se le enseña. De hecho, no comprende las palabras que repite. De igual forma, todo lo que está grabado en un magnetófono puede ser repetido cuando se pone en marcha. Ese es el caso de estos eruditos de saber libresco.

Sucede igual en la vida mundana. Un vigilante o un portero muestran mucho más orgullo y arrogancia que el director o el verdadero propietario de la compañía. En la mayoría de los casos, los verdaderos propietarios son relativamente humildes y sencillos.

Así pues, hijos míos, aquellos que quieran hacer este conocimiento como propio deben practicar meditación. La meditación, no sólo es beneficiosa para los aspirantes espirituales, sino para todo tipo de personas. En cierto sentido, la meditación es la única acción desinteresada. Cualquier otro tipo de acción siempre estará vinculado con una forma u otra de deseo. Cuando meditamos, no pensamos que otros deberían respetarnos u otras cosas que ensalcen nuestro orgullo. Para un *sadhak*, la meditación sirve para purificar la mente, esa es su única meta.

Algunos podrán interpretar este pensamiento de purificar la mente como un deseo. Pero este deseo de purificación tiene por fin eliminar todos los demás deseos y ofrecer, así, un servicio desinteresado al mundo. La intención en la base de este deseo es noble y pura. En cualquier caso, la intención última de casi todos los otros deseos no es esa. El deseo de purificar la mente destruye todos los otros pensamientos y deseos, mientras que el deseo de disfrutar de los placeres del mundo los redobla, y el resultado es dolor y sufrimiento.

Pregunta: Amma, ¿por qué no se da la fe completa, aunque los seres humanos tengan determinadas experiencias?

Amma: La fe completa significa la Liberación. El que tiene una fe completa es un Ser liberado. Hay la fe total de que solo Dios es, que sólo existe el Paramatman y que el resto es cambiante, momentáneo. El que tenga una fe completa experimentará que cada objeto está impregnado de Conciencia suprema. Los otros, los que no han realizado la experiencia, dirán que cada objeto está impregnado de la Conciencia suprema porque algún otro, al que respetan, se lo habrá dicho. Sus palabras y sus acciones no concuerdan. Dirán posiblemente que Dios solo existe y que se debería tener una fe incondicional en Él. Pero si los observáis, veréis que creen y se refugian en otras muchas ideas. Su fe no es completa. Es una fe repartida, una fe en lo múltiple y no en el Uno. Creer en numerosas cosas no es la fe. De hecho, es una falta de fe. La fe verdadera está concentrada en un solo punto, es una fe en una única y misma Realidad. En este sentido, solo un Alma Realizada tiene una fe real. La de los otros seres es parcial e irreal. Tienen una fe incompleta aunque se esfuercen por obtener una fe completa.

Nuestra fe está dividida. Se dispersa entre lo múltiple, y no en el Uno. No está concentrada. Tenemos fe en nuestro cuerpo, nuestro esposo, nuestra esposa, nuestros hijos, nuestro padre, nuestra madre, nuestro coche, nuestra casa. Creemos que el cuerpo vivirá mucho tiempo, que todas estas personas y estos objetos son "algo mío, mío para siempre". Esta no es la fe. Es una fe inestable pues los objetos en los que creemos son inestables.

Esto muestra una vez más la naturaleza cambiante de nuestra mente. La fe de un ser espiritual es estable y concentrada; y por eso su mente también es estable. No cree en el cuerpo. Tiene fe en el Atman Único, Inmutable, y no en los cuerpos cambiantes, múltiples. Sólo este género de fe puede ayudar. Pero en esta era de *Kali Yuga* es difícil tener una fe de esa naturaleza. Por tanto, debemos esforzarnos todavía más.

La fe perfecta sólo aparece cuando no hay más dudas, más dudas sobre la existencia de Dios, el Paramatman. Ahora, estamos llenos de dudas. Las dudas son la causa de nuestra falta de fe auténtica. Todas las incertidumbres deben desvanecerse. La creencia en la pluralidad debe morir y la fe verdadera ocupar su lugar. Las discusiones y los conflictos deben disiparse para permitir que se establezca la fe completa. Mientras tanto, seguiremos con nuestras pequeñas creencias incompletas.

Mayyāvesya mano ye mām nitya yuktā upāsate
Sraddhayā parayo petās te me yuktatamā matāḥ

Los que han fijado su mente en mí,
Y que, siempre constantes y dotados
De una Fe suprema, me veneran,
A esos, los considero Perfectos en el Yoga
— Bhagavad Gîta, XII-2

Las palabras de Amma mostraban los aspectos más sutiles de los *Upanishads* y los *Vedas* a través de sencillas explicaciones. Tanto los que habían preguntado como los que permanecían sentados escuchando a Amma, podían entenderlo con toda claridad. Era una experiencia única para los visitantes y los residentes congregados allí.

Om jñāna svarūpinyai namaḥ

Saludos a la Madre
Que es la Encarnación del Verdadero Conocimiento.

9 de abril de 1984

Amma estaba sentada en el extremo norte del porche de la sala de meditación, a las diez de la mañana. La mayoría de los *brahmacharis* estaban frente a ella. Gayatri, Kunjumol y muchas otras mujeres habían ocupado un lugar detrás de Amma. Algunos devotos padres de familia estaban igualmente presentes.

Un devoto: Amma, he recibido una carta de mi hijo más pequeño que está en Dubai. ¿Qué debo responderle?

Amma: Cuando partió hacia Dubai la última vez, Amma presintió que tendría problemas en su trabajo.

El devoto: Tu impresión era correcta, Amma. Ha tenido serios problemas con su trabajo, tal como comenta en su carta. Dice que sólo la Gracia de Amma le ha ayudado a enmendar la situación que era muy complicada, pues incluso lo habían amenazado de muchas formas. Amma lo ha salvado.

Amma: La última vez que vino al ashram, Amma quería hablarle, pero se fue nada más acabar los bhajans de la noche. A pesar de todo, Amma había ido a buscarlo con Gayatri, en la oscuridad, esperando encontrarlo en la barcaza a este lado de la laguna. Pero cuando llegamos, ya había partido. Sin embargo, mientras caminábamos en la oscuridad en dirección al barco, Amma se golpeó contra algo y cayó en un agujero. Tal vez se tratara de una señal adicional del peligro que debía afrontar. Al caer en el agujero, Amma tuvo la impresión de que el peligro que tendría que afrontar había sido apartado. Dios permitió que lo tuviera que afrontar haciendo caer a Amma en un agujero. Cuando le escribas la próxima vez, pídele que piense en Dios con más constancia.

Pregunta: Amma, muchas personas han realizado la experiencia del estado de Nirvikalpa Samadhi. ¿Alcanzan todas ellas el mismo estado o es diferente en cada una de ellas?

Amma: Hijos míos, el estado de samadhi es la Perfección. Uno se funde completamente. En ese estado, no hay nadie que pueda decir Aham Brahmasmi (Yo soy Brahman). Aunque se dice que las personas realizan la experiencia de Brahman, hay una diferencia en el poder que manifiestan. Krishna no era como Rama, y Buda no era como Krishna. Ellos tenían conciencia de "Yo soy Eso", sin embargo, exteriormente, mostraron ciertas limitaciones y diferencias. No es necesario que dos personas experimenten el mismo bhava, pues Dios manifiesta diferentes bhavas a través de diferentes formas.

Pregunta: ¿Puedes decirnos algo de los que han alcanzado el Nirvikalpa samadhi a través de una sadhana?

Amma: Hay personas que alcanzan ese estado de forma súbita, perdiendo todo control mientras dura el Nirvikalp samadhi, sin ningún sankalpa (resolución) de volver. Se funden en el Brahman Absoluto para siempre, igual que sube y se funde en la atmósfera el gas de una botella de soda haciendo "pop" cuando se abre la botella. Ellos querían alcanzar ese estado de samadhi; y por eso practicaban austeridades. Esas personas progresan gracias a ese deseo, y no vuelven más sobre la tierra pues no tienen individualidad. Pero hay otros, lo nityamuktas (seres eternamente liberados) que conservarán en su mente, antes de abandonar su cuerpo, una cierta forma de sankalpa para volver. Tienen una individualidad propia, que ellos mismos han creado con la ayuda del sankalpa. Aunque abandonen el cuerpo en samadhi y se fundan en la Conciencia Absoluta, volverán, si lo desean, sobre la tierra por el bien del mundo. Pueden adoptar una forma cuando les parezca bien.

Un *brahmachari* no había llegado a la hora exacta para la meditación, y Amma hizo el siguiente comentario.

Amma: Hijos míos, no deberíais dejar de cumplir vuestra práctica diaria. No importa si estáis fatigados o enfermos, deberíais intentar sentaros y meditar. Eso es lo que hace una persona que posee verdadera determinación. Permanecer acostados diciendo que estáis enfermos al sentir el menor dolor de cabeza, muestra que vuestra voluntad es débil. Un buscador espiritual no debe actuar así. Al principio, intentad sentir amor por vuestra práctica diaria. Debe llegar a formar parte de vuestra vida. Si no podéis hacerla a la hora prevista, deberíais sentir el dolor de no haberla realizado y el deseo intenso de volver a practicarla. Si Amma olvidaba recordar a Dios, incluso por un instante, durante el periodo de su sadhana, sentía un dolor inmenso y lloraba clamando a Dios. Para recuperar el tiempo perdido, Amma cumplía austeridades más severas e intensas. Este es el sentimiento que debéis desarrollar.

Las tendencias mundanas surgirán si interrumpís la práctica durante el periodo inicial de vuestra *sadhana*. Si queréis permanecer en el ashram, debéis avanzar hacia la meta practicando *sadhana*. Hijos míos, el tiempo no os esperará. No podréis recuperar el tiempo perdido.

Pregunta: Amma, muchas personas se suicidan. ¿Es correcto actuar así?

Amma: Hijos míos, las personas se suicidan por dos razones diferentes. Algunos lo hacen por problemas familiares. Muchos se suicidan después de sufrir una desilusión causada por una esperanza frustrada. El fracaso en el amor es una razón corriente que conduce a las personas a quitarse la vida. Hay personas que renuncian a la vida por una causa común, por su comunidad, su clase social, su fe o su secta. No faltan personas que se suicidan por amor a su país. Ha habido muchos guerreros, valientes soldados o dirigentes que se han suicidado porque no querían ser capturados o muertos por sus enemigos. Existen diferentes situaciones y circunstancias por las que muchas personas deciden poner fin a su vida. Toda persona que pretende suicidarse, con independencia de su categoría social, encontrará razonable cometer tal acto. Pensará que es el único medio de escapar a los problemas a los que se enfrenta en ese momento concreto. Por ese motivo, seguirá adelante con su plan.

En la mayoría de los casos, es el miedo lo que impulsa a las personas a suicidarse. El miedo a perder su dignidad o su lugar en la sociedad, el miedo a afrontar una situación, el miedo a verse muerto por un enemigo. En otras palabras, es la debilidad mental la que provoca las tendencias suicidas. El miedo surge cuando la mente se vuelve débil e incapaz de hacer frente a una situación angustiosa de la vida.

El suicidio no es correcto en ningún caso. Debemos hacer todo lo posible para afrontar cada situación en la vida, utilizando todo nuestro valor y nuestra fuerza. No podemos evitar el fracaso, pues no es más que otro aspecto de la vida. La vida no puede existir sin éxito ni fracaso. Es inevitable, inexorable. Incluso si os suicidáis, la situación no cambiará. La naturaleza del sol es brillar e iluminar. La naturaleza del océano es tener olas. La naturaleza del río es fluir. Cada objeto tiene su naturaleza propia, necesaria para asegurar su existencia. Esta naturaleza innata no puede ser separada del objeto. Hasta la naturaleza de la vida está hecha de alegría y tristeza. Las dos son inseparables de la vida. Ahora reflexionad: ¿Para qué sirve llorar e inquietarse por algo que no cambiará en absoluto? ¿No resulta insensato actuar así?

Imaginad que os cortáis en un dedo. ¿Acaso se curará mirándolo y llorando? Seguro que no. La única forma de curarlo es aplicar un remedio y esperar pacientemente. Si vuestra mano está herida o vuestra pierna lisiada, no os iréis a cortar la mano o la pierna. Nadie hará eso. Estaréis dispuestos a guardar cama durante semanas o meses para que la herida se cure. Soportaréis el tratamiento tomando los medicamentos prescritos, y esperaréis pacientemente. Esto es lo que debe hacerse en todas las circunstancias. Poner fin a vuestros días no es en absoluto una solución a los problemas de la vida. Deberíais sentaros en algún lugar, calmaros y reflexionar tranquilamente. Todo problema tiene una solución. Debéis intentar encontrarla. Eso requiere paciencia. No perdáis la paciencia, pues sino iréis a la ruina. La paciencia es preciosa. Si reflexionáis pacientemente, podréis ver cómo se resuelven la mayoría de vuestros problemas.

Después de todo, suicidarse no aporta una solución a ninguno de vuestros problemas. Recordad que creáis más problemas a vuestra familia suicidándoos. Pensad en todas las dificultades a las que deberán hacer frente. Quitándoos la vida, los hundís en la miseria. Además, ¿pensáis que después de vuestro suicidio, todo se ha acabado? No. Actuando así, creáis una cadena, una cadena de sufrimiento. Continuáis difiriendo y retardando vuestra propia evolución hacia el Supremo.

Hijos míos, la fuerza de la vida es un don de Dios. No tenemos el derecho a ponerle fin. Es contrario a la ley de la naturaleza. Sabiendo esto, si lo hacemos, tendremos que sufrir por haber cometido un acto contra la ley, un pecado. Un buen rey ofrecerá de su tesoro regalos en especie y en honores a sus súbditos. Hacer un mal uso de tal don es incorrecto. ¿No resulta arrogante desperdiciarlos a propósito? No tenemos el derecho a utilizarlos incorrectamente. Debemos usarlos para realizar acciones buenas y justas. En caso contrario, sufriremos. Toda mala acción será seguida de un castigo. Así mismo, la vida es el don de Dios. Quiere que la utilicemos para conocerlo, para actuar de una forma buena y justa. Si decidimos, por el contrario, poner fin a la misma por razones estúpidas y absurdas, ponemos en duda su poder. El hacer un mal uso del regalo que Dios nos concede resulta arrogante por nuestra parte. Él es quien nos ha dado la vida, y sólo Él tiene derecho a tomarla. Sólo Él puede decidir cuándo y cómo la vida debe ser arrebatada. No tenemos el poder de crear y, por tanto, se supone que no podemos destruir la vida cuando queramos.

Pregunta: Hay personas que se suicidan cuando mueren sus líderes. Otros aman de tal forma a su país, que se suicidan cuando éste entra en crisis. ¿Está justificado?

Amma: El mejor medio de expresar su amor por un dirigente después de muerto, admitiendo que él haya tenido numerosas cualidades, es seguir sus huellas sirviendo a la sociedad con desinterés, como él lo hizo, y no suicidándose. Sería insensato suicidarse por un dirigente deshonesto y egoísta. Si alguien lo hace, es simplemente por apego ciego hacia esa persona, y eso no tiene ningún sentido.

Algunas personas se suicidan en nombre del amor por su país. Pero los verdaderos patriotas no actúan así. Se esfuerzan contribuyendo a superar la crisis. Intentan renunciar a su felicidad por el bien de su país. Amar a su país quiere decir amar a las personas que lo pueblan. De otro modo, limitarse a decir: "Amo a mi país" no tiene ningún sentido. Si verdaderamente amáis a vuestro país, amad a sus habitantes y servidlos. Haced alguna cosa por disminuir su sufrimiento. Si os suicidáis, demostráis que no queréis hacer nada para mejorar la situación, sólo os apartáis. Así, si lo analizáis correctamente, os daréis cuenta de que os interesa más vuestra propia felicidad que el bienestar de vuestro país. No queréis ser infelices; y por eso os suicidáis. Haciendo eso, el país pierde vuestros servicios.

Los *Mahatmas* abandonan su cuerpo de diferentes formas. Se dice que algunos lo abandonan ingiriendo deliberadamente veneno. No se puede decir que esto sea un suicidio. Ellos han realizado el Ser. Por lo que respecta a su cuerpo, para ellos no es más que un simple instrumento al servicio de su deseo y de su voluntad. Pueden tomarlo o abandonarlo cuando les parezca bien.

El cuerpo depende de ellos, y no ellos del cuerpo. Pero no es lo mismo para nosotros. Dependemos del cuerpo. Ellos controlan el cuerpo, y nosotros somos controlados por él; esa es la diferencia. Ellos toman un cuerpo con un propósito y lo abandonan cuando lo han cumplido. Para ellos, vivir en un cuerpo es idéntico a vivir sin cuerpo, pues no están apegados a él. Para ellos, los cambios y los sufrimientos del cuerpo sólo son del cuerpo. Su mente no se ve involucrada. Los *Mahatmas* están completamente desapegados del cuerpo. Su cuerpo es para el mundo, para las personas, para los devotos y los discípulos; y no para ellos mismos. Para deshacerse del cuerpo, pueden escoger cualquier medio. Es simplemente como un pájaro que vuela del nido o de la jaula. Pero no es así para los demás seres humanos. El nacimiento con forma humana es muy precioso. Intentad vivir esta vida, que es un don de Dios, con una ardiente determinación hacia la meta (*lakshya bodha*). Debéis esforzaros en conocer a Dios.

Un brahmachari: Amma, siempre he tenido miedo al fracaso.

Amma: Hijo mío, la confianza en uno mismo es una cualidad importante que debería poseer un sadhak. Por confianza en sí mismo, entendemos la confianza en el Ser, la fe en el Ser; en el hecho que soy el Ser, que todo es el Ser. En esencia, tener fe en el Ser es tener fe en Dios o en el Gurú, pues el Gurú es el Atman, el Ser. Con esta clase de confianza y fuerte convicción, el Gurú os guiará por el camino correspondiente, el mejor para vuestra naturaleza innata, el Gurú os conducirá hacia la meta más elevada y, por la Gracia del Gurú, saldréis victoriosos. De hecho, la victoria será la del Ser.

La fe y la obediencia al *Satgurú* nos darán la confianza en el Ser. La obediencia al Gurú es capital. El Gurú es el *Parabrahman* (el Ser Absoluto), que todo lo impregna bajo una forma humana. Él es el Ser, el vuestro y el de toda la creación. Tener fe en él supone tener fe en vosotros mismos. La fe es la obediencia absoluta al Gurú. Si tienes eso, hijo mío, no tienes nada que temer. Por otro lado, la desobediencia al Gurú será la causa de lo peor que te pueda suceder.

Érase una vez un maestro espiritual que sabía cómo transformar en oro puro ciertas hojas. Su discípulo deseaba aprender este arte y se lo dijo a su maestro. El maestro le respondió: "No, no quiero enseñártelo. La meta de un verdadero buscador es abandonar todos los deseos". La mente del discípulo se puso muy alterada. A causa de su anhelo por aprender esta técnica, no podía ni siquiera hacer su *sadhana* correctamente. Una y otra vez se acercaba al maestro para pedirle que le enseñase el arte de hacer oro. Al final, a causa de su insistencia, el Gurú le enseñó, pero no sin antes hacerle prometer que jamás se lo enseñaría a otros ni se beneficiaría él mismo. Algunos años más tarde, el Gurú dejó su cuerpo. El discípulo permaneció fiel a su promesa durante un cierto tiempo y no practicó el arte de hacer oro. Sin embargo, no pudo contenerse por mucho tiempo. Se decidió al fin a fabricar oro. El discípulo se dedicó a buscar los ingredientes necesarios. Lo pudo reunir todo menos una cierta hoja. La buscó por todas partes pero no logró encontrar exactamente la misma. Así transcurrieron días, semanas y meses, sin llegar a descubrirla. Su mente estaba obsesionada por el deseo de conseguir aquella hoja. Finalmente, aquella obsesión lo trastornó completamente. Desde aquel día y hasta su muerte, el pobre hombre se dedicó a aspirar todas las hojas que veía, allí donde se encontrase. Continuó buscando la hoja. Eso fue el resultado de la desobediencia que había mostrado hacia su Gurú.

Un devoto vino con su familia para visitar a Amma. El hijo pequeño, un muchacho de ocho o nueve años, se situó muy cerca de Amma. Ella lo acarició y jugó con él mucho tiempo, haciéndole sentar en sus rodillas. Al observar esta escena, algunos residentes sonrieron, mirándose como si lo entendieran todo. Cuando

Amma muestra mucho amor y atención hacia una determinada persona, podemos asegurar que se volverá un ardiente devoto o, en algunos casos, que irá a vivir permanentemente en el ashram. Cuando Amma muestra una atención especial hacia alguien, los residentes suelen decirse: "Una cabaña suplementaria", lo que significaba que esa persona abandonará la vida mundana para habitar en el ashram, donde los residentes viven en cabañas.

En una de estas ocasiones, Amma dijo: "Amma no mira a los niños con mucha intensidad. Si lo hiciera, un día u otro cambiarían de vida y se consagrarían a la vida espiritual. Las tendencias latentes no están todavía manifestadas en los jóvenes. Tienen la capacidad de captar nuestra mente. Entonces, si la mente de Amma se concentra en uno de ellos, cambiará y se volverá hacia la vida espiritual. Amma tiene una sensación especial cuando ve a algunas personas. Eso debe ser debido a los méritos espirituales heredados de vidas pasadas".

Un día Amma se dirigió hacia la casa de Valyammachi, una devota que habitaba en una aldea llamada Mavelikara, a unos veinticuatro kilómetros del ashram de Amma. Su nombre es Sarasvati Amma, pero todo el mundo, comprendida Amma, la llama Valyammachi (la abuela). La clase sobre el Gîta ya había empezado y asistían a ella cerca de cien niños. Amma sentía mucho amor y afecto por todos ellos. De tanto en cuanto, echaba una ojeada a dos de ellos. Estaban sentados detrás de ella, pero Amma se volvía hacia ellos y los miraba. Sentía por ellos una atracción espontánea. Más tarde, Valyammachi explicó que eran los hijos de un músico que era un buen *sadhak* y un verdadero devoto. Como habían nacido de un devoto, se podía ver en ellos reflejadas sus virtudes y sus cualidades.

Pregunta: ¿Qué es lo más importante para nuestro crecimiento espiritual, las disposiciones espirituales heredadas del nacimiento precedente o la Gracia del Gurú?

Amma: Nada es posible sin la Gracia. Las disposiciones espirituales que se logren en este nacimiento, en un nacimiento precedente o en un nacimiento futuro, no pueden conseguirse sin la Gracia del Gurú. Si habéis heredado disposiciones espirituales de un nacimiento precedente, es igualmente debido a la Gracia del Gurú. Eso no quiere decir que el esfuerzo personal no sea necesario. Es, por supuesto, importante. Pero el esfuerzo es humano, y la Gracia es Divina. El esfuerzo es limitado, mientras que la Gracia no tiene límite. El esfuerzo humano limitado no puede conduciros más que hasta un cierto punto. A partir de ahí, es el vehículo de la Gracia del Gurú quien os lleva hacia vuestra meta. Cumplid vuestra sadhana con sinceridad, con una actitud de entrega y amor, y después esperad pacientemente que llegue la Gracia. Nadie sabe cuándo y cómo se manifestará. Por medio de la humildad, la Gracia del Gurú puede obtenerse fácilmente.

Eran las doce y media. Amma se levantó y se dirigió hacia el cocotal. Algunos niños de las casas vecinas estaban allí, y Amma se aproximó a ellos. Ella les habló durante bastante tiempo e intercambiaron unas palabras riendo. En un momento dado, los niños estallaron en risas, y Amma también. Los que permanecían delante de la sala de meditación no podían adivinar el tema de conversación, pues estaban bastante lejos. Amma es siempre muy afectuosa con los niños y los adultos que viven cerca del ashram o en los alrededores.

Dejando a los niños, Amma se dirigió a la orilla de la laguna. Permaneció de pie entre dos cocoteros, mirando el vasto cielo y balanceando suavemente su cuerpo de derecha a izquierda. Sus manos estaban unidas. Los niños caminaron lentamente hacia ella, sin hacer ruido. Pararon a algunos pasos detrás de Amma, y permanecieron allí mirándola sin más. Amma no parecía muy consciente de lo que la rodeaba, pues no se movió de su lugar durante algún tiempo. Sus ojos miraban fijos hacia el cielo. Los niños también permanecían allí sin moverse, hasta que al fin Amma se volvió hacia ellos y les sonrió.

Todos estos niños, menores de diez años, estaban acostumbrados a ver a Amma casi a diario. Pero aun así, la atracción espontánea y el amor que sentían por ella eran extraordinarios. La llamaban "Ammachi".

Volviéndose, Amma los miró y acarició sus cabezas sonriendo. Los niños parecían muy felices. Luego Amma se dirigió a su dormitorio. Pasaban unos minutos de la una.

A las tres, un joven llegó al ashram. Parecía muy malhumorado. Brahmachari Balu estaba de pie ante el templo. El joven se aproximó y le dijo: "Soy Chandra Kumar, de Bombay". Hablaba en malayalam, y Balu le preguntó: "Pero usted habla malayalam". Él respondió: "Sí, soy originario de Kerala, pero he sido criado en Bombay". Balu le preguntó: "¿Ya ha comido?" "Sí, en Kayamkulam" (una aldea a doce kilómetros del ashram).

Continuó: "Querría ver a Amma, he hecho el viaje desde Bombay especialmente para verla y hablarle. ¿Podría conocerla?" Su voz revelaba cierta ansiedad.

Balu contestó: "Sabe, es difícil decir cuándo vendrá Amma y cuándo se irá. Sobre todo, hoy que Amma ha estado aquí hasta casi la una y cuarto". Balu lo condujo hacia la terraza delantera del templo y extendió una estera para que pudiera sentarse.

"Sería realmente una mala suerte no poder verla y hablarle hoy", dijo Chandra Kumar con aire preocupado.

Balu lo tranquilizó: "No se preocupe, tendrá ciertamente su *darshan* si lo desea verdaderamente. A propósito, ¿cómo ha oído hablar de Amma?"

El joven: Se lo contaré: Fue bastante fortuito. La semana pasada volviendo a mi casa después del trabajo, conocí a un hombre que viajaba en el mismo tren. Tenía entre treinta y cinco y cuarenta años. Era también de Kerala por lo que entablamos conversación fácilmente. Cuando acabamos de hablar, sacó un pequeño libro de su bolsillo y empezó a leerlo. Había en el libro una foto de Amma. Esa foto me atrajo profundamente, sobre todo el amor y la compasión que sentí en su sonrisa y en toda su persona. Le hice preguntas sobre Amma, y me dijo todo lo que sabía. Me explicó cómo se había transformado totalmente su vida después de haber conocido a Amma. Había sido un alcohólico, un fumador de ganja y había tenido otros malos hábitos. Su esposa y sus hijos sufrían mucho. Vivía un drama doloroso. Su hermano mayor lo condujo a la fuerza cerca de Amma. Me dijo que su encuentro con Amma había señalado el inicio de una nueva vida. Afirmó que Amma le había salvado a él y a su familia de la ruina total. Abandonó completamente sus malos hábitos después de haber conocido a Amma. Lleva ahora una existencia feliz y llena de devoción. Concluyó diciendo: "La primera vez me llevaron cerca de Amma por la fuerza, pero ahora surge espontáneamente el deseo de pensar en ella y querer ver su forma". Este compañero de viaje me hizo sentir deseos de ver a Amma. Y, de hecho, creo que es Dios quien me ha hecho conocer a este hombre porque, hermano, mi familia también se enfrenta a un gran problema.

Se detuvo un momento. Luego, mirando el rostro de Balu, continuó: "¿Podría conocer a Amma?" El joven parecía muy triste y agitado.

Balú se conmovió por la angustia moral del joven. Dijo: "Voy a averiguar si Amma va a bajar de nuevo o no". Mientras se levantaba, vio repentinamente a Amma descendiendo por la escalera. Entonces le dijo en voz baja al joven: "Mirad, llega Amma". Añadió: "Las plegarias sinceras siempre son oídas".

Como si ella supiera que estaba allí, Amma caminó en dirección hacia el joven que estaba ahora de pie ante el templo. El vestido blanco de Amma danzaba en la brisa fresca y dulce proveniente del océano. La mirada de Amma, llena de compasión y cuya dulzura calma los corazones, se posó sobre el joven. Ella le sonrió con amor, y él contestó estallando en sollozos. El joven cayó a los pies de Amma. Mientras se inclinaba para levantarlo, ella secó sus lágrimas con su mano. Amma condujo a Chandra Kumar hacia la parte occidental del templo.

Explicó a Amma todo lo que había explicado a Balu. Luego continuó mientras Amma escuchaba con atención: "Amma, mi padre y mi madre están en Bombay, donde yo habito con ellos. Mi padre es un hombre de negocios y le ayudo en su trabajo. Tengo una hermana mayor. Ella está en su último año de carrera para diplomarse en Ciencias Sociales". Se detuvo y parecía que reunía fuerzas para completar su historia.

Amma extendió afectuosamente su brazo derecho y le acarició afectuosamente el hombro. Él continuó: "Hace seis meses, empezamos a observar algún cambio en su carácter. Ella había sido siempre inteligente, alegre y muy simpática con los demás. Gradualmente, en algunas semanas, se volvió totalmente solitaria, viviendo encerrada en su propio mundo. Su alegría y su buen humor desaparecieron completamente. Dejó de hablar con los demás, incluso con mis padres y conmigo mismo. Primero pensamos que se trataba de un cambio temporal, pero pronto nos dimos cuenta de la gravedad de la situación.

No comía mucho ni bebía, y no podía conciliar el sueño por la noche. En dos semanas, se convirtió en otra persona. Amma, ya puedes imaginar la preocupación de mis padres. La llevamos a diferentes psiquiatras y psicólogos, esperando que la pudieran curar. Todos los tratamientos resultaron inútiles. Algunos dijeron que estaba poseída por espíritus maléficos; otros pensaron que estaba histérica. En todo caso, el estado de mi hermana no ha mejorado. Su salud se ha deteriorado rápidamente. Se ha quedado delgada como un esqueleto. Permanece siempre sentada en su dormitorio, la mirada fija en un objeto o en otro. La única cosa que sostiene su cuerpo es el alimento líquido que se le da a la fuerza por su boca. Algunas veces lo bebe y otras se le escapa, sin más, entre los labios.

Amma, mi hermana está en este estado desde hace seis meses. Nadie conoce la causa de su enfermedad ni su remedio. Mis padres tienen el corazón destrozado. Yo soy incapaz de consolarlos, pues hasta yo mismo me desespero cuando pienso en ella. También estoy muy preocupado por mis padres. Están constantemente junto a mi hermana para ocuparse de ella. Apenas han comido y dormido desde el inicio de su enfermedad.

Amma, por favor, salva a mi hermana, salva a mis padres. Ayuda a nuestra familia a salir de esta crisis. Suplicando así a Amma, el joven se cubrió el rostro con sus manos y sollozó como si se tratara de alguien que lo hubiera perdido todo en la vida.

Amma se acercó a él, colocó su cabeza sobre su hombro y le acarició delicadamente la espalda. Ella lo consoló diciendo: "Hijo mío, no te preocupes, todo irá bien. No te inquietes, conserva tu fuerza. No te preocupes, Amma está aquí". Sus palabras tranquilas y cariñosas lo calmaron. Volvió a controlar sus emociones. Amma le levantó la cabeza de su hombro, y secó sus lágrimas, tranquilizándole: "Hijo mío, no te inquietes. Amma siente que mi hija (la hermana) se pondrá bien".

Amma pidió entonces a Balu que fuera a buscar ceniza sagrada al templo. Cuando la hubo traído, Amma la impregnó de su pura energía vital concentrada, y permaneció en meditación algún tiempo con la ceniza en sus manos, luego se la dio al joven.

Amma explicó al joven la forma de utilizar la ceniza, y luego se levantó para irse. Chandra Kumar se postró ante Amma y le pidió permiso para retirarse. Amma regresó a su dormitorio, pues eran las cinco menos cuarto.

No había nuevos visitantes en el ashram. Los *brahmacharis* meditaban. La atmósfera era muy tranquila y serena. De pronto,

Gayatri descendió corriendo por la escalera y preguntó si el joven de Bombay se había ido. "¿Por qué?", preguntó Balu. Gayatri le dio algunos trozos de azúcar candi y le dijo que era *prasad* de Amma para la hermana enferma. Hacía cinco minutos que había partido pero, esperando encontrarlo en el barco, Balu corrió hacia el embarcadero. Cuando llegó, Chandra Kumar ya había embarcado y se encontraba en medio de la laguna. Balu agitó su mano desde la orilla y le gritó que esperarse en la otra orilla. Tomó enseguida otra barca y entregó a Chandra Kumar el *prasad* de Amma.

[Nota: Tres semanas más tarde, toda la familia vino al ashram. Fue entonces cuando conocimos la continuación del drama divino que había ocurrido.]

Tres días después de su visita al ashram, Chandra Kumar llegó a Bombay en el tren de la noche. Fue para él una gran sorpresa cuando su hermana le pidió desde su dormitorio que entrara: "¿Dónde está el azúcar candi?" No podía creer lo que oía, pues desde hacía seis meses, después de perder toda esperanza, podía escuchar por fin a su hermana. Se quedó todavía más sorprendido al oír lo que le pedía. Era el azúcar candi que Amma le enviaba como *prasad*. ¿Cómo lo sabía ella? No pudo hablar durante un buen rato. Cuando recuperó su calma, quiso que ella le explicara lo que había sucedido.

Después del relato de su hermana, Chandra Kumar supo que durante tres noches consecutivas, a contar desde el día en el que fue al ashram, ella tuvo el mismo sueño respecto a Amma. Después de cada sueño, se había despertado de una forma especial, como si volviera a ser normal. Sus padres empezaron también a notarle un cambio. Cada una de estas tres noches, soñó que Amma le decía: "Tu hermano ha venido a ver a Amma. Amma te va a enviar azúcar candi como *prasad*. Pídeselo cuando entre en tu dormitorio. Tómalo y cómelo, te encontrarás mejor". Después de haber comido el azúcar candi, ella recuperó su salud tanto física como mental.]

10 de abril de 1984

El canto alegre de los pescadores empujando sus barcos hacia el mar penetraba como un efluvio en la atmósfera del ashram. La madre océano recibía con alegría a sus hijos, los pescadores, en la cuna de las olas y los transportaba con amor en su corazón, mar adentro, cantando su eterna canción de cuna y acariciándolos afectuosamente con el brazo de sus aguas burbujeantes.

Un curso sobre el Vedanta destinado a los *brahmacharis* tenía lugar a las once de la mañana en la sala de meditación. Amma estaba sentada bajo el porche ante el templo, en dirección al este. Algunos devotos venidos de fuera se habían reunido cerca de ella. Otros llegaron y fueron sentándose, tras saludar a Amma respetuosamente. Cada uno tenía sus problemas particulares. Amma llamó a los devotos uno tras otro y los escuchó. Luego cambió el tema de conversación.

Un devoto: Amma, en Trivandrum, ha tenido lugar un *soma yaga* (sacrificio védico para restaurar la armonía perdida de la naturaleza y para purificar la atmósfera). ¿Son los *yagas* (rituales) el *dharma* de nuestra época?

Amma: Hijos míos, tanto si los *yagas* son o no el *dharma* de nuestra época, hay una cosa que nadie puede negar: el elevado grado de contaminación atmosférica. Realizar los *yagas* es un excelente medio para purificar la atmósfera. Los oficiantes ofrecen en el fuego numerosas sustancias que tienen propiedades medicinales mientras cantan mantras. Es muy beneficioso para la naturaleza. ¿Acaso es posible dedicarse a la meditación y otras prácticas espirituales en una atmósfera contaminada? Incluso para realizar las cosas mundanas, tenemos necesidad de un cierto grado de pureza atmosférica.

Por sus pensamientos y sus acciones egocéntricas, los seres humanos han contaminado la atmósfera. Ésta está completamente saturada de humos nocivos y de los gases de los tubos de escape de los vehículos, los autobuses y las fábricas. El peor veneno para la atmósfera son los pensamientos egoístas y deshonestos de los seres humanos. El equilibrio de la Naturaleza ha desaparecido. Para restaurarlo y reconstruir esta armonía perdida, los *yagas* y los *yajnas* pueden ayudar. Es igualmente una forma de proteger, de preservar y de difundir la tradición védica.

Los valores morales y espirituales son los factores que aportan la fuerza, la integridad y la unidad a una nación. Cuando desaparecen, la nación también se desintegra.

La cultura de la India es la espiritualidad. El origen de la espiritualidad, aunque ella no tenga un principio, por hablar en términos empíricos, se encuentra en los Vedas. En consecuencia, preservar, proteger y difundir el *dharma* védico supone preservar, proteger y difundir los valores morales y espirituales del país, lo que ayudará a elevar y unificar al pueblo. Sólo eso protegerá al país de un grave desmoronamiento. Amma no quiere decir que los que realizan los *yagas* y los *yagnas* deban hacer solo rituales externos. Es muy importante comprender los principios esenciales y vivir de acuerdo con ellos. La meta es trascender esos rituales y esas oblaciones, y vivir constantemente según sus principios. ¿Cuántos pueden trascenderlos? Todavía hay millones de personas que no saben nada sobre ellos. ¿Cómo vamos a ignorar a estos millones, en nombre de algunos otros seres que los han transcendido? Al realizar estos rituales, intentad explicar lo que representan verdaderamente. Hablad de su significado espiritual, de la ciencia que está en su base.

Hijos míos, la atmósfera se purifica incluso cuando se enciende una lámpara de aceite. Todo lo que han dicho los *rishis* tiene sentido y significado. No hay nada que dejar de lado. Observad con una visión sutil y descubriréis el beneficio real de estos rituales religiosos. Criticar algo sin haberlo estudiado correctamente no tiene ningún sentido.

El devoto: Amma, el cumplimiento de estos *yagas* y *yajnas*, ¿no es una forma de llevar a las personas cinco o seis mil años atrás? ¿No es algo primitivo?

Amma: ¿Cómo puedes llegar a esta conclusión? ¿Intentas decir que los seres humanos han evolucionado? Amma no lo cree. De hecho, han retrocedido. El criterio para determinar si alguien está evolucionado o no, es su pureza mental y su grandeza de espíritu. Si esa es la norma, las personas que vivían hace cinco o seis mil años eran mucho más evolucionadas que nosotros. Somos primitivos mental, física e intelectualmente. Eran muy superiores a nosotros en todos los campos, en cada palabra y en cada acto. Intentad mirar y apreciar las cosas con imparcialidad, sin ningún prejuicio. Esforzaos en tener un enfoque y un juicio más reflexivos. La desintegración y la destrucción de las antiguas sociedades fueron causadas por personas como Duryodhana, Dussasana, Sakouni o Dhritharasthra (personajes corruptos en la epopeya del Mahabharata). Representan la falta de honestidad, el egoísmo y el egocentrismo. En aquel tiempo no existía más que un solo Duryodhana, un Dussasana y un Dhritharasthra; pero hoy cada uno es un Duryodhana, un Sakouni o un Dussasana. Corremos como locos detrás de la fama, el éxito y la posición social. Queremos poseerlo todo. Esos individuos provocaron la destrucción de una raza entera. Nosotros vamos a ser la causa del aniquilamiento de toda una nación, quizás del mundo entero. Hijos míos, ¿quiénes eran mejores, ellos o nosotros?

Los antiguos sabios nos han descrito y mostrado las consecuencias terribles del egoísmo y del egocentrismo. Nos han indicado igualmente cómo vencer esas debilidades. Sin embargo, no queremos escucharlos. No queremos ni siquiera poner en práctica sus consejos. Sólo queremos criticar lo que han dicho. Pero ¿quiénes somos nosotros para hablar? Algunos han estudiado el tema correcta y científicamente; dejémosles que sean los que lo evalúen. En todo caso, si estos *yagas* y *yajnas* son realizados según las instrucciones de los Vedas, darán ciertamente frutos.

Un devoto: En el *Srimad Bhagavad Gîta*, el Señor Krishna dice: *"Yajnanam japayajnosmi"*. (Entre los *yajnas*, yo soy el *japa yajna*). El *japa yajna* es el más simple y él más accesible a todos. Es el *dharma* del *Kali Yuga* (la conducta justa a cumplir en la edad negra del materialismo). El Señor Krishna también dijo a Arjuna: *"Trigunya vishaya veda nistraigunyo bhavarjuna"*. (Los Vedas están constituidos de las tres cualidades. En consecuencia, Arjuna, transciéndelas). El límite de los Vedas sólo está en el cielo.

Amma: Es posible para las personas ir más allá si pueden alcanzar el cielo, ¿no es cierto? También pueden trascender las tres cualidades si son capaces de elevarse hasta el cielo. Una persona dotada de discernimiento lo conseguirá, ciertamente. Por eso Amma dice que nadie debe apegarse al simple hecho de realizar los rituales. El mismo oficiante debe volverse una ofrenda. La actitud debe ser: "¡Oh! Señor, ofreciéndote este ingrediente, te ofrezco todos mis apegos. ¡Oh! Señor, ofreciéndote este otro ingrediente, te ofrezco todas mis aversiones. Lo quemo todo en el fuego del conocimiento. Tómalo y purifícame". Esta es la actitud correcta. Pero incluso para alcanzar este estado de espíritu, uno debe poseer o bien numerosos méritos espirituales acumulados durante el nacimiento precedente, o bien mucha *abhyasa* (prácticas) acompañada de *vairagya* (desapego).

No podemos esperar encontrar esta actitud en todos. Se ve en muy poca gente. Las otras personas alcanzarán lentamente esta fase cumpliendo los *yajnas* y los *yagas*. Pero por el momento quieren satisfacer sus deseos; y por eso se apegan al cumplimiento de los *yajnas* y de los *yagas*, según han sido prescritos en los

Vedas. Pero, gracias a estos rituales, poco a poco sus mentes irán ganando en sutileza. Tomarán conciencia de que los deseos son un obstáculo, que no les pueden satisfacer plenamente y que no aportan más que sufrimiento. A medida que su mente se vuelva más y más sutil, se darán cuenta de que renunciar a los deseos es la única forma de liberarse de todo sufrimiento y de todo dolor. Así comprenderán el verdadero significado de los *yajnas*, es decir la renuncia. Entonces se impregnarán y vivirán de acuerdo con el *yajna*.

Así pues no digáis que los *yajas* son *mitya*. Las personas tienen gustos diferentes y constituciones mentales diversas. Dejad a cada uno escoger lo que le conviene. Las hojas y las ramas de un árbol tienen utilidad incluso si no obtenéis los frutos (Amma quiere decir que el *Karma Kanda* –la parte relativa a los rituales– de los Vedas son las hojas y las ramas, y el fruto es *Atma Jnana*, el conocimiento del Ser). La gente se ha interesado de nuevo por la espiritualidad gracias a la realización de *yagas*. Por tanto, resultan beneficiosos, ¿no es cierto?

Otro devoto: La respuesta de Amma es perfecta. Incluso Veda Vyasa escribió el *Bhagavatam*[1] después del *Mahabharata*. La devoción por el Señor, que conduce a *jnana* (el conocimiento) no puede ser obtenida más que después de haber realizado ciertas acciones, tales como luchar contra las tendencias negativas o resolver los conflictos u otras perturbaciones en nosotros mismos.

Amma: ¿Quién puede vivir sin hacer nada? Hijos míos, nadie puede vivir en este mundo sin realizar acción alguna. El *karma*, ¿no es necesario para alcanzar *nishkama*? Cuando todos los *karmas* están dirigidos hacia Dios, eso es *nishkama*. Cuando están dirigidos hacia

---

[1] El *Bhagavatam* fue escrito después del *Mahabharata*. Aquí el *Bhagavatam* representa la devoción, y el *Mahabharata* la lucha entre las cualidades positivas y las malas inclinaciones, o la lucha entre la naturaleza superior y la naturaleza inferior en el hombre. Cuando todas las tendencias negativas son aniquiladas, la bondad predomina. En una mente así, se despierta la devoción.

la adquisición de objetos, es *karma*. Cuando todas las acciones están dirigidas hacia Dios, eso es *yoga*. Cuando están dirigidas hacia el mundo, es *karma*. Actuar en el mundo, viendo los objetos tal como son, esperando el fruto de las acciones, es k*amya karma*. Actuar en el mundo, viendo al Señor en todas las cosas sin esperar ningún fruto, es *nishkama karma*. *Karma* debe volverse primero *nishkama*. De *nishkama karma* nace la devoción concentrada en un solo punto. De la devoción nace *jnana*.

Un día, Narada percibió una viva luz. Se aproximó y vio que era una *jnana devata* cumpliendo sus austeridades. Él le preguntó en qué meditaba. Ella respondió que meditaba sobre los Pies de Loto del Señor. Ahí también, se subraya la importancia de la *bhakti*. *Jnana* no podrá ser alcanzada por una persona sin devoción. En este sentido, se puede decir que *bhakti* y *jnana* son una sola y misma cosa. Además, los *vasanas* se atenuarán sólo si *karma* se vuelve desinteresado. No basta con cantar *kirtans*, debéis cantar haciendo participar todo vuestro cuerpo, vuestra mente y vuestro intelecto en los *kirtans*.

Señalando con el dedo a un trabajador que araba la tierra con una pala (una forma primitiva de labrar), Amma hizo el siguiente comentario.

Amma: Hijos míos, ¿habéis visto cómo ara la tierra con su pala? Es un empleado que trabaja con contrato. Solo tiene que simular que trabaja y simplemente remover la tierra de la superficie con su pala. No cavará correctamente, sacando las malas hierbas y las raíces de los cocoteros que han sido cortados. ¿Cómo van a germinar las semillas si no saca las raíces? Si fuera su propio terreno o campo, cavaría profundamente y retiraría las malas hierbas y las raíces de los cocoteros abatidos. No hay amor en la acción que realiza. Sólo piensa en el dinero y no en el trabajo. Un tipo de persona así, que ama el dinero y no el trabajo, que trabaja porque se siente obligada; no es sincera consigo misma. No hay amor en su trabajo. Quiere sencillamente ganar dinero. Esta no es manera de actuar. Toda acción debe ser realizada con amor, y esta debe ser también vuestra actitud cuando llamáis a Dios. Llamar y rezar a Dios es igualmente una acción que hay que realizar con amor.

En algunas casas, podemos ver a los niños cantar *kirtans* al crepúsculo. No lo hacen por amor ni devoción por Dios, lo hacen simplemente por miedo a sus padres. Son obligados a hacerlo; no pueden escaparse. No hay para ellos ninguna otra salida; así pues se sientan y cantan. Pero cantando, arrancarán un juguete o una muñeca de las manos de otro niño, se rascarán desesperadamente la cabeza bostezando y dormitando, aspirando alegremente el olor que viene de la cocina, u otras distracciones mientras recitan el Nombre Divino. Eso no es devoción. Lo hacen simplemente por miedo y porque no pueden evitarlo. No hay siquiera un ápice de amor en sus cantos. Si ese es el género de *bhakti* que tenemos, las impurezas que están en nosotros no se irán. Sólo cuando la lujuria, la cólera, y otras tendencias negativas son desenraizadas del interior, gracias a un esfuerzo sincero, Dios establece en nosotros su morada. ¿Cómo van a germinar las semillas si las malas hierbas no han sido arrancadas? De igual forma, mientras sigan en nosotros las malas hierbas de la lujuria y de la ira, la semilla de *bhakti* no germinará en nuestro corazón y Dios no vendrá a residir en él.

Pregunta: Amma, parece que aquí los *brahmacharis* siguen una disciplina muy estricta. ¿Es necesario mantener tal disciplina?

Amma: Los antiguos maestros han estudiado la mente humana de forma profunda. Han sondeado la mente, han penetrado en ella y han comprendido sus sutilezas. Conocían perfectamente la naturaleza inquieta de la mente. Sólo tras esos estudios, han considerado todas las disciplinas que debe observar un aspirante espiritual. En nuestros días, todos escriben libros. Pero Amma se pregunta lo que han estudiado respecto a la vida y a la mente. Los *rishis* no eran superficiales; pasaban días y noches, olvidando la comida y el sueño, estudiando su mente. El resultado fue que alcanzaron el Conocimiento Último. Conocían bien los obstáculos que un *sadhak* encuentra durante su viaje espiritual, pues ellos mismos lo habían experimentado. Descubrieron los métodos para superar esos obstáculos y esto es lo que nos aconsejan seguir. Hablan a partir de su propia experiencia y no de ideas prestadas.

El control de la mente es una de las tareas más difíciles; por eso las disciplinas son extremadamente arduas. Pero no son excesivas. Amma no impone la misma disciplina a todo el mundo. Depende del poder de cada persona de resistir la disciplina. Los *brahmacharis* no tienen todos igual fuerza mental para someterse. Además, la disciplina no es la primera cosa necesaria. La etapa inicial es prodigar el amor y el afecto. A través de la experiencia del amor puro, los *sadhaks* se acercarán y entonces será posible disciplinarlos. Es lo que hace Amma. Salvo algunos casos aislados, ella no ha empezado por la disciplina desde el momento de su llegada. Sólo lo ha hecho con los que tenían la fuerza y la madurez requeridas para soportar tal disciplina.

Cuando un vestido está muy manchado, hace falta mucho detergente. De forma similar, la mente está manchada a causa de los diferentes hábitos y experiencias vividas en el mundo que sólo pueden ser eliminadas con una disciplina apropiada.

Los *Mahapurushas* (las grandes almas) y los *Avatares* (encarnaciones divinas) establecieron las reglas. A los seres humanos corrientes, les es imposible liberarse de su esclavitud sin estas reglas. Pero los *Mahatmas* no pueden sujetarse a las reglas. Ellos las crean pero están más allá de ellas. Las grandes almas están más allá de todas las leyes. Después de haberlas creado, continuarán. Dios ha continuado su camino, después de haber creado el mundo. Él ha dicho que no estaba relacionado con eso. Nosotros no podemos cuestionarlo.

No nos volveremos buenos más que si alguien nos da las reglas y nos disciplina. ¿Acaso no hay jefes en las oficinas y en el ejército para procurar que los trabajadores y los soldados obedezcan? Sin ellos y sin reglas, la disciplina no podría ser establecida.

No es posible imponer más tarde una *sadhana* a un *brahmachari*, si no ha sido incitado a seguirla con disciplina desde su llegada. Así, pues, es necesaria una disciplina seria desde el principio.

Pregunta: La disciplina dada por un *Satgurú* es más dura, ¿no es cierto, Amma?

Amma: Hijos míos, Amma os lo va a explicar. Un Gurú verdadero probará al discípulo de diferentes maneras. Después de permanecer algunos años con el Gurú, el discípulo tendrá tal vez la impresión de que es perfecto y que ejerce el control total sobre su mente. Podrá pensar que nada adverso le va a ocurrir ante cualquier circunstancia. Para que reconozca su error y tome conciencia de su ignorancia, y para ayudarle a atravesar ese obstáculo, el Gurú lo someterá de nuevo a prueba.

Había una vez un Gurú que le dijo a su discípulo: "Escucha, hijo mío, ve a este determinado lugar. Hay una mujer viviendo allí, de la que debes obtener ciertas cosas que te indicaré". Después de que el discípulo emprendiera el viaje, el Gurú asumió la forma de una mujer y llegó al lugar previsto antes que el discípulo. Cuando encontró a la mujer, el discípulo perdió el control de sí mismo y se volvió esclavo de ella. El pobre hombre hacía todo lo que le pedía la mujer. Cuando consideró satisfechos todos sus deseos, la mujer desapareció, pero no sin antes vapulear la espalda del discípulo.

Avergonzado, el discípulo volvió al ashram, simulando que nada había ocurrido. Nada más verlo, el Gurú le preguntó: "Eh, hijo mío, ¿qué te ha pasado en la espalda?" El discípulo se quedó perplejo, no sabiendo qué responder. El miedo y la vergüenza le impedían hablar. El Gurú explicó entonces lo que había pasado, revelando que él mismo había interpretado el papel de la mujer. Así, iluminando el estado mental del discípulo, el Gurú le hizo comprender sus propias debilidades. Le dio las instrucciones necesarias para profundizar en su *sadhana* y lo dejó marchar.

El Gurú pondrá a prueba al discípulo de mil formas. Encerará al discípulo en una sala donde se encuentren mujeres desnudas. A veces, a causa de un error mínimo cometido por el discípulo, el Gurú le hará pedir perdón diez mil veces de una cierta manera, por ejemplo de rodillas, con los brazos cruzados sobre el pecho, con la mano derecha cogiendo la oreja izquierda y la mano izquierda cogiendo la oreja derecha, etc.

"Por favor, enséñame el Conocimiento Último, ¡Oh Maestro!, si estoy lo suficientemente preparado para ser tu discípulo". Rogando así, el discípulo debe aproximarse al Gurú con una actitud de completa entrega. El Gurú, si lo acepta, le hará atravesar numerosas pruebas y tribulaciones, mientras le enseña lo que él mismo sabe. Finalmente, si el discípulo sale victorioso de todas estas pruebas, el Gurú le enseñará el *Brahma sutra*, no sólo el aspecto intelectual, sino también a experimentarlo. Sólo si el discípulo se entrega por completo al Gurú, llegará a ser digno de recibir su enseñanza.

Hijos míos, ¿qué sucede hoy en día? Si una persona consigue diez rupias, irá a una librería, comprará el texto del *Brahma sutra* y lo leerá de un tirón. Así se acaba el estudio del *Brahma Sutra*. Después de eso, piensa que él es Brahman. Un personaje así vino un día al ashram, proclamando: "Yo soy Brahman". Amma le dijo: "Si tú eres Brahman, entonces el pez, el perro y el gato también son Brahman".¿Qué podía responder? Dijo simplemente: "Sí, sí"

Un brahmachari (señalando a otra persona): Este *swami* no practica ninguna *sadhana*, pero está muy deseoso de tener discípulos.

Amma: ¿Por qué haces comentarios sobre los demás? No hagas eso. Intenta limpiar tu propio camino. Por favor, hijos míos, ninguno de vosotros debería ir en busca de discípulos. Emplead el tiempo libre que tengáis en practicar vuestra *sadhana* y esforzaos por alcanzar la Realización del Ser. Cuando hayáis alcanzado esa meta, llegará a vosotros todo lo demás, automáticamente ¿Sabéis lo que necesitáis ahora? Deberíais intentar meditar incluso cuando estéis en el baño.

Hijos míos, es una locura destruir esta vida sin alcanzar lo que debe ser alcanzado. Este cuerpo es como una empresa. Atman es la ganancia que se debe obtener de la empresa. El auténtico propósito del nacimiento humano es la Auto-Realización, pero eso es algo que hemos olvidado. Nos hemos olvidado de lo más importante.

Otro Brahmachari: Amma, yo no puedo controlar el odio y la ira.

Amma: Hijo mío, no sentirás odio ni ira si consideras a los demás como parte de ti. Una madre no pensará que los excrementos de sus hijos huelen mal, son malos o perjudiciales. Una herida infectada en nuestro propio cuerpo, aunque se llene de pus, no será un problema para nosotros, pues se trata de nuestro cuerpo y podemos soportar el olor. Pero si está en el cuerpo de cualquier otra persona, nos sentimos indispuestos.

No sentimos cólera ni odio hacia nuestro hijo o hija, aunque nos reprendan o nos golpeen. ¿Por qué? Por el sentimiento de que los consideramos nuestros. Así, si mantuviéramos esa actitud hacia todos los seres, pensando que son "algo nuestro", el odio y la ira desaparecerían. Podemos superar esos defectos si nos concienciamos de sus terribles consecuencias. La ira nos impulsa a toda clase de acciones malévolas. Disipa nuestra energía positiva. Reduce nuestra capacidad de discernimiento y hace que vivamos amargados, que nos volvamos enfermos mentales, e incluso locos. Considerad la ira como vuestro primer y peor enemigo. Cuando os deis cuenta de que os vais a encolerizar, alejaos de donde estéis inmediatamente y esforzaos por meditar en la soledad.

De repente, Amma se volvió para mirar a un joven que acababa de llegar y se dirigió directamente a él.

Amma: Hijo mío, antes de casarse, una persona tendrá toda clase de sueños. Pensará: "Mi esposa será de esta manera, será muy hermosa, y me amará como a su propia vida". Un soñador así mantendrá cientos de pensamientos diversos. Probablemente, no encontrará ninguna de estas cualidades en su esposa después del matrimonio. Entonces se sentirá decepcionado, y pronto empezarán las disputas y las luchas. Estás darán paso a la agitación mental, y finalmente acabarán ante un tribunal. ¡Qué vida ésta! Solo sufrimiento es el resultado de quien vive en este mundo efímero.

Tras oír estas palabras de Amma, el joven cayó a sus pies y se puso a llorar. Lo que acababa de explicar Amma era su propia experiencia. Había tenido estas fantasías y estos sueños sobre su esposa y su vida matrimonial. Pero después de la boda, discutían sin cesar y su vida entera se convirtió en un calvario. Ahora estaba pensando en el divorcio.

Hubo un momento de silencio, después Amma pidió al Brahmachari Paï que cantara un *bhajan*. Cantó *Bandhamilla*…

Nada es nuestro
Y no hay nada que podamos llamar nuestro.
En nuestros últimos días
Solo permanecerá el Auténtico Ser como algo nuestro.

No nos podemos llevar nada con nosotros
Durante nuestro último viaje.
¿Por qué, entonces, esta locura
Por las posesiones terrestres?

Lo que existe verdaderamente está en nosotros.
Para verlo, debemos penetrar en el interior.
Allí no hay ninguna señal de sufrimiento.
Allí el Auténtico Ser brilla en Su propia gloria.

*El despertar del Ser interior
Y del Verdadero Conocimiento
Viene sólo cuando el egoísmo ha desaparecido completamente.
Vamos de la no-verdad a la Verdad
Cuando amamos y servimos a todos los seres vivos.*

Mientras entraba en éxtasis, Amma seguía sentada con los ojos cerrados y las lágrimas rodando a lo largo de sus mejillas. Dejó filtrar una sonrisa en ese estado de dulce felicidad. Cuando descendió de nuevo al plano de la conciencia ordinaria, Amma volvió a tomar la palabra.

Amma: El gozo que se experimenta al cantar el Nombre Divino es algo único. Es inexpresable. Amma no dudaría en volver a nacer infinitamente para cantar el Nombre del Señor. No hay satisfacción más completa y total que cantando el Nombre de Dios. Por eso hasta los que han alcanzado ese Estado volverán para cantar la gloria del Señor con la actitud de un devoto. Eso es algo con lo que uno no puede cansarse jamás.

En ese momento, *Brahmachari* Nealu llegó y se postró ante Amma. Se sentó entre los demás devotos. Uno de ellos hizo preguntas a Amma sobre uno de sus amigos.

Pregunta: Amma, ¿ha recibido un *mantra* de ti?

Amma: No. Pero no es necesario recibir un *mantra* de Amma, de forma externa. Es suficiente si el *sankalpa* de Amma esté presente. Este poder también puede ser transmitido por una mirada o un gesto. Incluso, en esos casos, es necesaria la *sadhana*.

Pregunta: Unos devotos que vivían lejos de aquí dicen haber visto a Amma en circunstancias singularmente extrañas. ¿Qué puedes decirnos sobre esto?

Amma: Eso es debido a su fe sincera y a su amor inocente.

Amma no añadió ni una palabra más a este respecto.

Un devoto: Más allá del cuerpo que vemos, Amma tiene un cuerpo hecho de pura luz. Con él, puede alcanzar tantos lugares como desee al mismo tiempo. Ella es omnipresente.

De nuevo, Amma permaneció en silencio.

Pregunta: Amma, se dice que hay muchos peligros y riesgos mientras uno persigue el camino espiritual.

Amma: Es cierto. Un *sadhak* debe ser precavido y mantenerse constantemente en alerta. Un momento de falta de atención, basta para provocar una caída.

Hijos míos, el peligro de caerse está ahí, aunque uno se encuentre a dos pasos del estado de *jivanmukti* (la liberación).

Una caída es posible incluso durante la noche que precede al estado de *jivanmukti*. Recordad la historia del batido del Océano de Leche. La ambrosía surgió mientras se batía el Océano de Leche. Tras apoderarse de ella, los demonios se escaparon antes de que los seres celestes la pudieran volver a tomar. Pudieron llevársela a causa de un momento de falta de atención. Para recuperarla, tuvieron que sufrir una lucha encarnizada. Un *sadhak* debería estar siempre alerta. Un momento de falta de atención os puede costar la ambrosía de la felicidad.

Sita deseaba poseer el ciervo de oro[2]. Ella era la encarnación de la Diosa Lakshmi y, por tanto, estaba llena de sabiduría. Sin embargo, fue atraída por el ciervo de oro. Aunque Rama le había advertido que renunciara a ese deseo, ella le suplicó que capturara al ciervo. Después, siguió la larga serie de calamidades. Cuando el ciervo fue

---

[2] Mientras Rama, Sita y Lakshmana estuvieron en el bosque durante los años de exilio del reino de Ayodhya. Ravana, el rey de Sri Lanka, soñaba poseer a Sita. Conspiró para seducirla astutamente empleando al demonio Maricha, que adoptó la forma de un magnífico ciervo de oro para despertar el deseo de Sita. El ciervo atrajo a Rama lejos de Sita y el grito engañoso del demonio imitando la voz de Rama empujó a Sita a enviar a Lakshmana en ayuda de Rama. Por sus propias acciones desprovistas de discernimiento, Sita permaneció sin protección y Ravana se la llevó a la fuerza con él.

herido por la flecha de Rama, lanzó un grito (era el demonio Maricha) imitando la voz de Rama. Sita ordenó entonces rápidamente a Lakshmana que acudiera en auxilio de Rama. Lakshmana intentó convencerla de que aquel grito era una astucia y que nada podía realmente ocurrirle a Sri Rama. Pero Sita insistió. Perdió durante un momento su sabiduría, su capacidad de discernimiento y todas las otras virtudes que le eran propias. Se encolerizó contra Lakshmana y profirió incluso contra ella palabras insultantes y vulgares. Este incidente en el Ramayana simboliza cómo una persona, incluso muy evolucionada, puede equivocarse y caer en cualquier momento, si no se mantiene en alerta.

Pregunta: Amma, ¿cómo podemos desarrollar nuestra capacidad de alerta, si la mente está apegada a los placeres del mundo?

Amma: Hijos míos, es cierto que el control de la mente es muy difícil cuando se vive en este mundo. Es como mantenerse en pie a la orilla del océano. Aunque no entremos en el agua, las salpicaduras saladas se adherirán a nuestro cuerpo. Es como bañarse en una carbonera: aunque nos lavemos bien seguiremos cubiertos de partículas de carbón.

Pero, hijos míos, incluso en esas condiciones, los que están verdaderamente determinados a alcanzar la meta pueden conseguir la victoria sobre la mente. También para alcanzar algunos objetivos mundanos debemos renunciar a numerosos apegos. Por ejemplo, un hombre de negocios que viaje mucho tendrá que renunciar a menudo a las comodidades de su casa. No podrá posiblemente comer ni dormir a las horas habituales. Apenas tendrá tiempo para estar con su esposa y sus hijos, así como con el resto de su familia. No podrá tener todos los días su menú predilecto. Sin embargo, trabaja duramente. De hecho, se olvida de todas estas comodidades, dado su deseo de ganar dinero y ver sus negocios prosperar. Pensad en las personas que parten hacia los países del Golfo Pérsico para ganar dinero. Deben trabajar duro, la mayoría tiene empleos muy arriesgados. Viven con un mínimo de confort, en una pequeña habitación donde se aprietan cuatro o cinco personas. Deben cocinar para sí mismos y atraviesan, a veces, momentos de mucho sufrimiento. Estas pobres personas, a veces, no pueden ver a sus esposas, hijos, familiares y amigos en varios años. Sin embargo, trabajan renunciando a numerosos placeres y comodidades, haciendo frente a toda clase de dificultades. ¿Por qué? Porque tienen necesidad de dinero. Quieren más comodidades por eso soportan estas incomodidades. Sienten la necesidad de aguantar y, de ese modo, no sienten el peso de los sufrimientos y dificultades. Están felices de poder hacerlo.

Del mismo modo, hijos míos, deberíamos sentir una necesidad y una urgencia similares para obtener esta riqueza interior. Una vez que se despierta en nosotros el estado de alerta, aparece la renuncia y la determinación.

Un hombre de negocios que maneja importantes sumas de dinero siempre está alerta y vigilante. ¿Por qué? Porque una pequeña falta de atención puede suponerle enormes pérdidas. No quiere que eso se produzca y por eso permanece en alerta. Los guardias de seguridad del Primer Ministro o del Presidente deben estar muy vigilantes, pues un momento de descuido puede causar la muerte de la persona que protegen. Quieren que eso no suceda, y están sumamente atentos.

De la misma forma, un momento de distracción puede ser la causa de una caída en la vida espiritual de un *sadhak*, Si se apega a un objeto o a una circunstancia en particular, el *sadhak* puede pensar: "¡Oh! después de todo, es algo sin importancia. Nada pasará nada si lo hago" Y se deja llevar por su deseo, provocando así una cadena de reacciones. Estad prevenidos y conscientes, pues también puede pasaros a vosotros en cualquier momento. Mantened, por tanto, vuestra atención fija en la meta y trabajad con ahínco para alcanzarla. Sin duda alguna, la alcanzaréis.

Nealu que estaba presente, hizo una pregunta.

Nealu: Amma, has dicho que, al principio, no es fácil controlar la mente, sobre todo si uno vive en medio de los placeres del mundo. A los que viven en Occidente les resulta todavía más difícil, pues son más materialistas que en la India. ¿Qué consejo les puedes dar?

Amma: Amma se siente muy feliz al ver con qué entusiasmo y sinceridad sus hijos occidentales desean dedicarse a la vida espiritual.

Los *vasanas* existen en todo ser humano, salvo en los que han alcanzado el estado de perfección. Controlar la mente significa eliminar los *vasanas*. La tarea a realizar es tratar de desenraizar las tendencias creadas anteriormente e impedir que las nuevas penetren en la mente. Esto no se puede alcanzar en poco tiempo. Amma no os pide que abandonéis completamente todos vuestros hábitos, y dediquéis todo vuestro tiempo a las prácticas espirituales. Hay personas que están interesadas en hacerlo, pero la mayoría no quiere, ni puede hacerlo inmediatamente. Quieren las dos cosas. Quieren vivir una vida en el mundo y al mismo tiempo llevar una vida espiritual. Para ellos, lo mejor es controlar poco a poco y con perseverancia sus hábitos, uno tras otro. En este proceso, puede que uno caiga muchas veces. No hay que lamentarse pues, después de todo, el fracaso sólo le ocurre a una persona que intenta alcanzar el éxito. En consecuencia, no os atormentéis ni os alteréis cuando falléis. Una y otra vez puede que ocurra, pero no perdáis vuestro entusiasmo, ni vuestro interés. Intentadlo una y otra vez más. Declarad una guerra abierta con vuestra mente. La mente os empujará y os atraerá hacia las mismas viejas costumbres. Comprended que sólo se trata de una trampa de la tramposa más grande, la mente, con el fin de alejaros de vuestro camino. No abandonéis la partida. Llegará un punto en el que los *vasanas* perderán toda su fuerza y dejarán el camino libre al Señor para que acuda y reine. Hasta ese momento, seguid intentándolo una y otra vez. Que los fracasos "fracasen" en su intento por impedir vuestra práctica.

Hijos míos, este mundo ha sido creado por el Señor para que lo disfrutéis. Ningún maestro espiritual ni Escritura han dicho jamás que la humanidad entera debe abandonar los placeres del mundo y consagrarse al recuerdo constante de Dios. Nadie ha dicho que todo el mundo debe abandonar su casa, vivir en un ashram y volverse *sannyasin*. Como Amma ha comentado anteriormente, algunos pueden hacerlo si esa es su determinación. Dejadles seguir su camino.

Pero existe una manera para los otros que quieran acercarse a Dios. Es posible ir preparando poco a poco la mente para que dé ese salto final, mientras se sigue una vida normal en este mundo.

Cuando conducimos, debemos obedecer las leyes y las reglas de la circulación. Si no lo hacemos, se producirán los accidentes. Del mismo modo, cuando conducís el vehículo de la vida sobre la carretera de este mundo, debéis seguir ciertas leyes, recomendaciones y prohibiciones. Es de esas leyes y de esas reglas de las que nos hablan los Gurús y las Escrituras. Siguiéndolas, podréis evitar los peligros y os sentiréis seguros tanto en vuestra vida personal como en vuestra vida social. Sin embargo, los conflictos y las adversidades sobrevendrán en las dos áreas de vuestra vida si infringís estas leyes y reglas por excesiva indulgencia o por una conducta indisciplinada.

Hijos míos, estos pensamientos negativos surgirán posiblemente en vuestra mente mientras os dediquéis a vuestra *sadhana*. No os atormentéis. No les concedáis demasiada importancia. Dar demasiada importancia a la negatividad debilitará vuestra fuerza mental. Si vuestra mente se vuelve débil, no seréis capaces de hacer nada. No podréis utilizar vuestra fuerza mental ni las aptitudes presentes en vosotros para cumplir vuestra *sadhana*. Ignorad esta negatividad y proseguid con vuestra *sadhana*.

En consecuencia, hijos míos, no os inquietéis. Los errores se producen. No saturéis vuestra cabeza pensando en ellos. Acordaos que preocupándose de ellos, perdéis la energía y la fuerza mental necesarias para hacerles frente y corregirlos. No malgastéis vuestro tiempo en atormentaros. Avanzad y proseguid en vuestra práctica.

Hijos míos, no olvidéis que el alimento existe para que lo comamos. No dejemos que el alimento nos devore. Este mundo está ahí para nuestro placer. No dejéis que el mundo os haga tambalear de aquí para allá entre fuerzas de atracciones y repulsiones. Este cuerpo, esta mente y este intelecto son los instrumentos que debemos poner al servicio de nuestra aspiración y de nuestra voluntad. Tengamos sobre ellos un perfecto control. No les permitamos que nos controlen.

Amma pidió entonces a Srikumar que trajera el armonio y cantó *Martyare Samsara…*

> *¡Oh Madre!, tú eres la Salvadora de la humanidad*
> *Haciéndonos atravesar el océano del mundo.*
> *Tú eres la causa primordial del mundo,*
> *El Poder sustentador del universo.*
>
> *Tú te manifiestas en los tres gunas*
> *Y en tanto que Fuerza suprema.*
> *Yo sé, ¡Oh Madre!, que tu amor por nosotros,*
> *Hace posible la realización de la vida humana.*
>
> *El rayo de luna de tu sonrisa aporta la luz.*
> *Y la paz a este mundo de miseria y de tinieblas.*
> *A partir de los cinco elementos del Universo*
> *Se manifiesta tu Graciosa Gloria.*
>
> *Tú eres las Aguas Sagradas,*
> *Los Elementos y la Causa Primordial.*
> *Tú llenas el Universo entero,*
> *Manifestándolo con o sin forma.*
> *Si, por un momento, tú me abandonas,*
> *Dime entonces, ¡Oh Madre!,*
> *¿De qué sirve esta vida sobre la tierra?*

OM

Glosario

Abhyasa (m): Esfuerzo constante.
Adhara(m): Substrato.
Advaita: La No-Dualidad.
Aham brahmasmi: "Yo soy el Absoluto", el Todo.
Ajnana: Ignorancia.
Ambrosia: El néctar de la vida eterna (Amrit).
Ammachi: Amma. Chi, indica respeto.
Amritattva(m): Inmortalidad.
Arati: Hacer dar vueltas al alcanfor ardiendo, que no deja ningún residuo, agitando una campanilla al final de una puja (adoración). Simboliza la aniquilación total del ego.
Archana: Culto consistente en repetir cien veces, trescientas o mil veces los Nombres de la Divinidad elegida.
Arjuna: El tercero de los Pandavas, y un gran arquero.
Asana: Asiento; posición en reposo para meditar.
Atma(n): El Ser.
Avadhut(a): Asceta espiritualmente avanzado.
Avatar: Una encarnación del Divino en un cuerpo humano. Gran Alma plenamente consciente de su identidad con el Divino desde el nacimiento.
Bhadra Kali: Ver Kali.
Bhagavad Gîta: Las enseñanzas dadas por Krishna a Arjuna al principio de la guerra del Mahabharata. La Gîta constituye una guía práctica para todos los días de la vida de un hombre común y corriente, es la esencia de la sabiduría védica. Bhagavad significa de Dios y Gîta quiere decir canción o, más concretamente, consejo.

Bhagavata(m): Texto sagrado que describe la vida de las Encarnaciones del Señor Vishnu.

Bhagavati: La Diosa de las seis virtudes, es decir la prosperidad, la intrepidez, la fama, los buenos auspicios, el conocimiento, y la ausencia de pasiones.

Bhajan: Canto devocional.

Bhairavi : Consorte de Bhairava (Shiva).

Bhakti: Devoción.

Bhava darshan: Encuentro durante el que Amma recibe a los devotos bajo el estado exaltado de la Madre Universal.

Bhavana: Imaginación creadora.

Bhava samadhi: Absorción en el Ser a través de la devoción.

Bhogi: Un ser humano buscador de placeres.

Bijakshara(s): Letras semillas en un mantra.

Bindu: Punto.

Brahman(m): El Absoluto, el Todo.

Brahmananda: la incomparable dicha de la realización.

Bramachari(n): Discípulo célibe siguiendo una disciplina espiritual bajo la dirección de un Gurú.

Brahmacharya: Celibato y control de los sentidos.

Brahmamayi: Quien no es otro que Brahman.

Brahmananda (m): la dicha de la Realización.

Brahmanishtattvam: Establecido en Brahma.

Brahmasutra: Aforismos sobre el Vedanta compuestos por Vyasa

Chakka Kali: Un juego con el que se divierten los niños. En malayalam la palabra Kali con una a corta significa juego; con una a larga, la Madre Universal.

Chakora (m): Perdiz. Se dice que ver a este pájaro en el momento de emprender un viaje es un signo de buen augurio.

Chamunda: Un aspecto de la Madre Universal.

Chanda: Un demonio muerto por Kali.

Dakshina: Ofrendas hechas al Gurú o a un Sacerdote.

Darika: Otro demonio al que Kali decapitó.

Darshan: Encuentro con una persona santa o visión de la Divinidad.

Deva(ta): Semi-dios o ser celeste.

Devi: La Diosa.

Dharma: La rectitud, la virtud; la ley justa de acuerdo con la Vía Divina.

Dhritarashtra: El padre de los Kauravas y rey de Hastinapuri. Era ciego físicamente y ciego por los apegos hacia su hijo Duryodhana, lo que le condujo finalmente a la guerra del Mahabharata.

Dhyana(m): La verdadera meditación.

Duryodhana: Hijo mayor de Dhritarastra y personaje vil de la epopeya del Mahabharata.

Dussasana: Hermano de Duryodhana.

Eecha: mosca.

Ganjira: Un pequeño tambor sostenido en la mano.

Gîta: Ver Bhagavad Gîta.

Gitopadesa: Las instrucciones de Shri Krishna a Arjuna bajo la forma de la Bhagavat Gîta. (Ilustración muy conocida de Krishna en el carro, dando sus consejos a Arjuna arrodillado, en la epopeya del Mahabharata).

Gopas: Pastores, compañeros de Krishna.

Gopis: Vaqueras, conocidas por su suprema devoción a Krishna

Grahasta: Cabeza de familia

Grahastashram(a): Hombre o mujer casados que llevan una vida de familia correcta y espiritual.

Guru: Guía, Maestro espiritual

Gurú dakshina: Ofrenda hecha a un Gurú en señal de respeto.

Gurukula(m): Residencia-escuela de un Gurú.

Hanuman: Gran servidor y devoto del Señor Rama, que atravesó el mar de un salto, gracias al poder que le dió el recuerdo constante del nombre de Rama.

Hatha Yoga: Práctica para obtener un control completo sobre el cuerpo como medio para alcanzar la Realización del Ser.

Homa: Ofrenda hecha por seres celestes vertiendo mantequilla clarificada y otras sustancias puras en el fuego sagrado.

Iswara: Dios.

Janma(m): El nacimiento.

Japa yagna: El voto de repetir constantemente el mantra.

Japa: Repetición de una fórmula mística (mantra).

Jîva (n): La fuerza vital.

Jîvanmukta: Alma liberada.

Jîvanmukti: La Liberación.

Jivatma(n): El Alma individual.

Jnâna: El conocimiento divino o espiritual.

Kali: La Madre Divina. Está representada bajo múltiples formas. Su forma benevolente es llamada Bhadra kali.

Kali Yuga: La edad negra del materialismo, en la cual vivimos actualmente.

Kâmya Bhakti: Devoción resultado del deseo.

Kanyakumari (Cabo Comorín): La punta sur del subcontinente indio donde se encuentra un templo dedicado a la Madre Divina bajo la forma de una virgen.

Karma: Acción.

Karma phala(m): Fruto, resultado de las acciones.

Karma Kanda: Parte de los rituales en los Vedas.

Kashaya: El color ocre simbolizando el fuego del conocimiento divino.

Kauravas: Los cien hijos de Dhritarashtra. (Se encontraban en el campo opuesto a los Pandavas cuando la guerra del Mahabharata. Simbolizan la injusticia).
Kayal: Laguna.
Kirtan(am): Repetición cantada del Nombre de Dios. Canto devocional.
Krishna: Encarnación principal del Señor Vishnu.
Kundalini: Energía espiritual descrita bajo la forma de poder de serpiente enrollada en la base de la columna vertebral, que se eleva hasta la cabeza por prácticas espirituales, conduciendo al buscador a la Liberación.
Lakshmana: Hermana del Señor Rama.
Lakshmi: Consorte del Señor Vishnu y diosa de la Riqueza.
Lakshya bodha: Recuerdo constante de la meta y determinación por alcanzarla.
Lalita Sahasranama: Los mil Nombres de la Madre Universal bajo la forma de Lalitambika.
Leela: El juego divino.
Loka(m): Mundo.
Mahabharata (m): Gran epopeya escrita por Vyasa.
Mahapurusha (s): Gran Alma.
Maha Kali: Una de las formas de la Madre Universal.
Mahatma: Un gran santo, una gran alma.
Makkal(e): Niños. Makkale es la forma vocativo.
Manasa pushpam: Ofrenda de la mente (corazón) como flor en los rituales de adoración.
Manasa puja: Adoración mental de Dios.
Mantra: Fórmula sagrada cuya repetición puede conducir al despertar de las energías espirituales y aportar los resultados esperados. Los mantras son generalmente fórmulas muy poderosas

que han sido repetidas millones de veces por los adeptos de la vida espiritual. Algunos mantras datan de los tiempos védicos.

Marga: La vía, el camino

Mauna(m): Voto de silencio.

Maya: El mundo de la ilusión.

Mithya: Irreal, impermanente.

Mol(e): Hija. Mole es el vocativo.

Mon(e): Hijo. Mone es el vocativo.

Mridangam: Una clase de tambor corrientemente utilizado en la música clásica hindú

Mudra: Posición de las manos simbolizando verdades espirituales místicas.

Mukta: El alma liberada.

Narayana: El Señor Vishnu.

Nirakara: Sin forma.

Ninguna: Sin atributos.

Nirvikalpa samadhi: El estado donde se reside en el Ser.

Nishkarma: El no actuar, la acción desapegada.

Nishkama Karma: actuar sin esperar resultados

Nitya Mukta: el siempre liberado.

Océano de leche: La morada de Vishnu, representando la mente pura.

Omkara: La sílaba sagrada OM.

Pada Puja: adoración de los pies del Gurú. De la misma manera que los pies sostienen el cuerpo, es la Verdad Suprema la que sostiene el principio del Gurú. Así, sus pies son una representación simbólica de la Verdad.

Pandava(s): los cinco hijos del rey Pandu y héroes del Mahabharata épico.

Para Shakti: el Poder Supremo, la Madre Universal

Padmâsana: Postura de loto, en Hatha Yoga.
Pandit: Un erudito, muy versado en los textos sagrados de la India.
Pâpa: Falta, pecado.
Paramahamsa: Ser Perfecto, habiendo realizado la unión con Dios.
Parâ bhakti: Devoción suprema.
Parabrahman (m): el Absoluto Supremo.
Paramatma (n): el Ser Supremo.
Para Shakti: el Poder Supremo, la Madre Universal
Peetham: una plataforma alta.
Pitru karma: Invocación de las divinidades ancestrales.
Pourva samskâra: Tendencias heredadas de una vida anterior.
Prakriti: La Madre Naturaleza.
Prâna: La energía, la fuerza vital.
Prârabdha (karma): Parte de las acciones pasadas acumuladas que alcanzan sus frutos en la vida presente.
Prasâd (am): Ofrenda consagrada distribuida después de la puja.
Prema: amor profundo
Prema bhakti: Devoción llena de amor.
Prema svarupa: De la naturaleza del amor.
Puja: Culto ritual dirigido sobre la ofrenda de alimento y de flores.
Punya: El mérito espiritual.
Purana: "Los antiguos", los principales libros sagrados de la India después de los Vedas, conteniendo las leyendas mitológicas y atribuidos a Dévayasa.
Purnam: Pleno o perfecto.
Purusha: El Ser Puro.
Râga: Modo musical.
Râjas: El principio de la acción. Uno de los tres gunas o cualidades de la Naturaleza.
Râja yoga: Yoga real. El camino real de unión con el Supremo.

Rama: héroe de Ramayana épico. Una encarnación de Vishnu y el ideal del hombre recto.

Ramayana (m): las épicas sobre el Señor Rama compuestas por el santo Valmiki.

Ravana: el villano del Ramayana.

Rishi: Sabio de los tiempos védicos.

Rudraksha (m): una semilla sagrada que tiene propiedades espirituales y medicinales

Rudra bhâba: Aspecto feroz de la Diosa.

Sâdhak (an): Discípulo espiritual. (Sâdhaka en femenino).

Sâdhana: Disciplina espiritual.

Sadhu: mendigo

Saguna: Con atributos (gunas).

Saippu: un occidental.

Sakara: con forma

Sakuni: tío materno de Kauravas, un intelecto torcido, poco honrado.

Sahaja samâdhi: El estado natural del Ser establecido en la Realidad suprema.

Sama chittata: La mente ecuánime.

Samatva bhâvana: Actitud ecuánime.

Samatva buddhi: Mente dotada de una visión igual considerando todas las cosas como el Uno.

Samatva yoga uchyate: "La ecuanimidad es el Yoga"

Samâdhi: El estado ecuánime de unidad con Dios.

Samsâra: Discusión; rueda de nacimientos, de muertes y de renacimientos.

Samskâra: Huellas del pasado.

Sankalpa: Concepción, resolución.

Sankara: Siva. Amma a veces lo usa con el sinónimo de simple.

Sanâtana drama: La religión eterna de los vedas.
Sannyâsi(n): Un renunciante.
Sarvatra samada: Visión igual en todas las cosas.
Sâstra: Escrituras, ciencia.
Sat Karma: Bien; acción virtuosa.
Satguru: un maestro espiritual realizado.
Satchidananda: existencia, dicha, conciencia.
Satsang: La compañía de los Sabios. Por extensión, los discursos dados por ellos.
Sattvic: El principio de la claridad; una de las tres cualidades de la Naturaleza.
Saundarya Lahari: canciones a la gloria de la Madre Universal. Significa "belleza" o "intoxicación".
Seva: Servicio.
Shânti: La paz.
Shakti: el aspecto dinámico de Brahman como la Madre Universal.
Shiva/Siva: el aspecto estático de Brahman como el principio masculino.
Shiva lingam: Piedra oval simbolizando a Shiva para sus adoradores.
Shivoham: "Yo soy Shiva".
Shraddha: La atención, la vigilancia.
Siddha Veda: una escuela de yoga.
Sita: esposa de Rama.
Siddhi: Poder oculto o espiritual.
Sishya: Discípulo.
Soham: "yo soy eso", el mantra que resuena incesantemente en cada persona
Soma Yaga: la forma de una ceremonia de fuego.

Sraddha: fe. Amma lo usa con un énfasis especial para significar un estado de alerta unido a un cuidado amoroso del trabajo que se hace.

Sri Rama: véase Rama. Sree, o Sri, es una forma de respeto.

Srimad Bhagavatam: véase Bhagavatam. Srimad significa auspicioso.

Suka: hijo de Vyasa quien fue perfecto desde el nacimiento.

Svardharma: El deber propio hacia cada uno.

Tâlam: Ritmo.

Tamas: El principio de la inercia; una de las tres cualidades de la Naturaleza.

Tambulam: Nombre sánscrito de una mezcla de tabaco, de nuez y hojas de betel, y de limón, masticado por los hindúes para apaciguar la sensación de hambre, o para digerir mejor.

Tapah: practicar austeridades espirituales.

Tapas: Ascesis; austeridad.

Tapasvi: Un ser consagrado totalmente a la ascesis.

Tapovan(am): ermita. Un lugar que incita a la meditación.

Tarka: La lógica.

Tattva: principio

Tattvattile bhakti: La devoción fundada en el conocimiento discriminativo entre lo efímero y lo eterno.

Tiruvârita kali: Una danza aldeana.

Tribunas: Los tres gunas o cualidades de la Naturaleza. Sattva (calma), rajas (acción), y tamas (inercia).

Tyagi: Un renunciante.

Unnikrishnan: el niño Krisna.

Upanishads: la última parte de los vedas que trata la filosofía de la no dualidad.

Vairagya (m): El desapego, la calma.

Valmika: Un hormiguero.

Vanaprastha: Tercera etapa de la vida, en el curso de la que se abandonan las actividades del mundo para consagrarse a la ascesis.

Vâsana: Tendencias latentes resultantes de los samskâras.

Veda: Las Escrituras sagradas del Hinduismo.

Veda Vyasa: véase Vyasa.

Vedanta (m): la filosofía de los Upanishads.

Védantin: Adepto a la filosofía de los Vedas.

Vettapacha: Especie de planta.

Vettuchembu: Una especie de raíz tuberosa.

Vidya: El verdadero conocimiento.

Vishnu: que todo lo penetra. El Señor del Sustento.

Vyasa: un sabio que dividió el Vedas único en cuatro y compuso 18 puranas y también el Mahabharata y Bhagavatam

Vyavahâra: El plano empírico.

Yagna: ritos de sacrificios y rituales.

Yama y Niyama: Prescripciones y prohibiciones en el camino del Raja Yoga.

Yantra: Diagrama místico.

Yoga: unión con el Supremo. Nombre popular para una serie de ejercicios para mantener el cuerpo y la mente en forma para las prácticas espirituales.

Yoguini: una mujer realizada en el yoga.

Yuga: Eón. Las cuatro edades son Krita (Satya), Treta, Dvapara y Kali. Representan la transición sucesiva de la era espiritual a la material. Como el numero 4 se asocia a la plenitud en India, por eso hay 4 yugas. Durante cada yuga, 25% del Dharma, o Verdad, desminuye respecto a la anterior.

www.ingramcontent.com/pod-product-compliance
Lightning Source LLC
Chambersburg PA
CBHW071208090426
42736CB00014B/2754